Valentin Heisters
Olaf Leu (Hg.)

Haltung, Substanz, Integrität

*für Amöne,
Lina und Jona*

Valentin Heisters
Olaf Leu (Hg.)

Haltung
Substanz
Integrität

Wirksame Kommunikation
im Zeitalter der digitalen Hypertransparenz

Frankfurter
Allgemeine
Buch

Bibliografische Information der Deutschen Nationalbibliothek
Die Deutsche Nationalbibliothek verzeichnet diese Publikation in der Deutschen Nationalbibliografie; detaillierte bibliografische Daten sind im Internet über http://dnb.d-nb.de abrufbar.

Hinweis
Wir sind uns bewusst, dass die Haltung zum Thema Gendern durchaus vielfältig ist. In dieser Publikation haben wir zugunsten einer besseren Lesbarkeit hauptsächlich das generische Maskulinum verwendet, womit wir immer zugleich weibliche, männliche und diverse Personen meinen.

© Fazit Communication GmbH
Frankfurter Allgemeine Buch
Pariser Straße 1
60486 Frankfurt am Main
Kontakt: buch@fazbuch.de

Umschlaggestaltung:	Heisters & Partner, Corporate & Brand Communication, Mainz
Buchgestaltung:	Heisters & Partner, Corporate & Brand Communication, Mainz
Druck:	CPI books GmbH, Leck
	Printed in Germany
Schrift:	Gesetzt aus dem Schriftsystem Compatil von Olaf Leu
Dank:	Der Autor dankt Amöne Schmidt und Bernolf Reis für ihre unverzichtbare Unterstützung und Mitarbeit.

Printed in Germany
1. Auflage, Frankfurt am Main 2025
ISBN 978-3-96251-178-4

Alle Rechte, auch die des auszugsweisen Nachdrucks, vorbehalten.

Frankfurter Allgemeine Buch hat sich zu einer nachhaltigen Buchproduktion verpflichtet und erwirbt gemeinsam mit den Lieferanten Emissionsminderungszertifikate zur Kompensation des CO_2-Ausstoßes.

Inhalt

Vorwort des Herausgebers | 8

Vorwort des Autors | 11

Executive Summary | 13

Kapitel 01: Der Paradigmenwechsel – | 17
Wertkommunikation in der digitalen Transparenz
Warum die digitale Hypertransparenz wertorientierte Haltungen
und Integrität erkennbar werden lässt und klassische PR heute
nicht mehr funktioniert

Kapitel 02: Ein Vordenker der digitalen Postmoderne – | 31
Werte und Ziele versöhnen
Wie der Kommunikationsexperte Bodo Rieger vor der Erfindung
des Internets den Schlüssel zur wertbasierten Kommunikation
der digitalen Postmoderne fand

Kapitel 03: Haltung zeigen in sozialen Netzwerken – | 41
responsiv und handlungsstark den Kurs setzen
Wie Unternehmen sich in den sozialen Medien positionieren
und warum Reputation die Frucht ist, die aus Haltung, Substanz
und Integrität erwächst

**Kapitel 04: Ein neues Verständnis von Corporate Identity – | 49
Werte mit Stakeholdern teilen**
Wie Dialog und Teilhabe zu einem neuen Verständnis von
Corporate Identity und Markenführung beitragen und sich die
Grenzen zwischen Unternehmen und Stakeholdern auflösen

**Kapitel 05: Haltung macht den Unterschied – | 65
Diskurs und politische Positionierung**
Warum Unternehmen herausfinden müssen, welche Diskurse
ihre Stakeholder führen, wie sie Resonanz entfalten und sich
heute auch positionieren müssen

**Kapitel 06: Haltung als Generationenkonflikt – | 79
den gemeinsamen Nenner finden**
Wie Unternehmen von Wokeness profitieren und warum es sich
lohnt, aus neuen Regeln des Miteinanders keinen Kulturkampf
entstehen zu lassen

**Kapitel 07: Haltung und Nachhaltigkeit – | 89
gesellschaftlicher Fortschritt als Teil der Wertschöpfung**
Wie Unternehmen davon profitieren, mit ihren Lösungen dazu
beizutragen, die Lebensbedingungen zu verbessern, und Nachhaltigkeit zum Motor der Wertschöpfung machen

**Kapitel 08: Haltung braucht Beispiele – | 101
es kommt auf den Einzelnen an**
Warum Haltung Beispiele und Vorbilder braucht und ihre Stärke
und Überzeugungskraft daraus bezieht, nicht nur entschlossen,
sondern zugleich auch weich und flexibel zu sein

**Kapitel 09: Haltung braucht Handlungsspielräume – | 111
what's love got to do with it?**
Warum Freiheit, Vertrauen und Handlungsspielräume Grundlagen sind, um gemeinsame Werte und Überzeugungen auf allen
Unternehmensebenen zu teilen

Kapitel 10: Haltung in Organisation und Kultur verankern – | 121
Kultur ist der Booster
Wie Unternehmen zu Enablern werden und ihre „Licence to grow"
mit den Werten und Ansprüchen der Stakeholder verbinden

Kapitel 11: Haltung ganzheitlich erkennbar werden lassen – | 141
Design und Gestaltung als Strategie
Wie Design und Unternehmensauftritt den Widerspruch zwischen äußerer Gestalt und inneren Werten auflösen und
zum Hebel von Kommunikation und Wertschöpfung werden

Kapitel 12: Haltung und wertbasierte Unternehmensführung – | 157
Wertkonflikte lösen
Welche Rolle heute wertbasierte Haltungen spielen, um Unternehmen und ihre Kommunikation über Konjunktur-, Industrie-
und Technologiezyklen hinweg zu entwickeln

Kapitel 13: Haltung im Stakeholder-Dialog – | 169
vom Verkünden zum Kommunizieren
Wie im digitalen Kosmos Integration und soziale Bindung zu
Stakeholdern und Kunden für Unternehmen zum Schlüssel ihres
Beziehungskapitals werden

Kapitel 14: Der Griff nach den Sternen – | 187
die Zukunft der Unternehmenskommunikation
Ein Blick in die Unternehmenskommunikation von morgen

Anhang: Bodo Rieger – | 192
„Das Januskopfproblem in der C.-I.-Praxis"

Biografien | 199

Quellenverzeichnis | 203

Vorwort des Herausgebers

Der Begriff der „Öffentlichkeit" erlebt in der heutigen digitalen Zeit einen Paradigmenwechsel. Aus Sicht von Unternehmen lässt sich die Kommunikation der eigenen Marke – und damit auch ihres Corporate Images – durch klassische PR immer schwieriger steuern. Trotzdem ist es ein zentrales Anliegen der Unternehmensverantwortlichen, die Kommunikation mit den unterschiedlichen Anspruchsgruppen plan- und steuerbar zu machen. Unternehmen müssen daher heute Haltung zeigen und ein Gespür für die Themen entwickeln, die bei ihren Stakeholdern Resonanz erzeugen. Sie müssen sich mit ihren Widersprüchen auseinandersetzen und den Diskurs mit ihren Stakeholdern suchen, um mit ihnen Werte zu teilen.

Das neue Buch von Valentin Heisters hinterfragt diese These und gibt Antworten, indem es einen Bezug zu den Veröffentlichungen des Kommunikationsvordenkers Bodo Rieger herstellt, der ein neues Denken über Unternehmenskommunikation forderte. Rieger veröffentlichte 1989 im Wirtschaftsteil der F.A.Z. einen vielbeachteten Beitrag zum Thema „Haltung im Spannungsfeld von Unternehmenskultur und Corporate Identity"*. Dabei bewies er – weit vor der ersten relevanten Manifestation des Internets – einen prophetischen Blick auf die Marken- und Unternehmenskommunikation in der Postmoderne und forderte, offenbar widersprüchliche Werte und Ziele der Unternehmen zu identifizieren, miteinander zu versöhnen und so zu verbinden, dass nachhaltiges Wirtschaften möglich und profitabel wird.

* Frankfurter Allgemeine Zeitung, 6. Juni 1989

Rieger gelangte zu einer Reihe von Erkenntnissen, welche für die strategische Ausrichtung, das Handeln und die Kommunikation von Unternehmen heute in der digitalen Transformation zunehmend relevanter werden. Er beschrieb den Schlüssel zu einer nachhaltigeren Unternehmenskommunikation durch ein grundsätzlich neues Verständnis von Public Relations. Er forderte eine stärkere Verknüpfung von dem, was Unternehmen tatsächlich bewegt, mit dem, was sie ihren Stakeholdern sagen. Dieser Einklang von Haltung, unternehmerischer Substanz und Integrität stellt für Rieger den entscheidenden Faktor dar.

Valentin Heisters zeigt in diesem Buch, wie Unternehmen durch Authentizität, Glaubwürdigkeit und Eigenständigkeit erfolgreich mit den Herausforderungen der digitalen Hypertransparenz und dem Wandel von Werten und Kommunikationsverhalten heutiger Generationen umgehen.

Der Autor weist anhand zahlreicher Beispiele neue Wege ganzheitlicher Unternehmens- und Wertkommunikation auf, welche durch individuelle und eigenständige Haltung, Substanz und Integrität von Unternehmen zu einer neu verstandenen Wertschöpfung führen, und macht dabei den Zusammenhang zum Stakeholder-Dialog deutlich. Der Begriff der Haltung wird in den Mittelpunkt der Betrachtung gerückt und hinterfragt: Was macht Haltung heute aus? Was bedeutet Haltung für Unternehmen in einer Zeit voller Veränderung und Wandel? Der Autor geht dabei auch der Frage nach, welche Rolle Vorbilder spielen – und wie Unternehmen Werte aus ihrer Geschichte und Herkunft ableiten können, um die Zukunft zu gestalten.

Wie aktuell Riegers Thesen heute sind, reflektieren im Buch auch die zahlreichen hochkarätigen Stimmen. So auch der ehemalige CEO von Unilever, der in diesem Zusammenhang vom Prinzip des „Net Positive" spricht und meint, dass Unternehmen unter dem Strich „der Welt mehr geben sollten, als sie nehmen", um so zum Teil einer Lösung zu werden, von welcher sie letztlich selbst profitieren – und bringt damit auch die zu versöhnende Widersprüchlichkeit, die Bodo Rieger wahrnahm, auf den Punkt.

Bodo Rieger, mit dem mich eine jahrzehntelange Freundschaft verband, verstarb 2000 im 69. Lebensjahr. Ein Jahr nach seinem Tod überraschte mich seine Witwe mit dem Wunsch ihres verstorbenen Mannes, der verfügt hatte, ich möge das Archiv und die Bibliothek seines Büros übernehmen, denn ich „wüsste, damit umzugehen". In seinem Nachlass befanden sich neben vielen Fachaufsätzen und brillanten Analysen zu Kommunikation und Marketing über

200 Fachbücher über Marken, Markentechniken und deren verwandte Gebiete. Ich übergab die Bücher der Fakultät Wirtschaft an der Fachhochschule Mainz. Nur eine Handvoll behielt ich zurück, darunter die Publikationen seines Vorbildes, des Hamburger Marketingexperten der frühen 1930er-Jahre, Hans Domizlaff, der den Grundstein für das Denken im Marketing in Deutschland legte. Bodo Rieger verwies immer auf diesen, seinen Vordenker. Unter den Büchern befand sich auch ein dickes, 1.041 Seiten starkes Zitatebuch mit 9.800 Zitaten aus drei Jahrhunderten. Diesem Buch galt meine besondere Aufmerksamkeit, denn vielleicht enthielt es schriftliche Hinweise auf die Person Bodo Rieger. Und siehe da, ich fand mit Bleistift angekreuzte Zitate. Was hatte sein Interesse erregt? Da gab es das Kapitel „Der Mensch", ein weiteres zu „Freundschaft", ein drittes Kapitel war der „Liebe" gewidmet.

Versucht man, all seine Hervorhebungen auf einen Nenner zu bringen, dann liegt ihnen ein Ziel zugrunde: hinter allem den *Menschen* zu erforschen, ihn zu erkennen und ihn zu deuten und daraus relevante Erkenntnisse für die moderne Kommunikation abzuleiten.

Ich danke Valentin Heisters und seinem Team, aber auch den Gesprächspartnern, für die erkenntnisreiche Neubetrachtung und gedankliche Fortführung der riegerschen Überlegungen zur Haltung von Unternehmen und die Übertragung dieser Philosophie in unsere heutige digitale Hypertransparenz. Damit erfülle ich meinem Freund Bodo Rieger eine Pflicht der Freundschaft und gebe seine in die Zukunft weisenden Gedanken weiter.

Professor Olaf Leu
im Januar 2025

Vorwort
des Autors

Wenn wir in diesem Buch über die Grenzen heutiger Public-Relations- und Corporate-Identity-Ansätze sprechen und dabei feststellen, dass Unternehmen nur noch sehr bedingt das Bild, das von ihnen in der Öffentlichkeit sichtbar wird, direkt beeinflussen können, stellt sich die Frage, wie wirksame Kommunikation in der digitalen Hypertransparenz dennoch gelingen kann.

Was können Organisationen tun, um ihre Zielgruppen kommunikativ zu erreichen, wenn den klassischen, werblich geprägten Botschaften der Public Relations immer weniger Gehör geschenkt wird? Wie schaffen es Unternehmen mit ihren Botschaften überhaupt noch, Relevanz bei ihren Anspruchsgruppen zu erzielen?

Die Antwort liegt in einem neuen Verständnis von Dialog und dem Teilen gemeinsamer Werte. So sind es heute nicht mehr die werblichen Botschaften und starren Festlegungen, die die Stakeholder von Unternehmen erreichen und beeinflussen, sondern vielmehr ist es die Kultur von Unternehmen, die in Haltungen und Handlungen Ausdruck ihrer Werte ist.

Damit dies gelingt, müssen Unternehmen ihren Stakeholdern zuhören und zu authentischen Haltungen finden, welche Ausdruck ihrer Fähigkeit sind, den Wandel zu gestalten und den Ansprüchen und Werten ihrer Anspruchsgruppen zu entsprechen. Dabei geht es auch um die Frage einer neuen, gemeinsamen Ethik des Wirtschaftens, die weniger auf dirigistische Maßnahmen als vielmehr auf Handlungsspielräume setzt. Der vieldiskutierte Philosoph Markus Gabriel formuliert: „Wir müssen eine neue Ethik formulieren, die darauf abzielt, dass die Wirtschaft die Anforderungen der Menschen von heute und der Gesellschaft von morgen erfüllt."*

So begreifen wir heute die Haltung von Unternehmen nicht als ein Vertreten und Festhalten an Grundsätzen, Werten und überlieferten Überzeugungen, sondern vielmehr als Ausdruck des Meisterns von Veränderungen. Es geht darum, im Dialog innovative Lösungen zu finden. So zeigt die Haltung eines Unternehmens die Bereitschaft, Veränderungen in das eigene Werden zu integrieren.

Warum es heute gerade Haltungen sind, die uns Menschen berühren und die deshalb in der Kommunikation wirksam sind, ist eine interessante Frage, mit der wir uns in diesem Buch intensiv beschäftigen. Es handelt sich nicht um ein modisches Phänomen, sondern es wird nur das wahr, was Unternehmenskommunikation immer zu sein vorgab, aber nie wirklich war: Es braucht heute echten Austausch, Dialog und eine gelebte Teilhabe an gemeinsamen Werten. So ist aus dem sprichwörtlichen Ein-Weg-System der Unternehmenskommunikation ein Zwei-Wege-System geworden.

Umso wichtiger aber ist die Frage, inwieweit das Handeln der Unternehmen auch tatsächlich den postulierten Haltungen entspricht. Denn Unternehmen, die heute ihren Stakeholdern zuhören, Haltung zeigen und auf die Veränderungen der Umwelt reagieren, indem sie ihre Strategie daran ausrichten und den Wandel zu einem Teil ihres eigenen Werdens machen, werden letztlich an ihrer Integrität gemessen – und haben alle Chancen, gemeinsam mit ihren Stakeholdern die Zukunft zu gestalten.

Valentin Heisters
im Januar 2025

---

* Spiegel Nr. 44 / 26.10.2024

Executive Summary

Unternehmen und Stakeholder verfügen in der heutigen digitalen Transparenz über Wissen in Echtzeit und begegnen sich in ihrer Kommunikation eins zu eins auf Augenhöhe. Das frühere Verkünden von Nachrichten und die gezielte Steuerung des Corporate Images durch Werbung und klassische PR stoßen zunehmend an ihre Grenzen.

Fluide Sammlungsbewegungen lassen Stakeholder heute zu wirkmächtigen Stimmen werden und der Wertewandel verändert zugleich die Erwartungen an die Verantwortung von Unternehmen. Sinnhaftigkeit, Nachhaltigkeit und Teilhabe werden zu immer wichtigeren Attributen.

Das klassische Innen-/Außenverhältnis zwischen dem Unternehmen als Sender von Botschaften und dem Stakeholder als Empfänger löst sich zunehmend auf und lässt so die Steuerung der Unternehmenskommunikation mehr und mehr unwirksam werden.

Der Paradigmenwechsel des Begriffs der Öffentlichkeit erfordert daher heute, dass Unternehmen über Konjunktur-, Industrie- und Technologiezyklen hinweg zu authentischen Werten und Verantwortung finden, welche sich an ihrer unternehmerischen Strategie, ihrer Substanz und ihrer Integrität messen lassen müssen.

Unternehmen müssen somit Haltung zeigen, um sich im digitalen Kontext positionieren zu können. Nur wenn sich diese Haltung als „glaubwürdiges Narrativ" durchsetzen kann, entstehen nachhaltige, kommunikative Relevanz und Wirksamkeit.

Denn nur Haltung, die auf authentischen und gelebten Werten basiert, ist im digitalen Kosmos durchsetzungsfähig und wird von Zielgruppen als relevant identifiziert. Sie ist geeignet, nachhaltig wirksame Narrative zu bilden, die langfristigen Überzeugungen glaubwürdigen Ausdruck verleihen und im digitalen Kontext wirksamer als klassische, verkaufs- und produktorientierte Marken- und Unternehmenskommunikation sind, da sie Ausdruck einer Kultur werden.

In diesem Sinne verstandene und gelebte Haltungen von Unternehmen werden heute mehr und mehr zur Basis von Unternehmenskommunikation sowie strategischer Markenführung und -positionierungen, indem sie den Schulterschluss zu den Werten der Stakeholder suchen, mit den Alleinstellungsmerkmalen der Marke verbinden und so eine gemeinsame Wertebasis in den Mittelpunkt der Marken- und Kommunikationsstrategie stellen. Dabei untersuchen die Autoren im Buch, wie Unternehmen zu authentischen und individuellen Haltungen finden, welche Rolle dabei der Dialog mit ihren Stakeholdern spielt und welche Beziehung zwischen der Haltung von Unternehmen und ihrer Fähigkeit, auf Veränderungen und Wandel zu reagieren, besteht.

So bauen nachhaltige Geschäftsmodelle zunehmend auf wertebasierten Haltungen und Zielen auf, um im Austausch mit den Stakeholdern langfristig die Beziehung zu stärken und ihre Marken erfolgreich zu positionieren.

Denn gelingt es, im Dialog zwischen Unternehmen und Stakeholdern gemeinsame Haltungen und Werte zu finden und zu teilen, wird für die Stakeholder aus dem Markenerlebnis eine Bestätigung eigener Einstellungen, Absichten und Ziele und es entsteht soziale Bindung.

Das Unternehmen stellt in dieser Beziehung als Teil und Ausdruck seiner Haltung seine Produkte und Leistungen in den Dienst einer gemeinsamen, geteilten Wertebasis und verbindet diese zugleich mit einem Markenversprechen, dass eine Antwort auf diesen gemeinsamen Anspruch darstellt. Die Haltung wird dabei zum Ausdruck des Unternehmens, Veränderungen zu meistern und diese zu einem Teil eigenen Werdens zu machen. So erklärt das Buch, warum Haltungen das Gegenteil von Emotionen, sondern vielmehr Zeugnisse des Wandels sind und warum es wichtig ist, dass Haltungen offen und weich gehalten werden müssen, um ihre wahre Stärke entfalten zu können.

Die Autoren beschreiben auf Basis der geführten Interviews, wie aus einem „YOU AND ME" zwischen Unternehmen und Stakeholdern im neuen Verständnis von integraler Unternehmenskommunikation und Markenführung ein „WE" wird: Die Grenzen zwischen Unternehmen und Stakeholder werden aufgehoben und das klassische Innen-/Außenverhältnis der Kommunikation wird durch einen Dialog und Austausch, die nun aber im Zentrum der Corporate

Identity stattfinden, abgelöst. Der Stakeholder-Dialog und die daraus abgeleitete Materialität und Gewichtung werden so zum entscheidenden Unterschied und zum Dreh- und Angelpunkt einer neuen integralen Unternehmens- und Markenkommunikation. Dabei geht es auch darum, einen Unterschied zwischen üblichen Sustainability-Umgangsformen und echtem Commitment sichtbar zu machen.

Damit sich Unternehmen mit einer wertebasierten Haltung in diesem Kontext erfolgreich positionieren können, gilt es, Anspruch und Wirklichkeit zu prüfen, den Kern der Unternehmenswerte zu fokussieren, diesen gegebenenfalls zu revitalisieren oder veränderten Bedingungen und Zielen anzupassen.

Bodo Rieger spricht in diesem Zusammenhang davon, „die Widersprüche zwischen den Unternehmenswerten und Zielen zu versöhnen", um eine Strategie zu entwickeln, die einer gelebten Absicht und Überzeugung entspricht: Stakeholdern und Kunden ein glaubwürdiges Angebot zum Dialog und zur Bildung einer Sinn- und Wertegemeinschaft zu machen.

Der Paradigmenwechsel – Wertkommunikation in der digitalen Transparenz

Warum die digitale Hypertransparenz wertorientierte Haltungen und Integrität erkennbar werden lässt und herkömmliche PR und klassische Unternehmenskommunikation heute nicht mehr funktionieren

01

Wenn wir darüber nachdenken, welche Botschaften von Unternehmen uns im Gedächtnis bleiben, werden die meisten sich nicht an vieles erinnern. Das, was wir von Unternehmen und Marken wissen und erfahren, beziehen wir aus den sozialen Netzwerken, eigenen direkten Erfahrungen oder dem, was wir in den Nachrichten oder im öffentlichen Diskurs darüber sehen und hören. Wir wissen zum Beispiel eine ganze Menge über die Deutsche Bahn, ohne dass wir wahrscheinlich je irgendeine Verlautbarung von dieser aus erster Hand gelesen oder gehört hätten. Lediglich die vielen an den Bahnhöfen und in den Zügen verkündeten Gründe für Verspätungen sind uns erinnerlich, weil wir sie unglaublich oder aberwitzig fanden.

Dies liegt aber nicht daran, dass die Bahn nicht eine Menge Budget und Mühe in die Kommunikationsarbeit stecken würde. Wir nehmen diese Arbeit nur nicht wahr – und das Image, das sich von diesem Unternehmen bei uns bildet, überschreibt das gesteuerte Bild der Marken- und Unternehmenskommunikation, da es nicht die Relevanz für uns entwickelt wie der Artikel auf SPIEGEL online, in dem der Redakteur von einer abenteuerlichen Fahrt ins Nirgendwo mit einer vielstündigen Verspätung berichtet. Im Mittelpunkt stehen also nicht mehr die Kommunikation der Bahn und die Frage, ob sie in der Lage ist, die Wahrnehmung des Unternehmens in der Öffentlichkeit zu steuern, sondern die Sinnhaftigkeit ihres Handelns und die Qualität ihres Produktes.

Natürlich bietet hier die Bahn ein sehr plakatives Beispiel, welches dem Konzern nur zum Teil gerecht wird und nur eine Momentaufnahme kurz vor der Auflösung des Sanierungsstaus wiedergibt. Aber es beinhaltet einen wahren Kern, der etwas über die Möglichkeit von Unternehmen sagt, ihr Image und ihre Markenkommunikation heute selbst über herkömmliche Kommunikationskanäle zu steuern: Obwohl wir von allen Unternehmen gewisse Bilder haben, stammen diese immer weniger von den Unternehmen selbst. Die digitale Hypertransparenz erlaubt es uns, zu einem eigenen, für uns relevanten Bild des Unternehmens zu kommen, ohne dabei von den Company-Botschaften gesteuert zu werden.

„Selbst wenn Unternehmen sehr große Budgets investieren, um eine bestimmte Botschaft zu senden, haben sie kaum noch eine Chance, die Menschen über die klassischen Informationskanäle direkt zu beeinflussen", so Professor Christof Ehrhart auf dem Geschäftsberichts-Symposium des Center for Corporate Reporting. [1] Der Executive Vice President Communications & Governmental Affairs bei der Robert Bosch GmbH und Honorarprofessor für Internationale Unternehmenskommunikation an der Universität Leipzig beschäftigt sich schon seit einiger Zeit mit der Frage, wie Unternehmen heute nachhaltig mit ihren Anspruchsgruppen kommunizieren können. Ein anderer Vertreter eines großen Unternehmens gestand am Rande der Tagung: „Wir geraten in allen Bereichen an die Grenzen der Möglichkeiten. Einerseits ist es immer gut, transparent zu informieren, aber in vielen Bereichen erreichen wir unsere Ziele nur noch mühsam oder gar nicht. PR und Werbung von Unternehmen haben für viele Menschen kaum mehr Relevanz. Fragen wir unsere Zielgruppen in der Marktforschung nach ihrem Bauchgefühl, so halten uns viele mit einer sehr klaren Botschaft einen Spiegel vor. Nur dass sich dieses Bild kaum mehr aus unseren eigenen Botschaften ableitet, sondern mehr und mehr aus dem Bild, welches andere über uns teilen oder in den Nachrichten im Internet über uns Verbreitung findet." Dass dieses Bild nicht immer gerecht oder zutreffend ist, ist nur ein Aspekt. Der andere ist der, dass Unternehmen immer häufiger schlicht ins Leere kommunizieren und ihre Mitteilungen mehr oder weniger wirkungslos verhallen. Vor allem auf jüngere Zielgruppen, die ihr Wissen in erster Linie in sozialen Netzwerken kuratieren, ist der direkte Einfluss zum Teil verschwindend gering – wovon viele Unternehmen auch bei der Suche nach jungen Talenten und Auszubildenden heute ein Lied singen können.

Ehrhart hat ein vielbeachtetes Buch geschrieben, das die Grenzen der Unternehmenskommunikation traditioneller Prägung aufzeigt.[2] Er weiß: „Unternehmen haben über klassische Kommunikation immer weniger Einfluss auf die Steuerung ihres Corporate Images. Klassische Werbung und PR sind heute deutlich weniger wirksam, wenn es darum geht, gezielt Botschaften zu vermitteln. Die Menschen setzen sich zunehmend nur noch mit den Inhalten auseinander, die für sie einen persönlichen Bezug entwickeln, also eine bestimmte, sie betreffende Relevanz haben, und deren Werte mit ihren Werten übereinstimmen. Das ganze Verhältnis zwischen Individuum und öffentlicher Kommunikation hat sich geändert."

Ein Wechsel, der nach Ehrhart einhergeht mit einem „Paradigmenwechsel unseres Verständnisses von Öffentlichkeit". Dieser spiegele eine allgemeine Entwicklung wider, sei der „Hypertransparenz in Folge der Digitalisierung" geschuldet und habe sich in der Erkenntnis niedergeschlagen, dass heute „alles öffentlich ist" und jeder Sender und Empfänger sei. Infolgedessen sinke der direkte mediale Einfluss von Unternehmen auf ihr Meinungsbild in der Öffentlichkeit und werde zunehmend geringer.

Die Zeiten, in denen Unternehmen ihr Bild in der Öffentlichkeit umfassend durch Erklärungen, Anzeigen und Interviews beeinflussen konnten, sind vorbei.

„Meinungsbildung ist zunehmend nicht mehr das Privileg der Eliten", stellt auch die langjährige Siemens-Kommunikationschefin und heutige Beraterin bei der Zürcher PR-Agentur Dynamics Group Clarissa Haller fest: „Der Anteil der Menschen, die den Aussagen und Versprechen aus Werbekampagnen oder Anzeigen trauen, liegt bei 14 Prozent. Demgegenüber vertrauen etwa 84 Prozent der Befragten Aussagen und Empfehlungen von Menschen aus ihrem sozialen Umfeld, die sie zum Beispiel im persönlichen Gespräch hören oder bei Facebook lesen oder auf Amazon oder bei Instagram."[3] Eine Entwicklung, die Ehrharts These eines Paradigmenwechsels des Begriffs der „Öffentlichkeit" bestätigt. Haller resümiert nüchtern: „Jeder Mensch hat heute die Möglichkeit, Informationen zu hinterfragen, sie zu prüfen, zu widerlegen, Zustimmung oder Kritik zu äußern. Und das viel umfassender, schneller und direkter, als man das früher konnte. (...) Jeder kann Meinungsbildner und Multiplikator werden." Und diese Entwicklung hat direkte Auswirkungen auf die Wirksamkeit von Informationen, die Unternehmen von sich selbst in den Umlauf bringen: Denn nicht alles, was im Internet über Unternehmen zu lesen ist und in Netzwerken geteilt wird, muss unbedingt stimmen. So entsteht auf der einen Seite durch die vielen unterschiedlichen Informationsquellen „Transparenz", aber auf der anderen Seite wird die Möglichkeit, zwischen wahren, falschen, realen und zugespitzten Informationen zu unterscheiden, für die Stakeholder zunehmend schwieriger.

Aus all dem aber den Schluss zu ziehen, dass sich die Menschen nicht mehr für das Handeln der Unternehmen interessieren würden, ist falsch. Im Gegenteil: Noch nie war das Interesse der Öffentlichkeit am Agieren von Firmen so hoch wie heute. Tatsächlich zeigen aktuelle Untersuchungen wie beispielsweise das Edelmann Trust Barometer, dass das Interesse an den Aktivitäten großer Unternehmen in den letzten Jahren gestiegen ist.

Die „digitale Hypertransparenz", ein Begriff, den Ehrhart geprägt hat, führt heute oftmals zu einer öffentlichen Wahrnehmung von Unternehmen, die vom angestrebten Corporate Image, dem vermittelten Eigenbild der Firmen, erheblich abweicht und dieses zugleich auch immer überprüfbarer macht – und so für die Stakeholder und Zielgruppen zunehmend das entscheidende, weil umfassendere Bild in der Bewertung von Unternehmen ergibt. Das idealisierte Selbstbild hingegen, dessen Inszenierung von den Verbrauchern immer weniger gewünscht wird, wirkt daneben zunehmend schal. Organisationen sehen sich somit heute einer vielschichtigen Analyse- und Überprüfungsmöglichkeit durch die Öffentlichkeit ausgesetzt und müssen feststellen, dass ihre Handlungen heute ganzheitlicher gesehen und Äußerungen mit nur drei Klicks auf ihren Wahrheitsgehalt überprüft werden können.

Ein weiterer Aspekt, der die Wirksamkeit von gesteuerten Unternehmensinformationen beeinflusst, besteht darin, dass sich die generellen Wertausrichtungen geändert haben. Die Menschen sind heute individueller in ihrer Meinungsbildung, vielschichtiger und nicht mehr bestimmbaren Sammlungsbewegungen zuordenbar. Jüngere bewegen sich in fluid wechselnden Gruppierungen und verlangen als Ideal nicht mehr wie ihre Elterngeneration geschäftlichen Erfolg, materiellen Besitz, Sicherheit und Stabilität durch Wohlstand, sondern zunehmend gesamtgesellschaftliche Sinnhaftigkeit, Teilhabe und Verantwortung. Dies erwarten sie nicht nur für sich selbst, sie stellen diese Erwartungen auch an die Unternehmen.

Aus dem klassischen Begriff des Shareholder-Value wird heute immer mehr ein Stakeholder-Value, ja eine Stakeholder-Economy – begründet in den komplexen Problemstellungen unserer Welt und der Erwartung der Stakeholder, durch Innovationen zur Lösung der anstehenden Herausforderungen vor dem Hintergrund des Klimawandels und zunehmend begrenzter Ressourcen zu gelangen. Das Vertrauen der Menschen in Unternehmen ist gestiegen, gleichzeitig aber auch die Erwartung, dass diese Verantwortung übernehmen. Gesamtgesellschaftlicher Fortschritt und Lösungen für die weltweit drängenden Probleme stehen für die Stakeholder zunehmend im Mittelpunkt.

So begegnen sich Stakeholder und Unternehmen in den sozialen Medien und im öffentlichen Diskurs nicht mehr in der klassischen Sender-und-Empfänger-Konstellation der Vergangenheit, sondern zunehmend auf Augenhöhe, quasi in einer One-to-one-Situation, und lassen sich immer weniger durch gesteuerte und werbliche Botschaften in ihrer Bewertung und Meinung beeinflussen. In einer Zeit, in der viele Unternehmen Kommunikation immer noch nicht als ein Zwei-Wege-System begreifen, sondern immer noch davon ausgehen, es ginge in erster Linie darum, wie man der Öffentlichkeit die eigene Sicht beibringt, wird Kommunikation viel zu oft als PR-Instrument statt als strategische Managementaufgabe begriffen.

Fragt man Dr. Thomas Gauly, Gründer von Gauly Advisors, nach wegweisenden Entwicklungen in der Unternehmenskommunikation, so sagt er: „Es ist einerseits offensichtlich, dass Stakeholder erheblich an Einfluss gewonnen haben. Es handelt sich dabei um Prozesse, die einzelne oder Interessengruppen aufgrund der Digitalisierung der Kommunikation selber in Gang setzen oder beeinflussen können. Damit lösen sich andererseits Informations- und Wissensmonopole der Unternehmen auf, was die Steuerbarkeit der Kommunikation durch die Unternehmen deutlich erschwert." Gauly Advisors zählt heute mit seinen vier Standorten europaweit zu den renommiertesten und einflussreichsten Kommunikationsberatungen. Als langjähriger Kommunikationsexperte beobachtet Gauly seit Jahren weitreichende Änderungen im Kommunikationsverhalten von Personen und Institutionen. Dies stelle eine besondere Herausforderung dar: „Die Digitalisierung der Kommunikation führt zu einer Entpersonalisierung, weil die persönliche Begegnung, der persönliche Austausch, das Sich-in-die-Augen-Schauen in der digitalen Welt in den Hintergrund rückt. Damit gehen wesentliche Grundvoraussetzungen menschlicher Kommunikation verloren – die persönliche Begegnung und Beziehung."

Gauly beschreibt das Phänomen, dass Menschen immer mehr Zeit in ihrer „eigenen digitalen Meinungsbubble" verbringen und reale Kontakte außerhalb dieser zunehmend vernachlässigen. Der Kommunikationsprofi sieht dabei das Verhältnis zwischen der Gesellschaft und dem Individuum auf dem Prüfstand: „Digitalisierung und soziale Netzwerke, die uns ohne Zweifel viele Vorteile verschaffen und technologischen Fortschritt im eigentlichen Sinne bedeuten, bringen die Balance von Gemeinschaft und Individuum aus dem Gleichgewicht, da sie mehr Raum für Vorurteile, Verunglimpfungen und verbale Radikalisierung, gerade im politischen Raum, ermöglichen. Umso wichtiger ist eine verstärkte Aufklärung über politisch relevante Zusammenhänge und Fakten sowie eine grundlegende Erziehung in Sachen Kommunikation und Medien, die bereits im Kindergartenalter beginnen sollte."

Gauly hält diese Entwicklung auch vor dem Hintergrund der Frage, was Haltung von Unternehmen ausmacht, für relevant: „Haltungen entstehen aus Werten und leben davon, dass wir Ereignisse oder Denkrichtungen bewerten und einordnen können. Dafür benötigen wir entsprechende Kenntnisse, Vergleichsmöglichkeiten und Maßstäbe. Wenn diese verloren gehen, weil z. B. unsere Bewertungen nicht auf persönlichen Begegnungen, Beziehungen oder Faktenkenntnissen basieren, sondern vielmehr auf Meinungen und Vorurteilen, dann entbehren Haltungen einer Plausibilität. Da Personen immer

Träger von Haltungen sind – niemals Institutionen an sich – so bleibt entscheidend, dass jene Personen, die in Unternehmen Verantwortung tragen, aus ihrer Haltung heraus ein konkretes Handeln ableiten. Ohne konkretes Handeln bleiben Haltungen leere Worthülsen."

Für Gauly haben die Entwicklung der fehlenden realen Begegnung und der zunehmende Einfluss digitaler Echokammern zwei Effekte: „Es hat zum einen eine politische und gesellschaftliche Dimension, denn es kommt zu einer kollektiven Gesprächsunfähigkeit, also einem Abreißen des für unsere Demokratie lebensnotwendigen, fairen Wettstreits der Meinungen und Interessen. Für die persönliche Entwicklung des einzelnen hat der Rückzug in die eigene digitale Meinungsbubble eine ebenso gravierende Dimension. Wer sich immer mehr der persönlichen Begegnung mit Menschen anderer Meinung, anderem Geschmack usw. entzieht, wer sich nicht der produktiven Herausforderung anderer Überzeugungen stellt, der wird sozial blind und im wahrsten Sinne des Wortes für andere Meinungen taub. Man könnte auch von einer sozialen Verwahrlosung sprechen. Das scheint mir die größte Gefahr zu sein, die, ausgelöst durch die digitale Kommunikation, sowohl die Entfaltung des Individuums als soziales Wesen als auch das politische Miteinander in einer offenen Gesellschaft herausfordert."

Was das bedeutet, zeigt unter anderem auch der Vorstandsbrief des JPMorgan-CEO Jamie Dimon.[4] Er warnt vor einer Entwicklung, die durch die politische Polarisierung in den Vereinigten Staaten ein Klima schaffen könnte, das „sehr wohl Risiken mit sich bringt, die alles seit dem Zweiten Weltkrieg in den Schatten stellen könnten." Dimon schreibt: „Amerikas Führungsrolle wird von außen von anderen Nationen und von innen durch unsere polarisierte Wählerschaft bedroht."

Neben dieser großen Herausforderung sieht Gauly aber auch einen Wandel in der Kommunikation von Unternehmen und liegt damit auf einer Linie mit der These von Bosch-Kommunikator Ehrhart, der sagt, dass die Chance der Unternehmen, die Menschen noch zu erreichen, heute eigentlich darin bestehe, mit den Stakeholdern einen Dialog einzugehen, um die Sinnhaftigkeit unternehmerischen Handelns zu vermitteln.

„Die konkreten Dialog-Möglichkeiten der Unternehmen", so Gauly, „sind natürlich schon aufgrund begrenzter personeller Ressourcen limitiert." Er hält aber die Frage, wie es Unternehmen gelingt, mit ihren Stakeholdern Werte – und darüber auch Narrative – zu teilen, für entscheidend: „Die grundsätzlichere

Frage ist für mich die: Produziert das Unternehmen Produkte oder Dienstleistungen, die eine Antwort auf die Wünsche und Werte seiner Stakeholder geben? Nutzen die Produkte Mensch und Umwelt, helfen sie dem Kunden, seine Probleme zu lösen, und ist ein Unternehmen im Kern dessen, was es tut, wie es wirtschaftet und was es kommuniziert, konsistent? Unternehmen, die Produkte auf den Markt bringen, denen es gelingt, einen Wert für die Stakeholder, die Gesellschaft eingeschlossen, zu generieren – also Produkte, die die Menschen wirklich brauchen und sie voranbringen, bei denen zudem das Preis-Leistungsverhältnis fair ist – haben kein grundlegendes Kommunikationsproblem."

Bezogen z. B. auf die Deutsche Bahn scheint sich Gaulys Aussage zu bestätigen. Wenn Qualität und Nutzen eines Produktes nicht überzeugen, kann die Bahn so viel sinnstiftende Bandenwerbung im Fußball und in den Medien schalten, wie sie will: Wenn das Kernversprechen eines Unternehmens nicht eingelöst wird, da scheint Thomas Gauly recht zu haben, dann geht seine Kommunikation ins Leere.

„In einem Produkt oder einer Dienstleistung", so Gauly, „kommt immer die Haltung eines Unternehmens zum Ausdruck, welchen Beitrag es in den Umbrüchen und Veränderungen unserer Zeit leisten kann, um die Herausforderungen seiner Kunden zu lösen. Das bedeutet natürlich auch, dass ein Unternehmen erkennen muss, auf welche Weise sich gesellschaftliche und politische Einstellungen verändern. Geschieht dies nicht, wie dies in Teilen der Industrie lange Zeit der Fall war, so kann es zu schwerwiegenden Krisen kommen. Hier müssen neue Wege zwischen legitimem Lobbyismus, welcher die Interessen der Unternehmen vertritt, und der Anpassungsbereitschaft der Wirtschaft an neue Regelungen und Pflichten gefunden werden, um gesellschaftliche Konsense – und damit Geschäftsmodelle – aufrecht zu erhalten. Ein dazu integer gestalteter Kommunikationsprozess, der die Argumente beider Seiten respektiert und gegeneinander abwägt, ist hierfür unerlässlich."

Ein anderes Thema ist für Gauly die Tatsache, dass Unternehmen, unabhängig von ihren Produkten, heute eine Haltung in Form ihres „Purpose" postulieren, von der sie sich Vorteile ausrechnen. Er spricht von der „Purpose-Welle", die Unternehmen quasi über Nacht in sinnvolle Unternehmen verwandelt – zumindest auf dem Papier: „Der Trend kommt aus den USA, und da hat er sehr viele Quellen. Eine nicht zu unterschätzende ist die von klugen Geschäftemachern, die ein neues lukratives Geschäftsmodell entdeckt haben."

Doch Gauly sieht darüber hinaus einen Hintergrund, der ernst zu nehmen ist und eine gesellschaftliche Frage anschneidet: „Es ist doch die Frage von vielen Menschen: ‚Macht das, was ich tue, eigentlich Sinn?' Diese Sinnfrage muss man sehr ernst nehmen, schon allein, weil sie fundamental für die Loyalität und Leistungsbereitschaft des einzelnen gegenüber seinem Arbeitgeber ist. Viele Mitarbeitende fragen sich, ob und in welcher Weise sie mit ihrer Arbeit einen Beitrag zur Lösung wichtiger Probleme unserer Zeit leisten, etwa unseren Umgang mit den endlichen Ressourcen unseres Planeten oder den Folgen des Klimawandels. Viele fragen sich, wie es sich mit einer Weltwirtschaft verhält, die zwar Nachhaltigkeit wie eine Monstranz vor sich herträgt, aber am Ende Wegwerfgesellschaften produziert, deren Waren immer kürzere Produktzyklen haben." Eine weitere Ursache für die Suche nach einem Purpose der Arbeit sei, so Gauly, eine um sich greifende „geistige Orientierungslosigkeit": „Im Zuge von Individualisierung und Säkularismus gingen für viele Menschen Sinnzusammenhänge verloren, die sie früher in der Familie, in Vereinen, Gemeinden oder Kirchen gefunden haben. Menschen substituieren die fehlende, oft transzendente Orientierung, indem sie eine – häufig überhöhende – Sinnstiftung in anderen Bereichen, etwa an ihrem Arbeitsplatz, suchen."

Ein anderer Grund für den Trend laut Gauly ist, dass in unserer Gesellschaft der Wert der menschlichen Arbeit für die Entfaltung des Menschen unterbewertet werde: „Wir sind insbesondere in Deutschland in den letzten Jahrzehnten in eine Richtung gelaufen, die man in dem Satz ‚Je weniger ich arbeite, desto besser ist es' zusammenfassen kann. Aber Arbeit gehört konstitutiv zum Menschsein. Sie war und ist immer mit Mühe und Anstrengung verbunden, zugleich mit sozialem Miteinander und dem Gefühl ‚nach getaner Arbeit', etwas geleistet zu haben. Das ist nicht zuletzt wichtig für das Selbstwertgefühl des einzelnen. Wenn wir aber Arbeit kollektiv nicht mehr wertschätzen, dann entsteht sehr schnell die Sinnfrage, und dann gelangt man schnell zur Suche nach einem ‚Purpose'." So scheint der Grund, warum dieser Trend heute bei vielen Unternehmen zu beobachten ist, nachvollziehbar, aber ist in dem Moment, in dem Haltungen als „Sinnersatz" angeboten werden – und eigentlich andere Fragen geklärt werden sollten –, durchaus kritisch zu sehen. „Letztlich wichtig ist doch, welchen Nutzen ich durch mein Tun für mich und für andere stifte. Dies allein gibt der Arbeit Sinn", sagt Gauly.

Christof Ehrhart stellt fest, dass die Kommunikation von Unternehmen einem Paradigmenwechsel ausgesetzt ist. Thomas Gauly hatte es 2001 in einem vielbeachteten Beitrag in der Frankfurter Allgemeinen Zeitung unter der Überschrift „Das Ende der Öffentlichkeitsarbeit" so formuliert: Die digitale Entwicklung bedeute das Ende der klassischen PR-Arbeit, da sich Stakeholder heute dank transparenter digitaler Kommunikation leichter ein Bild davon machen können, wie Unternehmen handeln und welchen Impact ihre Produkte haben – und dies auch tun: „Wenn es stimmt, dass Wissen Macht ist und Information eine Vorbedingung für Wissen, dann sind wir angesichts der digitalen Revolution der Kommunikation Zeugen einer dramatischen Verschiebung von Wissen und davon abgeleiteter Macht." Genau diese Macht, Einfluss darauf zu nehmen, wie ihr Handeln zu verstehen ist, haben Unternehmen heute ein stückweit verloren. Als Reaktion darauf fordert Gauly eine neue, eine „integrale Kommunikation", die sich nicht als nachgelagertes Verkündigungsorgan versteht, sondern vielmehr in ihrer Funktion am Entscheidungsprozess beteiligt ist, Teil der Strategie von Unternehmen sein muss und „als Ausdruck der Haltung und integrale Managementfunktion" begriffen werden müsse. Es gelte, „Kommunikation nicht mehr nur als das Interpretieren von Handeln, sondern vielmehr Kommunikation als das Handeln selbst zu begreifen".

Der Berliner Philosoph Philipp Wüschner hat mit seinen Arbeiten einen neuen Blick auf das vielbeschworene Wort der „Haltung" eröffnet, indem er den Begriff aus dem wertebewahrenden Kontext in das semantische Feld von Veränderung und Entwicklung stellt. Wüschner hat zu diesem Thema ein vielbeachtetes Buch geschrieben, worin das Phänomen der Haltung u. a. in der Ethik des Aristoteles beleuchtet wird.[5] Er geht davon aus, dass Haltung mehr als nur das Festhalten an gefundenen Werten und Überzeugungen darstellt, und definiert sie vielmehr als etwas Prozesshaftes: als eine Bühne für das Meistern von Veränderungen und die Integration dieser Veränderungen in das eigene Werden.

Überträgt man diese Definition, so wird klar, dass Unternehmen, die ihre Kunden in den Herausforderungen unserer heutigen Zeit durch nützliche Produkte und Lösungen unterstützen – auch zur Sicherung von Marktvorteilen –, ihre Haltung, Veränderungen zu meistern, zum Ausdruck bringen. Sie üben damit auch einen starken Einfluss auf die Unternehmenskommunikation aus. Indem Unternehmen heute zu Haltungen finden, die einerseits ihren eigenen Prägungen und Werten entsprechen, aber andererseits über ihre Produkte und Leistungen Stakeholdern helfen, unausweichliche Veränderungen zu meistern, entsteht, so Wüschner, die Grundlage für eine glaubwürdige Kommunikation, die gerade in der heutigen Digitalität in der Lage ist, übergreifende Narrative zu bilden.

Sind Haltungen als Ausdruck der Fähigkeit, Veränderungen zu gestalten, der Schlüssel für eine neue Unternehmenskommunikation, die sich nicht mehr durch Wissensmonopole auszeichnet und Wahrnehmung steuern möchte, sondern auf einen Dialog und Ausgleich setzt, in dessen Mittelpunkt das Teilen gemeinsamer Werte steht?

„Das ist ein wichtiger Aspekt", sagt Gauly. „Haltung erhält gerade dann eine Relevanz, wenn sie inmitten von Veränderung steht, wenn sie sich bewähren muss, in Situationen, in denen man zum ‚Unterscheiden der Geister', wie Ignatius sagt, und zum Handeln gezwungen wird. Haltung entsteht aus Werten und Entwicklungen, aus den Vorbildern und Ideen, von denen wir geprägt werden. Zudem werden Haltungen nicht unerheblich durch unsere Herkunft und Erziehung geformt. Veränderungen sind Prüfsteine für Haltungen, die uns helfen, Herausforderungen zu bestehen."

Wenn Gauly davon spricht, dass Haltung dann sichtbar wird, „wenn sie inmitten von Veränderung steht", kommt damit ein Aspekt zum Ausdruck, der mit der Definition des Philosophen Wüschner zur Deckung kommt.

„Ich finde gerade die Formulierung, dass Haltung insbesondere dann sichtbar wird, wenn sie inmitten der Veränderung ‚steht', sehr interessant", so Wüschner, der zuletzt an der HAW in Hamburg gelehrt hat, „weil sie noch etwas anderes sagt, als dass Haltung aus festen Überzeugungen und Werten resultiert: In der Veränderung geht es immer auch darum, in der Situation ‚zu einer Haltung zu finden', was nichts anderes bedeutet, als zu einer Entscheidung zu gelangen, wie man den Wandel in Bezug zu seinen bestehenden Werten stellt. Deshalb ist es wichtig, Haltungen in einer gewissen Art und Weise auch offen und weich zu halten, also bereit zu sein, von seinen und den Werten anderer zu lernen und Dinge aufzunehmen, um Veränderungen zu gestalten. Denn letztlich entwickeln wir uns über Veränderungen auch in unseren Werten weiter. Der Prozess der Prägung ist nicht endlich, begrenzt und abgeschlossen, sondern setzt sich in unserem Leben fort."

Damit spielt Wüschner auch auf das beschriebene Phänomen der digitalen Isolierung und der Echokammern an. Haltung wird in diesen Kontexten als etwas eingesetzt, was Veränderung nicht meistert, sondern im Gegenteil Wertvorstellungen verhärtet, Diskurs unmöglich macht und Problemlösungen eher in eine Sackgasse als zu einem Ergebnis führt. „Das ist ein ganz wichtiger

Effekt, denn nicht alle Argumente einer gefühlten Gegengruppe sind per se unsinnig, im Gegenteil, gerade die daraus resultierende Gesprächsunfähigkeit macht die sozialen Netzwerke gefährlich", meint dazu Gauly. So beschäftigt sich dieses Buch damit, wie Unternehmen mit ihrer Haltung, Substanz und Integrität ihre Veränderungen steuern und kommunizieren können. Dabei spielt die Frage, wie Unternehmen diese Veränderungen in ihre und die Entwicklung ihrer Kunden integrieren und wirksam werden lassen können und zu einer wirksamen glaubwürdigen Kommunikation finden, eine wichtige Rolle. Haltung zeigen kommt immer dann zum Ausdruck, wenn Unternehmen auf Veränderungen Antworten finden und diese in ihre Entwicklung integrieren können. Im übertragenen Sinne sind es die Ansprüche und Bedürfnisse der Stakeholder, die Unternehmen heute durch ihre Produkte und Leistungen beantworten und zum Teil ihrer und der Entwicklung ihrer Anspruchsgruppen machen müssen.

Und dennoch kann letztlich kein Rezeptbuch geschrieben werden, wie Unternehmen *ihre* Haltung finden können, denn „Haltung", so Olaf Leu „ist im Grunde nicht objektivierbar. Sie ist ein rares und scheues Gut und zeigt sich vor allem dort, wo Menschen, von ihren tiefen Überzeugungen und Werten getragen, Veränderungen meistern und über sich hinauswachsen."

Ein Beispiel aus einem ganz anderen Bereich zeigt, was dieses „über sich hinauswachsen" bedeuten kann. Es zeigt, was es heißt, durch seine Haltung Veränderung zu moderieren – und welche enorme kommunikative Wirkung dies auf uns Menschen haben kann: Nelson Mandela saß im damaligen Apartheidstaat Südafrika über 20 Jahre im Gefängnis auf Robben Island. Nachdem er freigelassen und die friedliche Revolution eingeleitet hatte, holte er bei der Vereidigungszeremonie den vorherigen weißen Präsidenten de Klerk hinzu und sagte, jetzt komme nicht die Zeit der Vergeltung und Rache, sondern die nächsten vier Jahre mache man die Sache gemeinsam. Mandela gestaltete Veränderungen: Er meisterte die Situation, indem er sich nicht der Emotion der Rache hingab oder die Ungerechtigkeit, welche die schwarze Bevölkerung lange Jahre hatte erleiden müssen, zurückgab. Im Gegenteil, er zeigte Haltung dadurch, dass er voranging, Veränderungen gestaltete und sie zu einem Teil seiner eigenen und der Entwicklung des Landes machte. In der Veränderung wurde die Haltung Mandelas sichtbar, die ihn auszeichnete und den großen Unterschied machte. Er meisterte den Machtübergang durch seine spezifische Haltung der Versöhnung und Gerechtigkeit.

Wenn Haltungen authentisch das Gestalten von Veränderungen im Sinne von Anspruchsgruppen sichtbar machen, dann sind sie eine Bestätigung der realen Werte – auch wenn es nicht um Staatslenker, sondern um Unternehmen und ihre Stakeholder geht. Sie tragen dann zu genau den von Ehrhart und Gauly geforderten relevanten Narrativen von Sinnhaftigkeit des Handelns bei.

Wenn Ehrhart also davon spricht, dass Unternehmen heute ohne ein Angebot zum Dialog nicht mehr auskommen, um ein „Social Bonding" mit den Zielgruppen zu erreichen, und Gauly von einem Ende der Öffentlichkeitsarbeit spricht, dann sind es gerade die von Unternehmen angebotenen Narrative, die aus ihren authentischen Werten und Haltungen resultieren. Diese Narrative ermöglichen ein aktives Vorangehen sowie die Gestaltung, Meisterung und Integration der vielen Impacts im unternehmerischen Handeln. Dabei geht es darum, Unternehmen in ihrer Gesamtheit so auszurichten, dass die Ansprüche der Stakeholder in ihrer Kernidentität formuliert und gelebt werden und sich diese mit deren Zielen treffen, um gemeinsam Veränderungen und Lösungen voranzutreiben.

Haltungen, die dies in Handlungen und Produkten einlösen können, sind in ihrer Wirkung sehr stark und schaffen Relevanz. Das bedeutet im Grundsatz eine Sensibilisierung für die Bedürfnisse der Stakeholder und die Klärung der Frage, welche Eigenschaften und ureigenen Fähigkeiten des Unternehmens mit den Bedürfnissen und Werten der Stakeholder in Übereinstimmung gebracht werden können.

Wer aus dem Ende der klassischen PR-lastigen Steuerung der Kommunikation schließt, dass Unternehmen hilflos zusehen müssen, wie sie im digitalen Ozean umhertreiben, der irrt. Unternehmen müssen verstehen, dass sie nicht mehr Kommunikation benutzen können, um einen Kurs zu proklamieren, der nicht in Übereinstimmung mit den Erwartungen ihrer Stakeholder steht. Stattdessen gilt es, einen Kurs zu setzen, der die notwendigen Veränderungen in einem von gemeinsamen Werten getragenen Handeln erfüllt und so die Ziele der Stakeholder *und* die wirtschaftlichen Ziele von Unternehmen erreicht.

Ein Vordenker der digitalen Postmoderne – Werte und Ziele versöhnen

Wie der Kommunikationsexperte Bodo Rieger vor der Erfindung des Internets den Schlüssel zur wertbasierten Kommunikation der digitalen Postmoderne fand und warum Haltung, Substanz und Integrität Orientierung und Handlungsstärke signalisieren

Die diesem Buch zugrunde liegenden Erkenntnisse und Schlüsse finden ihre Initialisierung in den Überlegungen des Kommunikationsexperten Bodo Rieger, der vor 35 Jahren einen vielbeachteten Beitrag in der F.A.Z.[6] veröffentlichte: Rieger forderte darin Unternehmen auf, ihre Vorstellung von einer idealisierten Corporate Identity zu überprüfen, ja zu ändern, indem sie den Widerspruch zwischen ihren Idealen und ihrem Handeln annehmen und ihre Ziele mit ihren Werten und denen ihrer Stakeholder versöhnen. Er forderte, dass Unternehmen in ihrer Kommunikation weniger die Widerspruchsfreiheit als vielmehr eine authentische Haltung in den Mittelpunkt eines Dialogs mit ihren Stakeholdern stellen müssen, um wirksam, im Einklang mit einer gelebten Corporate Identity, zu kommunizieren.

Rieger stellte fest, dass sich die Kommunikation ändern müsse, und forderte, die Kommunikation zentral im Unternehmen zu verankern. Der CEO solle ein Kommunikator sein, das Ohr nahe an den Zielgruppen haben und dabei Führung primär als *Good Leadership* betrachten. Rieger erkannte schon damals die Wirkmächtigkeit, die von echten, auf tiefen Überzeugungen basierenden Haltungen von Unternehmen ausgeht, und nahm damit die Essenz einer wirksamen Kommunikation in der heutigen Zeit vorweg. Er bewies mit seinen Überlegungen Weitsicht und war seiner Zeit voraus. Der wichtigste Aspekt aber, den Rieger erkannte, ist, dass gerade in den Widersprüchen ein großes Entwicklungspotenzial liegt – und zwar sowohl in den Widersprüchen zu sich selbst als auch zu den Werten der Anspruchsgruppen. Für ihn bestand die Lösung darin, Werte und Ziele mit den von Stakeholdern eingebrachten Widersprüchen durch dialektische Lösungen zu versöhnen. Als Symbol dafür diente ihm der Januskopf. Demgegenüber steht eine verkaufsgetriebene Idealisierung der Kommunikation, die immer weniger Relevanz im langfristigen Vertrauensaufbau und der Bindung zu den Anspruchsgruppen von Unternehmen hat.

Überträgt man dies auf die Kommunikation in der hypertransparenten Digitalität, bedeutet dies – ganz wie es auch Ehrhart und Gauly fordern – die langfristige Vermittlung eines vom Handeln des Unternehmens geprägten Narrativs, in dessen Mittelpunkt Werte und Haltungen stehen, die das Unternehmen mit seinen Stakeholdern teilt. Es bedeutet aber auch, dass Organisationen die an sie gerichtete Erwartung, „Verantwortung zu übernehmen", akzeptieren und in ihrem Handeln zum Ausdruck bringen.

Wenn Clarissa Haller feststellt, in der Unternehmenskommunikation sei „die Zeit der Propaganda vorbei", und fordert, dass Unternehmen eine „Vorreiterrolle einnehmen müssen, um mit ihren Leistungen Teil von Lösung zu sein", dann meint dies, PR und schöne Worte „gegen fundiertes Handeln einzutauschen".

Der entscheidende Schlüssel zu einer durchsetzungsstarken und relevanten Kommunikation in der Digitalität besteht aus einem Dreiklang aus authentischer *Haltung*, qualitativer *Substanz* und *Integrität* – vorausgesetzt, er wird von den Menschen in seiner Wahrhaftigkeit erkannt.

Überprüft man diesen Dreiklang, so bedingen sich die drei Faktoren und erweisen sich als notwendige Einheit, um Organisationen in der Wirksamkeit ihres öffentlichen Bildes zu beschreiben.

Haltung ist das, was ein Unternehmen *will*:
die authentische Vermittlung von Zielen, Werten und Lösungen, die ein Unternehmen mit seinen Stakeholdern teilt, und die Fähigkeit des Unternehmens, Veränderungen zu meistern und zu einem Teil seiner Entwicklung zu machen.

Substanz ist das, was ein Unternehmen *kann*:
seine Innovations- und Leistungsfähigkeit, seine Alleinstellung, Kompetenz und Qualität, seine Kontinuität und Wandlungsfähigkeit, seine Kundenbezogenheit, sein wirtschaftlicher Erfolg und seine Nachhaltigkeit.

Integrität beschreibt, wer das Unternehmen *ist*:
seine Zuverlässigkeit und Ehrlichkeit, seine Werte, seine Ethik und Moral und die Übereinstimmung zwischen dem, was es kommuniziert, und dem, wie es handelt.

Kommunikationsarbeit für Unternehmen muss sich daher heute anders definieren und den Bezug zu den Stakeholdern auf eine neue Ebene stellen. Unternehmen sehen es als ihre Aufgabe, sich dazu zeitgleich in zwei scheinbar entgegengesetzte Richtungen zu bewegen: Einerseits müssen sie sich auf den Weg zu ihren eigenen, tiefen und innersten Werten machen, um herauszufinden, was sie bewegt und im wesentlichen Kern auszeichnet. Dabei müssen sie sich ihren Widersprüchen stellen und sich fragen, was sie daran hindert, sich mit diesen zu versöhnen – und andererseits müssen sie sich auf den Weg zu ihren Stakeholdern begeben, sich auf diese einlassen, ihnen zuhören und in einen echten Dialog treten, um die Werte der Stakeholder mit denen des

Unternehmens in eine direkte Beziehung zu setzen, abzugleichen und zu verbinden.

Warum in diesem Zusammenhang gerade das „Haltung zeigen" in der digitalen Welt eine so starke Wirkung entfaltet, liegt daran, dass wir Menschen von Beispielen angezogen werden und diese attraktiv finden, wenn sie auf tieferen Überzeugungen und festen, langfristig gültigen Werten zu basieren scheinen und zugleich ein Zeugnis davon abgeben, wie jemand Veränderungen meistert und auch in herausfordernden Situationen aus eigener Kraft sein Standing beweist. Dabei unterscheiden Stakeholder in der digitalen Welt zwar durchaus zwischen der Haltung von Menschen, Institutionen und Unternehmen, bezogen auf ein „Haltung zeigen" sind diese aber in ihrer Wirkung sehr ähnlich. In diesem Sinne begegnen Menschen Unternehmen heute ebenso auf Augenhöhe wie einzelnen Personen und empfinden, dass sowohl Individuen als auch Organisationen Haltung zeigen können. Clarissa Haller stellt in ihrer Praxis fest: „Die Frage in der Kommunikation ist längst nicht mehr B2B oder B2C – es ist P2P, ‚people to people', was bedeutet: Unternehmen und Stakeholder begegnen sich in der digitalen Welt ‚one to one'."

Ein weiterer Aspekt, warum Haltung so relevant ist, beruht, wie zahlreiche Studien zeigen, auf der Erwartung der Stakeholder, dass Unternehmen Verantwortung übernehmen und eine Führungsrolle einnehmen, um in einer immer komplexer werdenden Welt Lösungen aufzuzeigen, mit denen sie ihr Handeln legitimieren. Der Philosoph Wüschner bemerkt, dass die zunehmende Komplexität der heutigen Probleme und das überbordende Maß an Informationen und Meinungen dazu führen, dass glaubwürdigen und eigenständigen Haltungen gerade im digitalen Kontext eine ganz andere Aufmerksamkeit geschenkt wird als Meinungen oder nüchternen Informationen: „Derjenige, der keine Haltung hat, wird gerade im vielschichtigen und hochemotionalen Kontext der digitalen Hypertransparenz ein Getriebener sein – von dem, was ihm an vielfältigen Informationen und Meinungen angeboten wird, und von den Gefühlen, die er dabei hat. Umso mehr beeindrucken uns Individuen, denen es gelingt, dieses Hin- und Hergerissensein zu überwinden. Was wir an Haltung bewundern, ist, dass wir merken: Diese Person hat irgendetwas gefunden, was es ihr ermöglicht, nicht mehr getrieben zu sein – sondern als ‚sie selber' in einer komplexen Situation zu bestehen."

Und dieses „als sie selber" bedeutet, dass eigenständige Haltungen uns etwas vermitteln, was uns aufmerksam werden lässt. „Haltung gibt uns", wie

Professor Olaf Leu sagt, „Orientierung und das Gefühl, den Absender in seiner ganzen Gestalt zu erkennen, sie hilft uns, im Bruchteil von Sekunden ein Unternehmen einzuordnen und ein tiefes ‚Verständnis' von einer Organisation aufzubauen." Der Grund liegt darin, dass sich jeder Mensch danach sehnt, „in Übereinstimmung mit sich selbst zu leben", wie es der humanistische Psychologe Carl Rogers beschreibt. So erklärt es sich, dass wir Unternehmen, denen wir eine starke und authentische Haltung zuschreiben, deren wirkliche Werte wir klar und unterscheidbar zu erkennen meinen, die uns aber zugleich auch eine Antwort auf Wandel und Veränderungen geben, auf positive Weise begegnen. Unternehmen, deren werbliches Auftreten uns keinen wirklichen Hinweis auf ihre authentischen Werte und Einstellungen gibt, sondern die sich nur von einer idealisierten Seite zeigen, stehen wir skeptisch gegenüber.

Der Philosoph Hendrik Wahler weiß um die Kraft, die solche authentischen Haltungen auf Menschen in der Kommunikation haben „und keine bloßen ‚Add-ons' für unser Leben darstellen".[7] Er verweist auf die Arbeiten von Carl Rogers und Abraham Maslow, die klargemacht haben, welche Kraft von Haltungen, die Menschen als wahrhaftig ansehen, ausgeht: „... (es geht) dabei um den Kern der menschlichen Existenz: Menschen sind durch ihre Biologie nicht hinreichend festgelegt, dies oder jenes zu sein oder zu werden. Menschen haben einen großen Spielraum. Wir können immer ‚mehr' sein, als wir sind, weil unsere Natur kein feststehendes Wesen ist, sondern ein Streben, über uns hinauszuwachsen, etwas zu werden und zugleich die Widersprüche in uns zu überwinden, die uns daran zu hindern scheinen." Auch wenn die Menschen ihre Grenzen kennen würden, so Wahler, sei gerade die Vorstellung, mit dem konfrontiert zu werden, was möglich ist, sehr interessant für uns: „Das heißt nicht, dass für uns Menschen alles möglich ist. Auch wir haben Grenzen. Aber für uns gibt es einen Unterschied zwischen dem, was wir sind – und dem, was wir sein *könnten*."

Dass das erfolgreiche autobiografische Buch von Michelle Obama den Titel „Becoming" trägt, also „Werden", ist in Bezug auf diesen beschriebenen Mechanismus und auf den Charakter des Buches – eine Entwicklungsbiografie – genau in diesem Sinne passend gewählt und vermittelt anschaulich den Aspekt des „Haltung-Findens" und des „mit sich selber übereinkommen und eine Einheit werden". Der Titel ist dadurch in gewisser Weise doppelt wirksam, da er einerseits den abstrakten Prozess der Selbstfindung beschreibt – das „Werden" im Sinne einer Entwicklung – und andererseits seinen Anspruch formuliert, das Leben von Michelle Obama als konkretes Beispiel dafür zu zeigen, dass der Mensch zu dem werden kann, was er sein *könnte*, und wie das Bewältigen von Hindernissen und Herausforderungen zu einem Teil des eigenen Werdens, „Becoming", wird. Haltung zu zeigen begreifen wir als authentischen Ausdruck von Identität und zugleich als identitätsstiftend. Das ist der Grund dafür, warum Haltung zu zeigen für Menschen gerade auch in den Zeiten schnelllebiger Trends in den sozialen Netzwerken und großer Veränderungen unserer Welt so wirksam ist. Sie macht Menschen, die mit ihr in Kontakt kommen, ein attraktives Identitäts- und Entwicklungsangebot. So ist eine authentische Haltung in der Kommunikation ein Leuchtturm und verbindet die Werte und die Kernidentität eines Unternehmens mit den Anforderungen und Herausforderungen der Zukunft, indem sie durch Positionierung und Zielsetzung eine klare Orientierung gibt, eine Vision und einen Anspruch formuliert, wie die Entwicklungen und Veränderungen in das eigene Werden integriert werden können. Damit ist genau der Effekt beschrieben, dass Haltung Ausdruck eines „Übereinkommens mit sich selbst und seinen Werten in Anbetracht von Veränderungen" ist – und das macht sie für die Kommunikation sehr wertvoll.

Der scheinbare Widerspruch von Haltung als Ausdruck fester Wertebezogenheit einerseits und andererseits der Fähigkeit, flexibel auf unvorhersehbare Veränderungen zu reagieren, weist, so Wüschner, auf ein Missverständnis des Begriffs der „Haltung" hin: „Haltung wird oftmals als etwas Starres, Unverbrüchliches und als das Festhalten an überlieferten festen Einstellungen empfunden. Übersetzen wir aber einmal Haltung mit dem Wort ‚Improvisieren' und überlegen wir uns, was beispielsweise ein Jazzpianist tun muss, um improvisieren zu können, dann muss er weit mehr als ein klassischer Pianist Tonleitern geübt haben. Er muss einerseits seine Fingersätze trainiert, seine Hände einem ungeheuren Zwang unterworfen haben – und das ist das Paradoxe –, sodass er dann, andererseits – alleine, weil er über seine Finger nicht mehr nachdenken muss –, überhaupt die Chance hat, dass sich der Moment auftut, in dem er improvisieren kann, indem er also auf etwas Unvorhergesehenes meisterhaft reagieren kann. Wenn wir uns von dem starren Bild lösen und die Ethik von Aristoteles neu betrachten, ist es gerade dieses Paradoxon, das Aristoteles dem Wesen der Haltung zuschreibt: Einerseits muss ich erzogen werden, um Haltung zu gewinnen, um zu festen Werten zu gelangen, und andererseits führt dies eben gerade nicht zu einer

Versteifung und Unflexibilität, sondern vielmehr dazu, dass ich frei agieren kann und die Veränderung meistere." Professor Hans Peter Willberg, Designer und Typograf, sagt dazu: „Erst wenn ich etwas in seinen Werten, seinen Annahmen und seiner Regelhaftigkeit verstanden habe, erlange ich auch die Fähigkeit, es zu hinterfragen, es zu brechen und in seinen Widersprüchen zu erkennen."

Wüschner bezeichnet dieses „Hinterfragen" der eigenen Position als das eigentliche „Vermögen der Haltung". So bedeute Haltung zu zeigen nicht, seine unverbrüchlichen Werte in den Mittelpunkt zu stellen, sondern diese vielmehr in Bezug auf Veränderungen und seine Stakeholder anzuwenden und weiterzuentwickeln. Es gehe nicht darum, Haltung an einmal festgelegten Grundsätzen und Werten starr auszurichten, sondern vielmehr auf der Basis einer „Good Leadership" – also einem Verständnis von Führung, die sich dem Wohlergehen derer verpflichtet, die dem Unternehmen die „Licence to operate" übertragen haben – ein Verständnis von Haltung zu vertreten, welche es als ihren eigenen Gewinn ansieht, wenn sie sich im Dialog mit den Werten von Gesellschaft und Stakeholdern selbst überprüfen, korrigieren und auch ändern kann. Dabei sollte Führung nicht überbewertet werden. Die Erwartungen der Stakeholder bedeuten nicht, dass sie tatsächlich geführt werden wollen, sondern sie erwarten, dass Unternehmen ihre Hausaufgaben machen und verantwortlich handeln.

So bedeutet Haltung zu zeigen für Unternehmen, sich *erkennen zu geben* – in einer Weise, welche die Widersprüche zu den eigenen Werten und den Erwartungen seiner Stakeholder aufnimmt, reflektiert und im Kern seiner Corporate Identity zu einer dialektischen Lösung und dem Teilen von gemeinsamen und echten Werten führt. Dabei sind Widersprüche nicht negativ zu bewerten, sondern im Gegenteil durch ihre Identifikation als Teil einer lebendigen Identität. Rieger bezieht sich auf Hegel, wenn er in einem seiner Schlüsseltexte sagt, dass Identität und Haltung der mit sich identische Widerspruch seien, und damit zum Ausdruck bringt: „Etwas ist lebendig, wenn es den Widerspruch in sich trägt."

Es sind gerade diese Akzeptanz und dialektische Überwindung der Widersprüchlichkeit, die einen entscheidenden Schlüssel zu einer glaubwürdigen und wirkmächtigen Haltung in Bezug auf das Kommunizieren von Unternehmen in der heutigen „digitalen Postmoderne" darstellen. Sie machen es erforderlich, die oftmals schönfärberische und propagandistische Marken- und

Unternehmenskommunikation auf den Prüfstand zu stellen, denn die Menschen erkennen heute die tatsächlichen Haltungen, die hinter den Dingen stehen, und wissen mit großer Sensibilität zwischen Substanz und Marketing zu unterscheiden.

Erfolgreiche Kommunikation versucht in ihrer Grundannahme, Widersprüche präventiv zu erkennen, und sucht dort das Potenzial für das, was ein Unternehmen auszeichnet und unterscheidet – nicht um es zu eliminieren und zu verbergen, sondern um daraus vielmehr den USP seiner Kommunikation abzuleiten. Das ist kein „One Trick Pony", es besteht ein tieferer Grund: Kommunikation hat dann bessere Chancen, erfolgreich zu sein, wenn sie Identität erkennbar macht. *Identity* ist aber kein Konstrukt, sondern misst sich an etwas, was *existent* ist und ein Wesen hat und erst dadurch Identität erlangt.

„Oft sind diese versteckten Widersprüche die Lebenslügen von Unternehmen, die auf gutgemeinten Fehlannahmen beruhen, wie man sich verhalten und darstellen müsse. Oft sind es Ideale, die aus der Zeit gefallen sind, aber lange Zeit der Booster eines Geschäfts waren, aber heute so nicht mehr zu dem die Unternehmen umgebenden Wertegefüge passen", so Leu. Durch diese Fehlannahmen werden oftmals die Ansprüche und Bedürfnisse der Stakeholder ausgeklammert.

Eine Klärung und Lösung dieser Widersprüche fallen allzu oft einer vorschnellen Idealisierung im Rahmen von Propaganda, Reputationsmanagement und Imagepflege zum Opfer. Diese Widersprüche sind aber wichtige Elemente einer Identität, welche eben nicht nur aus dem Idealisierten, sondern auch aus dem viel Wichtigeren, dem Authentischen und Realen besteht.

So sind es vor allem die Sprünge in den glatten Oberflächen der Selbstdarstellungen, aus denen sich entscheidende Hinweise zu einer kraftvollen Revitalisierung von Marken- und Unternehmensstrategien ergeben. Deshalb besteht in Revitalisierungsprozessen von Marken der erste und entscheidende Schritt darin, herauszufinden, worin die Widersprüche der Aufgabenstellung liegen. Gauly stellt fest, dass es oft auch ein Blick auf die Ursprünge der Unternehmen ist und eine Rückbesinnung auf das, was ein Unternehmen „groß und stark" gemacht hat, um eine solche Revitalisierungsstrategie zu unterstützen, Entwicklungen bewerten und Fehlentwicklungen erkennbar machen zu können.

Das bedeutet: Kommunikation sollte als integrales Steuerungselement begriffen werden, als die Strategie selbst, welche sich in der Haltung von Unternehmen ausdrückt und es schafft, die Widersprüche eines Unternehmens zu seiner Ist-Identität aufzulösen. Von entscheidender Bedeutung ist dabei, den Link zu den Bedürfnissen seiner Stakeholder herzustellen. So wird Haltung zum Door-Opener und Game-Changer, der durchschnittliche Unternehmen zu exzellenten Unternehmen machen kann und sie von der dritten in die erste Reihe katapultiert. Dabei ist es nicht der kommunikative Ausdruck einer Haltung, der die Änderung herbeiführt, sondern die dahinterliegende Erkenntnis und die daraus abgeleiteten Handlungen, Produkte und Innovationen sind es, die den Erfolg markieren.

Das beste Beispiel für einen solchen strategischen Kommunikationsprozess ist die „think different"-Kampagne von Apple, die den Computerentwickler vom Nischenunternehmen zum wertvollsten Unternehmen der Welt nach Marktkapitalisierung machte, indem Apple die eigene Individualität und Andersartigkeit identifizierte, diese anerkannte und zum zentralen Entscheidungsmerkmal machte. Die von Peter Economides in der Niederlassung der Werbeagentur TBWA in Los Angeles erstellte „think different"-Kampagne stellte das Unternehmen mit den Bedürfnissen und Erwartungen seiner Nutzer auf eine Stufe und zeigte schlichte riesige Schwarz-Weiß-Porträts von Menschen, die die Welt verändert hatten: Albert Einstein, Buzz Aldrin, Bob Dylan, Martin Luther King Jr., Miles Davis, John Lennon, Richard Buckminster Fuller, Thomas Edison, Muhammad Ali, Maria Callas, Mahatma Gandhi, Frank Lloyd Wright und Pablo Picasso. Apple war der Rechner für die Menschen, die die Welt veränderten, weil sie die Dinge anders dachten, sich vom Mainstream absetzten.

Das Beispiel dieser Kampagne ist vor allem deswegen passend, weil sie, und das zeichnet viele gute Konzepte in diesem Bereich letztlich aus, die ganze Konzeption aus der Stakeholder-Sicht denkt und diese Position konsequent in den Mittelpunkt stellt. Auch wenn es prominente Ikonen sind, so sind es Bilder von Individuen, die den Wandel gestaltet haben, indem sie die Welt veränderten. Die Agentur TBWA erkannte, dass hier Computer gemacht wurden für Menschen, die gar nicht so anders waren als die Entwickler der Rechner: Individualisten, die mit ihrer Sache die Welt verändern wollten. Dachte man vorher bei Apple, man müsse wie ein konventioneller Computerhersteller der damaligen Zeit erscheinen, traute man sich nun, seine Andersartigkeit im Design, in der Kommunikation und in den Produkten konsequent umzusetzen – und schrieb damit Geschichte. Das Interessante ist, dass man unter den abgebildeten Personen der „think different"-Kampagne heute beim Betrachten eine Person vermisst: Es fehlt, und das zeigt die Qualität dieser Markenarbeit, ein Motiv mit Steve Jobs.

So sind es eben die tatsächlichen und nicht geschönten und auf dem tiefen Verständnis von Stakeholder-Werten und Erwartungen basierenden, realen Haltungen, die entscheidend für die Wirksamkeit von Kommunikation sind. Es ist das Matching von den Werten, die das Unternehmen in seinem Inneren tatsächlich bewegen, und den Werten, die den Stakeholdern wichtig sind. Das ist es, was authentische Haltungen von Unternehmen zu äußerst effizienten kommunikativen Werttreibern macht und gerade dann wirksam wird, wenn der Widerspruch zur eigenen Identität wahrgenommen, aufgenommen und zum entscheidenden Turning Point gemacht wird. Es hört sich profan an, aber diese Parallele zwischen dem, was das Unternehmen in seinem Innersten treibt, und dem, was auch die Stakeholder treibt, ist der wirksamste Hebel von „Haltung". So ist „Just do it" von Nike ein weiteres Beispiel eines solchen Konzepts, welches das Lebensgefühl, die Unmittelbarkeit und die Energie des Unternehmens mit seinen Stakeholdern teilt. Auch „Das Beste oder nichts" von Mercedes-Benz (und in der Folge „Because it's a Mercedes-Benz") stellt solch einen Strategiewechsel mit einem direkten Stakeholder-Bezug dar, der sich rückbesinnt und die Qualität zurück in den Fokus rückt und als seinen Kern beschreibt. Der Slogan sagt aber auch: Wir machen nicht alles – und setzt sich damit von anderen Herstellern präzise ab. Eine klare Rückbesinnung, wenn man bedenkt, dass das Unternehmen zu Daimler-Chrysler-Zeiten noch etwas größer als Volkswagen und Stellantis zusammen werden wollte. Das Spezialchemieunternehmen ALTANA hingegen formuliert: „Keep Changing", und bringt damit Kontinuität und Wandel als Haltung zum Ausdruck – genau das, was die Stakeholder des Unternehmens erwarten und was das Unternehmen treibt und auszeichnet.

Kommunikationskonzepte und Haltungen, die so funktionieren und Unternehmen und Stakeholder als Einheit begreifen, bezeichnen wir in der Agenturpraxis als „ONE"-Konzepte. Sie schließen den Kreis. Sie sehen nicht nur das Unternehmen als Wertschöpfer, sondern begreifen auch ihre Stakeholder als solche.

Haltung zeigen in sozialen Netzwerken – responsiv und handlungsstark den Kurs setzen

Wie Unternehmen sich in den sozialen Medien positionieren und warum Reputation die Frucht ist, die aus Haltung, Substanz und Integrität erwächst

———

03

Die Welt verändert sich in enormer Geschwindigkeit. Ob Klimawandel, Migration, Digitalisierung, Krieg in Europa und Nahost oder das Erstarken der künstlichen Intelligenz: Überall macht sich Umbruch breit. Auch die Geopolitik wird zunehmend von neuen Realitäten geprägt, indem sich Koalitionen bilden und sicher geglaubte Strukturen zusehends in Auflösungserscheinungen geraten. Gleichzeitig werden die regulatorischen Anforderungen für Unternehmen zusehends komplexer und das Zutrauen in die Eliten sinkt auf ein nie da gewesenes Niveau, während die Fragmentierung der politischen Landkarte fortschreitet.

Getrieben von den polarisierenden Kräften der sozialen Netzwerke, erlangen zunehmend radikale Positionen Aufmerksamkeit, werden lauter und einflussreicher, was zu einer Veränderung der politischen Mehrheiten führt und nicht nur Regierungen, sondern auch Unternehmen zusehends unter Druck geraten lässt. Aber auch die Erwartungen junger Generationen an den Wandel der Unternehmen in Bezug auf ihr ethisches Verhalten, einen verantwortungsvolleren Umgang mit den Ressourcen und den Klimaschutz nehmen weiter zu.

In dieser Situation wollen Stakeholder auch in den sozialen Medien wissen, welche Haltungen Unternehmen zu den Veränderungen und Erwartungen einnehmen und in welchem Verhältnis diese zu ihren eigenen Einstellungen und Werten stehen. Je schwieriger und komplizierter es wird, umso mehr erhöht sich zugleich auch der Druck auf die Unternehmen, sich klar zu positionieren und mit strategischer Kommunikation Reputation aufzubauen, indem sie ihre Einstellungen und Wertmaßstäbe mit ihren Stakeholdern teilen. Wie gelingt es Organisationen, in den kurzlebigen Trends der sozialen Netzwerke ihre Positionierung zu einem glaubwürdigen Element einer ernsthaften und wirksamen Marken- und Unternehmenskommunikation zu machen?

Wie politisch soll und darf die Positionierung eines Unternehmens auf Facebook oder LinkedIn sein? Wie authentisch? Eines ist sicher: Eine klare Haltung ermöglicht Unternehmen, auch in den sozialen Netzwerken in volatilen Zeiten Werte und Überzeugungen zu kommunizieren, um so eine Verbindung zu ihren Zielgruppen herzustellen. Aber wie finden Unternehmen in diesem Bereich zu einer Haltung und sind die sozialen Medien für Unternehmen eigentlich der richtige Ort, diese kundzutun?

„Haltung", so Olaf Leu, „ist kein isolierter Begriff, sondern steht in einer direkten Verbindung zur Substanz und Integrität eines Unternehmens, also zu seiner Kompetenz, Qualität und Leistungsfähigkeit einerseits und zu seiner Reputation und Glaubwürdigkeit andererseits. Haltung ist im Grunde keine Frage der Kommunikation, sondern vielmehr eine Frage des Handelns."

Doch Haltung ist nicht einfach mit einem Beschluss herbeizuführen: Denn vor dem Hintergrund, dass die Rezipienten von Unternehmenskommunikation heute in der Lage sind, die Authentizität der Haltung von Unternehmen zu erkennen und kontextuell einzuordnen – also zwischen echten und idealisierten Haltungen zu unterscheiden wissen –, stellt sich die berechtigte Frage, wie Unternehmen heute überhaupt ihre Unternehmenskommunikation gestalten und wie sie die Kraft, die von realen Haltungen ausgeht, wirksam nutzen können, um ihre Ziele zu erreichen.

Dabei ist der Begriff „Haltung" heute so gegenwärtig, dass er sich in seiner Schlagwortartigkeit wie eine Decke über seine eigentliche, tiefere Bedeutung legt. Das hypertransparente Internet ist mehr und mehr zu einer Bestätigungsmaschinerie geworden, in der jeder seinen Standpunkt zu irgendetwas äußert, Beiträgen folgt, sich diesen anschließt oder plakativ absetzt. So entstehen millionenfach Echokammern der Meinungsbildung, getrieben von den Algorithmen der großen Tech-Konzerne, denen Empörung, Wut und Emotionalisierung qua Geschäftsmodell mehr zu nutzen scheint als Eintracht und Versöhnung. Meinungen schaukeln sich auf, bilden wiederum Echoräume und machen vielerorts das Unsagbare sagbar und radikalisieren mehr und mehr Menschen, spalten, desinformieren und werden zunehmend zu einer Gefahr der freien politischen Meinungsbildung.

In den sozialen Netzwerken Beiträge zu teilen und Positionen einzunehmen, um anderen eine Orientierung der eigenen Werte zu vermitteln, sollte aber nicht mit der tieferen Bedeutung von Haltung verwechselt werden. Oftmals geht es in den emotionalisierten Debatten darum, sich anderen anzuschließen, andere zu bestätigen oder etwas kommentiert weiterzuleiten. Denn Überspitzungen und das „Trenden" unterschiedlichster Bewegungen erzeugt Emotionalität und die hält die sozialen Netzwerke am Laufen. So werden in den sozialen Medien Meinungen oft mit Haltungen verwechselt, was etwas grundlegend anderes ist. Das muss professionellen Akteuren klar sein. Gerade, wenn sich Beiträge auf geteilte Beiträge beziehen, entsteht so oft eine „Ersatzhaltung", also das Phänomen, dass sich Tausende einer Meinung anschließen oder moralisch an ihr partizipieren, ohne tatsächlich eine eigene Haltung einzunehmen.

Philipp Wüschner weiß um die Effekte der sozialen Medien und um die Rolle, die dabei die Emotionen spielen. „Die Menschen sollten sich darüber im Klaren sein: Wenn alle nur eine emotionalisierende Nachricht weiterleiten, sie aufbauschen oder sogar instrumentalisieren, ist das eigentlich vergleichbar mit einer Panik. Ich bekomme den Affekt und gebe ihn einfach formlos weiter: Dann entstehen Echokammern und eine Emotionalisierung, die uns Menschen eher daran hindert, konstruktiv mit Veränderungen und Affekten umzugehen. Viele Menschen verwechseln solche emotionalisierenden Nachrichten damit, Haltung zu zeigen." In Wahrheit, so der Philosoph, bedeute Haltung zeigen zwar auch, mit Emotionen umzugehen, sich aber nicht fremder Nachrichten unkommentiert zu bedienen, sondern eigene Botschaften daraus zu machen, um die Einordnung und Auflösung der Veränderungen aufzuzeigen und so die Emotionen für sich selbst konstruktiv zu nutzen. Eine wütende Fußballmannschaft wird kein schwieriges Spiel gewinnen, eine mutige und entschlossene Mannschaft schon eher.

„Wenn wir in den sozialen Netzwerken davon sprechen, wie Unternehmen Haltung zeigen, geht es also nicht einfach darum, an emotionalen und moralisch passenden Posts durch Teilen zu partizipieren, sondern innezuhalten und sich mit der Frage zu beschäftigen: ‚Wie kann ich eigentlich das, was da gerade Veränderndes passiert, als Unternehmen leben, wie kann ich es einordnen, in Bezug auf meine Unternehmenswerte interpretieren und wertschaffend erlebbar machen?' Auch das kann sehr emotional sein, schließt das Unternehmen aber in einer anderen Weise ein, als einfach an einer Emotionswelle teilzuhaben – selbst wenn sie für etwas Gutes steht", rät Wüschner.

Doch die sozialen Netzwerke sind trotzdem wichtige Orte der Meinungsbildung, zumal auch viele Stakeholder dort organisiert sind und sich austauschen. Da sich in diesen Bewertungen, Einschätzungen, Meinungen auch Urteile über Unternehmen in Echtzeit mit einer großen, für diese scheinbar unbeherrschbaren Dynamik entwickeln können, erkennen viele Organisationen die Notwendigkeit, im digitalen Raum ihre Reputation nach strategischen Gesichtspunkten präventiv zu managen, um durch zielgerichtete Botschaften an ihre Stakeholder deren Rezeption direkt zu beeinflussen und diese Wirkung durch Messungen zu überprüfen. Doch man sollte proaktives Reputationsmanagement bei aller Notwendigkeit nicht überschätzen – und vor allem nicht mit der Kraft und Macht verwechseln, die von eigenständigen Haltungen der Unternehmen ausgeht.

Häufig agieren Unternehmen unter Druck intuitiv richtig: Sie suchen und nehmen im Prozess des strategischen Reputationsmanagements den Dialog mit ihren Stakeholdern auf. Problematisch wird es dann, wenn Unternehmen nur präventiv auf Forderungswellen reagieren, anstatt einen Kurs zu setzen, der den tieferen Überzeugungen des Unternehmens entspringt. In dem Fall drohen sie unfreiwillig in die Position des „Reagierens" statt des „Agierens" zu geraten und sich den Gezeiten der öffentlichen Diskurse auszusetzen.

Haltung zeigen bedeutet im Internet also nicht, wie das sprichwörtliche Fähnchen im Wind auf alles und jedes eine Reaktion zu zeigen und zu reagieren, sondern es bedeutet vielmehr, zu agieren und einen gesetzten Kurs zu verfolgen mit dem Motiv, sowohl seinen Werten und Überzeugungen gerecht zu werden als auch sein Ziel zu erreichen. Es bedeutet bei Gegenwind zu kreuzen, bei Sturm die Segel einzuholen, bei Unwetter auch einmal um das Auge des Orkans herumzufahren und jederzeit die Gesamtlage zu beobachten und in das Agieren einfließen zu lassen.

So führt die Gefahr, einen Reputationsschaden zu erleiden, heute dazu, dass Unternehmen die Beziehungen zu ihren Stakeholdern gerade in den sozialen Medien in einem kontinuierlichen Prozess analysieren, messen und justieren, um auf Stakeholder-Forderungen mit zugeschnittenen und individualisierten Kommunikations- und Strategiekonzepten zu reagieren.

Geht es bei der Entwicklung einer Haltung primär um die Analyse der Stakeholder-Gruppen und ihrer Forderungen? Geht es darum, gefällig in die sozialen Medien mit „Thump stopping content" hineinzukommunizieren? Der Kommunikationstheoretiker Rieger schreibt passend dazu: „Oft versuchen Unternehmen alles, um möglichst widerspruchsfrei dazustehen und merken gar nicht, dass dies nicht der entscheidende Punkt ist, um erfolgreich zu kommunizieren." Rieger verweist auf das Symbol des antiken Januskopfs, der in seiner ursprünglichen Bedeutung das Symbol der beiden Seiten einer Ganzheit ist und heute bei den meisten Kommunikationsexperten – zu Unrecht – negativ assoziiert wird. So ist es wichtig, zu verstehen, dass Haltung Reputation beeinflusst, aber dass das Wahren einer scheinbar widerspruchsfreien Reputation im Umkehrschluss nicht unbedingt eine Haltung, einen klaren Kurs ergibt.

So legitim Reputationsmanagement ist, um Falschdarstellungen zu korrigieren, so sehr dient es doch der absichtsvollen Beeinflussung der kommunikativen Ausrichtung eines Unternehmens mit dem Ziel der Sicherung und Anerkennung des ökonomischen, kulturellen und sozialen Kapitals des

Reputationsträgers, um diesen mit entsprechendem gesellschaftlichem Ansehen sowie „diskursiver Definitionsmacht" auszustatten. Das bedeutet aber, dass Reputationsmanagement eben von einer Haltung und dem Handeln eines Unternehmens abhängt – und nicht anders herum. Durch Reputationsmanagement behandelt man somit letztlich die Symptome, nicht aber den identitären Kern.

Die Fernsehjournalistin Anja Reschke betrachtet diese Entwicklung der Ersatzhaltungen in den sozialen Medien generell skeptisch. Auch wenn es für eine gute Sache ist. Sie war in einem Tagesthemen-Kommentar dafür eingetreten, dem Hass und Rassismus gegen Migranten und Geflüchtete in den sozialen Medien etwas entgegenzusetzen und die geistigen Brandstifter klar zu benennen. Man könnte sagen, dass sie die Menschen dazu aufgerufen hatte, Haltung zu zeigen. Daraufhin erhielt sie einerseits überwältigenden Zuspruch, aber andererseits auch eine Flut von Beleidigungen und Drohungen. Deutschlandfunk Kultur schrieb dazu: „Im Rückblick betrachtet Reschke diese große Zustimmung mit Freude, aber auch nicht ohne Skepsis. Ging es vielen ihrer Unterstützer vielleicht vor allem um das gute Gefühl, auf der richtigen Seite zu stehen, nach dem Motto: ‚Wenn ich jetzt applaudiere, dann habe ich schon Haltung gezeigt'? Reschke erkennt in dieser Art von Sekundärhaltung – dem Auslagern des Haltung-Zeigens an Idole, zu denen man sich gern bekennt – ein Grundprinzip sozialer Medien: Alles, was Menschen posten, liken oder schmähen, ‚machen sie ja, um nach außen zu zeigen, guck mal, ich habe diese oder jene Haltung.' Das Internet als ‚Bestätigungsmaschinerie'."[8]

In Bezug auf diesen von Reschke beschriebenen großen Zuspruch macht Wüschner eine wachsende Sehnsucht in Zeiten großer und komplexer Veränderungen aus: „Wir Menschen sehnen uns danach, die Akteure der Veränderung, die einen Weg weisen, ausfindig zu machen." Er glaubt, dass die Menschen, die uns zu zeigen scheinen, wie sich der Wandel gestalten lässt, aus diesem Grund in einer ganz anderen Form wahrgenommen werden. „Es ist diese Sehnsucht von uns, in einer Welt zu leben, wo Menschen diese Agenten von Veränderung sind, und nicht Kapitalströme oder Pandemien, nicht irgendwelche Katastrophen und Zwänge oder Bedingungen von außen – sondern unseresgleichen. Je unkontrollierter der Wandel um uns erscheint", so Wüschner, „umso größer die Sehnsucht." Und diesem Mechanismus schließen sich daher viele an: Sei es, dass sie versuchen, selbst als ein solcher Akteur dazustehen, oder eben dem Gefühl folgen, in jemand anderem einen solchen

Akteur zu sehen. Hier gilt es, zu erkennen, welche Rolle man einnimmt, und nicht überhastet zu agieren. Schließlich bringt es nichts, ständig in Positionen zu taumeln, die zwar große Zustimmung erzeugen, aber vorschnell eingenommen werden und mit dem eigenen Sein als Unternehmen nur oberflächlich in Bezug gebracht werden.

Fragt man Martin Gansert, Head of Content & Dialog bei Bosch in Stuttgart, so zählen die digitalen Dialogkontakte des Unternehmens und der Umgang mit den sozialen Netzwerken heute zu den zentralen Themen von Unternehmenskommunikation und Marketing. Wie setzen sich Unternehmen also handwerklich mit dem Thema des digitalen Stakeholder-Dialogs in den sozialen Netzwerken auseinander? Um zu verstehen, welchen Herausforderungen man heute gegenübersteht, und Qualität sowie Quantität in der digitalen Kommunikation auf einen Nenner zu bringen, ist es zielführend, sich die Dimension der Aufgabe vor Augen zu führen: „Heute erzielt Bosch alleine mit den zentralen Unternehmenspräsenzen pro Jahr über eine Milliarde Kontakte und 72 Millionen Interaktionen. In all den Jahren fand ich es immer wichtig, an der dynamischen Entwicklung der Digitalplattformen dranzubleiben und diesen ständigen Wandel als Chance für die eigene Kommunikationsaufgabe zu verstehen. Gleichzeitig muss man aber auch aufpassen, dass man sich in der Vielfalt der Kanäle, Formate, Memes und Trends nicht verzettelt", berichtet Gansert auf der Plattform turi2.[9] Dabei ist es für ihn wichtiger denn je, mit der Lebenswelt der Zielgruppen direkt gekoppelt zu sein: „Unsere Inhalte müssen möglichst nahtlos in die Timeline der Menschen hineinpassen, die wir erreichen wollen. *Und* sich dort als ‚Thumb-Stopping-Content' behaupten."

Die Gefahr, gerade in den sozialen Medien mitzuschwimmen, statt einen eigenen Kurs zu setzen, ist groß und der Effekt, dass Kommunikation instrumentell eingesetzt wird, um in diesem Bereich erfolgreich unterwegs zu sein, führt immer wieder zu der Problematik, Quantität mit Qualität zu verwechseln – statt tatsächlich zu kommunizieren. Gerade da der gesamte Bereich messbar ist und hohe Click-through-Rates, Followerzahlen und Likes noch immer das Maß aller Dinge sind, kommt es zu einer Dynamik der Kommunikation, die ein Umdenken erforderlich macht. Das eine ist der handwerkliche Aspekt, den digitalen Dialog zu managen und es zu schaffen, Relevanz und Aufmerksamkeit zu erreichen – das andere ist aber, auch zu erkennen, wo Unternehmen tatsächlich Haltung zeigen müssen. Reputationsmanagement kann zwar in einem gewissen Rahmen helfen, die Haltungen von Unternehmen zu überprüfen oder zu korrigieren, letztlich ist es aber die zugrunde liegende Haltung und das strategische Handeln, welche Reputation erzeugen, und nicht das Management der Reputation. Alles andere sind Symptome und kommunikative Lobbyarbeit, die ein Herumdoktern an den Auswirkungen der eigentlichen Kern-Identity sind und eben keine Bildung der Identity bedeuten. Kurz gesagt, ist die Reputation die Frucht, die aus Haltung, Substanz und Integrität erwächst.

Bosch-Kommunikator Gansert spricht hier von der „Kompetenz, das zu erkennen, was wir intern den Sweet Spot nennen: die Schnittmenge zwischen der inhaltlichen Relevanz für die Zielgruppe und für uns als Unternehmen. Darüber hinaus braucht es aber mehr denn je die Fähigkeit, auf den sich schnell wandelnden Digitalplattformen immer auf Ballhöhe zu bleiben. Dazu muss man jeweils ihre aktuell angesagten Features und Formate, aber auch ihre spezifischen Themen und Kulturen (Stichwort: Memes) in der Tiefe kennen und wissen, wie man sie für die strategische Kommunikation nutzt." Das Ziel ist für Gansert aber unabhängig von den vielen Trends und der Durchsetzungsfähigkeit ganz klar: „Letztlich geht es immer darum, die Reputation unseres Unternehmens weiter zu steigern und Vertrauen im Dialog mit unseren Anspruchsgruppen aufzubauen."

Ein neues Verständnis von Corporate Identity – Werte mit Stakeholdern teilen

Wie Dialog und Teilhabe zu einem neuen Verständnis von Corporate Identity und Markenführung beitragen und sich in der Unternehmenskommunikation die Grenzen zwischen Unternehmen und Stakeholdern auflösen

Dieses Buch vertritt eine möglicherweise idealistische Haltung, denn es geht davon aus, dass die Zeit, in der Unternehmen das *eine* beabsichtigen und dabei das *andere* sagen, vorbei ist. Es vertritt den Standpunkt, dass Kommunikation nicht wie ein Werkzeug eingesetzt werden kann, um spezifische Ziele durch eine Änderung der Einstellung von Zielgruppen zu erreichen – sondern dass Kommunikation vielmehr als dialogisches Geschehen zu begreifen ist, das Unternehmen ermöglicht, die Einstellungen ihrer Zielgruppen zu erkennen, um diese in eine Beziehung zum eigenen Handeln setzen zu können. Ziel ist es, zuzuhören und die Bedürfnisse und Werte der Stakeholder zu verstehen und durch einen dialogischen Austausch und das Entwickeln gemeinsamer Werte eine Verbindung herzustellen, welche Basis für ein erfolgreiches unternehmerisches Handeln sind. Dabei verfolgt dieses Buch dies nicht aus moralischen Gründen, sondern aus der Überzeugung, dass dieser Ansatz heute weit wirksamer ist als der „alte Plan", die Öffentlichkeit durch PR und werbliche Propaganda zu beeinflussen. Der Grund für dieses Vorgehen ist die Tatsache, dass es keine Wissensmonopole mehr gibt und die Öffentlichkeit heute in Echtzeit über vielfältige und umfassende Informationen über Unternehmen und Produkte verfügt, die eine einseitige Darstellung zunehmend sinnlos erscheinen lässt. Christof Ehrhart schreibt dazu: „Das Verhältnis zwischen Unternehmen und sozialem Umfeld kann nicht mehr von einseitiger Beeinflussung oder Überzeugung geprägt sein. Vielmehr müssen Unternehmen die Fähigkeit entwickeln, soziale Interessenlagen bei den eigenen Mitarbeitern wie bei externen Stakeholdern zu erkennen, zu verstehen und in ihre Position einzubinden: Corporate Empathy – die Fähigkeit, als Organisation die Interessen und Bedürfnisse relevanter Anspruchsgruppen nicht nur zu erkennen, sondern sie sinnvoll in die unternehmerische Entscheidungshilfe einzubringen – wird so zum wesentlichen Erfolgsfaktor." [10]

So wird der Schlüssel für erfolgreiches wirtschaftliches Agieren nicht darin liegen, standardisierten Forderungslisten gerecht zu werden – oder Pflichtenhefte zur Nachhaltigkeit abzuarbeiten –, sondern vielmehr darin, aus der Kommunikation mit seinen Stakeholdern entscheidende Vorteile zu ziehen. Es geht heute darum, dass Unternehmen ihre Stakeholder und deren Entwicklung verstehen, deuten und weiterdenken können; es geht um das Finden von gemeinsamen Werten und darum, diese durch die Leistungen und Produkte des Unternehmens zu realisieren und wahr werden zu lassen. Dies erfordert sowohl ein Umdenken in der Mentalität und im Verständnis von Unternehmensführung als auch ein Umdenken im Verständnis von Kommunikation. Keineswegs heißt dies aber, dass Unternehmen nicht mehr das primäre Ziel verfolgen sollen, Wertschöpfung zu betreiben, um Gewinne zu erwirtschaften. Es bedeutet vielmehr, dass Unternehmen heute darauf angewiesen sind, die Werte ihrer Stakeholder zu verstehen, zu teilen und diese mittels ihrer Lösungs- und Innovationskompetenz zu Alleinstellungsmerkmalen ihrer Produkte und Leistungen werden zu lassen. Das ist weniger idealistisch als notwendig. Es bedeutet auch nicht, die eigene Identität den Wünschen seiner Umgebung anzupassen, sondern vielmehr aus der eigenen Identität Lösungen als Beitrag einer gemeinsamen Wertebasis abzuleiten. Daher beschäftigt sich dieses Kapitel mit der Frage, wie Unternehmen ihre Corporate Identity finden und entwickeln, um diese zu einem zentralen Steuerungselement ihrer Wertschöpfung zu machen.

Im grundlegenden Verständnis des Bildes von Corporate Identity mit einem identitären Kern, dem alle Impulse von innen nach außen entspringen, vollzieht sich heute ein grundlegender Paradigmenwechsel, welcher den Stakeholder immer weniger im Äußeren, als Ziel der Strategie und Kommunikation, als vielmehr im Inneren, dem Nukleus der Identity, sieht. Es geht also immer weniger darum, dass die Stakeholder das Unternehmen verstehen, als darum, dass Unternehmen ihre Stakeholder verstehen und deren Werte zu einem integralen Teil ihrer Strategie machen.

Der Designer und Kommunikationsberater Peter Vetter spricht in diesem Zusammenhang davon, dass die Idee von Corporate Identity heute „fluider" verstanden werden muss und nicht mehr „aus einer zentralistischen Inside-Out-Perspektive gedacht werden kann". Er fordert eine „Integration der Stakeholder in den Kern eines neuen Verständnisses von Identitätsdenken, das nicht mehr ohne einen direkten Bezug zu den Anspruchsgruppen auskommt."

Dieses Aufnehmen der Stakeholder in den Kern der Identity bedeutet, ihnen zuzuhören und ihre Erwartungen und Positionen zu kennen. Es geht bei dieser Berücksichtigung der Stakeholder-Interessen auch und im Wesentlichen um die „Licence to operate", die Legitimation des Unternehmens durch die Anspruchsgruppen. Paul Achleitner, langjähriger Chairman der Deutschen Bank, beschreibt das veränderte Innen- und Außenverhältnis der Unternehmen mit folgender Feststellung: „Führung bedeutet heute vor allem, das gesamte Geschäftsmodell des Unternehmens zu überdenken und von den Führungskräften zu verlangen, dass sie allen Stakeholdern zuhören, um eine klare ‚Lizenz zum Handeln' von der Gesellschaft zu erhalten."[11]

Achleitner meint damit einen Wandel in der Beziehung zwischen dem Inneren und dem Äußeren eines Unternehmens, dessen wichtigstes Element die strategische Kommunikation und die Corporate Identity sind. Emilio Galli Zugaro, ehemaliger Leiter der Kommunikation der Allianz AG, drückt diese Forderung nach einer neuen Kommunikationskultur, einer „Communicative Leadership", für Unternehmen und ihre Identity wie folgt aus: „Communicative Leadership bedeutet, dass ein Unternehmen empathisch und aktiv zuhört. Damit ist die Fähigkeit einer Organisation gemeint, tatsächlich zu kommunizieren, mit einer mitfühlenden Outside-in-Kultur, die alle internen und externen Stakeholder wahrnimmt, um Entscheidungsprozesse voranzutreiben und so eine konstante Transformation und einen Veränderungsprozess sicherzustellen."[12]

Wie dies wirksam gelingen kann, erkannte auch Rieger, der die Widersprüchlichkeit von Corporate-Identity-Programmen großer Unternehmen identifizierte und deren Grenzen klar benannte. Als Schlüssel für die Lösung des Problems legte er ein Umdenken nahe: Er empfahl, Corporate Identity nicht nach einem Plan zu kommunizieren, um ein widerspruchsfreies Bild des Unternehmens der Öffentlichkeit zu präsentieren, sondern konzentrierte sich in seinen Annahmen zunächst auf das Individuum und seine Identitätsbildung. Rieger schrieb folgenden bemerkenswerten Satz über Unternehmenswerte: „Nur Werte, die auch verletzbar sind, sind relevante Werte", und spielte damit vor 35 Jahren auf einen erstaunlich aktuellen Umstand an: Unternehmen sind versucht, in die allgemeinen Umgangsformen üblicher Corporate Values zu schlüpfen, um in dieser Uniformität nicht weiter aufzufallen und Werte zu beschließen und festzulegen, die eher allgemeinen Umgangsformen entsprechen als den tatsächlich gelebten Werten.

Heute, drei Dekaden später, wird der Ruf nach einer von Haltung und Integrität geprägten Unternehmensführung, die an Sinnhaftigkeit, Ausgleich und ganzheitlichem Wohlstand orientiert ist und über die wirtschaftlichen Interessen und das Wohlergehen Einzelner hinausgeht, immer lauter – und dies hat heute Auswirkungen auf die Corporate Identity von Unternehmen.

Bodo Rieger forderte, nicht nur den ideellen Teil einer Corporate Identity zu betrachten, sondern die gesamte Identität – auch mit ihren scheinbaren und echten Widersprüchen –, um diese zu erkennen, in ihrer Existenz anzunehmen und letztlich ändern zu können. Es braucht eine vorbehaltlose Analyse und Kommunikationskultur, welche die Veränderungen in der Gesellschaft, ihren Werten und ihrem sich wandelnden Kommunikationsverhalten permanent einschließt, um so einen ständigen Transformations- und Anpassungsprozess zu gewährleisten. Dieser Prozess bedarf, um erfolgreich zu sein, einer freien, ergebnisoffenen und identitätsbasierten Auseinandersetzung mit der eigenen Marke, dem eigenen Unternehmen. Vor allem aber erfordert dieser Prozess eine Auseinandersetzung mit den Zielen und Werten der Stakeholder, die immer weniger als Empfänger von Botschaften, sondern vielmehr als wirkmächtige Sender ihren Einfluss in einer heutigen Auffassung des Begriffs der Corporate Identity prägen. Rieger: „Wenn also Identität als die in sich und der Zeit als beständig erlebte Einheit der Person, des Selbst, erlebt wird, dann gilt für die Unternehmensidentität: Die Übereinstimmung des Denkens, des Fühlens und Handelns mit dem definierten Selbstverständnis des Unternehmens." Und dieses Selbstverständnis, so Rieger, „befindet sich in einem permanenten Dialog mit der Umwelt".

Trotzdem ist es erstaunlich, wie anachronistisch Corporate Identity auch heute noch in vielen Unternehmen gedacht wird. Im Inneren der Unternehmen wird quasi am grünen Tisch eine Identität definiert, welche dann als Grundlage aller Entscheidungen Auswirkungen nach außen hat und schließlich an den Touchpoints ein möglichst homogenes und konsistentes Markenerlebnis erzielen soll. Dabei geht man davon aus, dass sich im Inneren des Unternehmens eine Art DNA befindet, die alles körperhaft dem Unternehmen zuordnet und immer wieder den Nukleus der Identität in jedem Detail in sich trägt. Ein Dialog und Austausch mit den Stakeholdern findet in diesem Denkmodell jedoch nur in Teilaspekten statt: So finden beispielsweise im Bereich der Produktentwicklung und im Marketing Kundenbedürfnisse ihren Niederschlag und bei der ESG-Materialität werden Nachhaltigkeitsziele in einem einfachen oder doppelten Materialitätsindex mit den Interessen der Stakeholder abgewogen. „Dieser Ansatz der Berücksichtigung der Stakeholder-Interessen, ausschließlich im ESG-Bereich oder im Marketing, ist überholt und entspricht nicht mehr der Bedeutung der Stakeholder in Bezug auf die Erwartungen, da er das Unternehmen und seine Interessen im Mittelpunkt sieht", sagt die Kommunikationswissenschaftlerin Dr. Claudia Beutmann.

So stellen moderne Konzepte heute eine Integration der Stakeholder-Ansprüche vielmehr in den Mittelpunkt des Unternehmens und nehmen diese in den inneren Kern auf. Dabei versteht sich Corporate Identity immer weniger als statische Festlegung, sondern viel mehr als ein Netzwerk auf Basis eines Dialogs mit dem Ziel der Bildung einer gemeinsamen Wertebasis – und begreift sowohl die Definition seiner Zielsetzung als auch den Weg, diese Ziele zu erfüllen, als einen integralen und stakeholderorientierten Prozess. Daher fordert auch Beutmann in ihrer vielbeachteten Dissertation „Unternehmenswerte und Kommunikation"[13], die Stakeholder mit ihren Interessen aus der „ESG-Ecke herauszuholen und stattdessen im Zentrum von Unternehmen zu platzieren."

Die Wissenschaftlerin plädiert für einen breiteren Blickwinkel auf Organisationswerte, auch um am Puls der Zeit zu bleiben: „So soll die Organisation aus Gründen der Legitimität ständig in Berührung bleiben mit den gesellschaftlichen Erwartungshaltungen, Normen und Standards. Konformität mit diesen externen Ansprüchen wird insofern hergestellt, als dass eine Art kontinuierliche Adaption der Unternehmensaktivitäten entsprechend einer Brücken-Strategie stattfindet. Entgegen sonst üblicher Puffer-Strategien, die eine aktive Umweltbeeinflussung anstreben oder Organisationen isolieren, steht in diesem Verständnis also ‚the bridging role' im Vordergrund. In diesem Sinne zeichnet sich die Unternehmenskommunikationsstrategie als funktionaler Ansatz besonders dadurch aus, dass diese einen vitalen Link zwischen der Enterprise/Corporate/Business Strategy und der Corporate Communication Function darstellt."

Rieger nahm diese Entwicklung vorweg, als er davon sprach, dass „Corporate Identity" nichts anderes als ein kontinuierlicher Austausch sei. „Voraussetzung für erfolgreiche CI-Arbeit" so Rieger „ist ein geändertes CI-Verständnis, das CI nicht als Monolog, sondern als Dialog in Permanenz begreift im Entwicklungsprozess mit sich und anderen. CI ist der entscheidende Prozess der Selbstbefragung (zu dem auch die Fremdbefragung gehört), der nicht delegierbar ist", schrieb Rieger und zeigte sich überrascht, wie viele namhafte Unternehmen „diese Arbeit damit beginnen, dass sie zunächst ein Corporate Design schneidern lassen" und der „bildnerischen Selbstbespiegelung" nachgeben, statt die Fragen „Wer bin ich?" und „Was will ich?" zu beantworten, um in der Konsequenz sein „eigenes Verhalten" zu ändern.

Daraus folgt die Forderung Riegers, Unternehmen neben ihrem Charakter als quantitative, betriebswirtschaftliche Größen auch als qualitative, von Werten getragene Interessengemeinschaften zu sehen, in welchen Corporate Identity als gemeinsame Vision von Unternehmen und Stakeholdern ihren Ausdruck findet.

Rieger stellt fest: „Ziel jeder CI-Arbeit kann nur die Einheit von Innen und Außen sein, das suchende Fragen nach der Übereinstimmung mit sich selbst." Das bedeutet aber auch, dass der Unternehmenskommunikation immer weniger die Aufgabe des Verkündens als vielmehr die Funktion des Austauschs von Information zukommt – also weg vom ausführenden Sprach- und Verkündigungsorgan hin zu einem Kernelement der strategischen Identitäts- und Unternehmenssteuerung.

Der Clou an Riegers Ausführungen und Feststellungen ist, dass er die Entwicklung des Individuums, des einzelnen Menschen, in den Mittelpunkt seiner Betrachtung zur Corporate Identity stellte. Mit dieser Überlegung wird Rieger der heutigen „digitalen Postmoderne" weit vor ihrer Zeit gerecht und denkt sie sogar noch ein Stück weiter. Er erweitert die moderne CI-Theorie um den Aspekt, dass Unternehmen heute immer mehr als qualitative Individuen in der Kommunikation mit ihren Stakeholdern wahrgenommen werden müssen, wie ein Dialogpartner auf Augenhöhe, der Haltung bezieht, und immer weniger als abstraktes betriebswirtschaftliches Gebilde. Rieger löst in seiner CI-Theorie das Quantitative durch den Aspekt des Qualitativen ab. Auch wenn es sich zunächst nicht spektakulär anhört: Diese einfache Erkenntnis ist ein Schlüssel zu einer erfolgreichen Kommunikationssteuerung in der heutigen Zeit.

Denn während neue CI-Theorien, wie sie beispielsweise im Kompendium „Corporate Identity & Corporate Design 4.0" zusammengetragen werden [14], den Stakeholder als einen Teil der CI sehen, der auch außerhalb des eigentlichen Unternehmens als Dialogpartner und letztlich Bildner des Corporate Images Teil eines neuen Verständnisses von Corporate Identity sein soll, befasste sich Rieger durch den Vergleich mit der Entwicklung des Individuums mit der Identitätsbildung des Unternehmens. Er ging damit einen entscheidenden Schritt weiter – geradewegs in das Szenario heutiger digitaler Unternehmens- und Markenkommunikation, in dem jeder Einzelne zugleich reichweitenstarker Sender *und* Empfänger ist und wo Unternehmen und Stakeholder im digitalen Raum 1:1 kommunizieren. Er erkannte, dass es authentischer Narrative und des Artikulierens einer integralen gemeinsamen Wertebasis bedarf, um mit den Stakeholdern eine notwendige starke und tragfähige Bindung einzugehen.

Was Beutmann, Rieger und Ehrhart auf das Verhältnis von Unternehmensstrategie, Unternehmenskommunikation und die gesellschaftlichen Erwartungshaltungen beziehen, hat somit eine direkte Auswirkung auf die Corporate

Identity. Denn dort spielten die gesellschaftlichen Ansprüche und Erwartungen bisher oft nur eine marginale, untergeordnete Rolle, die allenfalls in den Bereichen von instrumentellem Marketing und teilweise in der Nachhaltigkeit zum Tragen kam. Kein Wunder, stammt das Grundkonzept doch aus den frühen 1960er-Jahren und setzte das Unternehmen, seine Kultur und Identität als das Maß aller Dinge in den Mittelpunkt. Es stammt noch aus einer Zeit, in der man PR und Werbung als ein Mittel der Durchsetzung seiner eigenen Interessen und Positionen verstand, weniger als Werkzeug des Dialogs.

Aus einem dirigistischen Inside-out-Prozess der klassischen Corporate-Identity-Bildung muss heute ein Outside-in-Prozess werden. Und zwar nicht aus Proporz oder Gutmenschentum, sondern im vitalen Interesse des Unternehmens. Wie wichtig diese Integration und Beziehungspflege sind, zeigen die vielen Beispiele großer Marken und Unternehmen, die den Zeitpunkt verpassen, Stakeholder-Interessen als wesentlichen Teil ihrer eigenen Identität zu begreifen, um diese zum Teil ihres Handelns und ihrer Haltung zu machen.

Unternehmen, denen es nicht gelingt, den Stakeholder in einen echten Dialog zu integrieren, müssen erleben, dass sie von Märkten ausgeschlossen werden und andere statt ihrer in die Beziehung mit den Stakeholdern eintreten. Dazu sagt Leu: „Es ist ein bisschen wie mit dem Partner. Wer sich nicht um die geänderten Interessen, Werte und Bedürfnisse des anderen in einer Beziehung kümmert, läuft Gefahr, dass bald jemand anderer das tut." Bezogen auf Unternehmen bedeutet dies: „Wer anderen das Feld überlässt, um dialektische Lösungen zu entwickeln, die den Ansprüchen der Stakeholder gerecht werden, steht am Ende mit drastischen Einbußen da." Das bedeutet, dass sich ein stakeholdergetriebener Markt in gewisser Weise seine Lösungen selbst sucht. Denn gerade Unternehmen, die jahrzehntelang davon profitierten, dass sie ihre Botschaften in den Markt drückten und damit beispielsweise im Handel erfolgreich waren, tun sich schwer, die Zeichen der Zeit zu erkennen, und wehren sich oft gegen die geänderten Ansprüche von Gesellschaft und Kunden. Dies beweisen die zahlreichen Nischenprodukte kleinerer Hersteller, die Nachhaltigkeit und Kundenwerte präziser zu erfüllen scheinen als große Marken, die sich schwertun, ihre Tanker auf einen Kurswechsel einzustimmen, und so in manchen Bereichen empfindlich an Relevanz einbüßen.

Ein Beispiel dafür, wie schwer sich Unternehmen tun, Stakeholder-Interessen angemessen zu gewichten, ist der US-Konzern Kellogg's, Hersteller von Cornflakes und süßen Frühstückscerealien, der in Großbritannien mit einer

Klage gegen neue Vorschriften für ungesunde Lebensmittel scheiterte. Der SPIEGEL berichtete über die Bemühungen des Frühstücksflocken-Herstellers, rechtlich gegen eine Kampagne der britischen Regierung gegen Fettleibigkeit bei Kindern vorzugehen, welche zur Folge hatte, „dass Supermärkte Produkte, die viel Zucker, Fett und Salz enthalten, bald nicht mehr an besonders sichtbaren Stellen wie Eingängen und Kassen platzieren dürfen". [15] Es ist anzunehmen, dass Kellogg's seine Klage in dem überzeugten Bewusstsein führte, für seine Stakeholder zu agieren, dabei aber anscheinend ausblendete, dass sich die Werte der Verbraucher ändern und gesunde Lebensmittel für Kinder eine zunehmend wichtigere Rolle spielen.

Ein ganz anderes Beispiel für den Aufbau einer wertebasierten Identität und Bindung zu seinen Stakeholdern zeigte hingegen der Drogerie-Riese dm, dem es gelang, durch das Setzen klarer Haltungen als Teil seiner Corporate Identity eine starke Kundenbindung zu erzeugen. Das Eintreten für ein bedingungsloses Grundeinkommen und andere „human centered values" konnte von den Verbrauchern ernst genommen und so zu einem wertvollen Narrativ für das Unternehmen werden. Die Forderungen waren fast ausnahmslos eine Spiegelung von Stakeholder-Perspektiven und -Erwartungen, gar nicht einmal speziell auf das Unternehmen bezogen – und in ihrer Wirksamkeit enorm erfolgreich. Sie wurden in der Öffentlichkeit durch den Unternehmensgründer Götz Wolfgang Werner personifiziert. So gründete Werner die Initiative „Unternimm die Zukunft" für ein bedingungsloses Grundeinkommen und setzte immer wieder Akzente, die ihn von Mitbewerbern absetzten, indem er Stakeholder-Interessen mit Handlungsfeldern verband und dort glaubwürdig agierte. Dabei folgten die Positionen von Werner einerseits einer klaren Kommunikationsstrategie, andererseits verließen sie nie den Leitpfad der Integrität, was als entscheidender Punkt in der Wirksamkeit dieses Commitment-Ansatzes anzusehen ist, der jeden Schritt gezielt und nicht zufällig „ging". Die von dm gezeigten Haltungen bestätigten dabei konsequent das Unternehmensleitbild „Hier bin ich Mensch, hier kauf ich ein". Zugleich setzte er sich an die Spitze seines Marktsegments und machte dm zur größten und erfolgreichsten Drogeriemarke Deutschlands.

Rezipienten sind von solchen Haltungen, die wie echte Anliegen formuliert werden, die quasi auf einem klaren Kurs sind und ein ethisches Ziel verfolgen, angetan, weil wir sie Menschen zuschreiben, die zu wissen scheinen, was sie wollen. Gerade in Zeiten sich ständig wechselnder Rahmenbedingungen in Anbetracht großer globaler Herausforderungen sind diese Haltungen von großer Bedeutung. Sie faszinieren und erreichen uns in einer ganz anderen Art und Weise als zurechtgeschnittene und anscheinend vorbereitete Propaganda. Olaf Leu sagt: „Haltung wird am Handeln sichtbar", und trifft damit genau ins Schwarze. Besteht die Haltung aus reinem Reagieren, ist das ein oberflächliches Herumlavieren, dient Handeln allerdings der Erfüllung und Vereinbarung des Kurses, dann ist sie ein Agieren. Und: Auch ein Kurswechsel, um ein Ziel zu erreichen, zeichnet den guten Kapitän aus.

Solche Haltungen faszinieren uns und wir spüren, dass hier jemand höheren Zielen – und vor allem: einem eigenen Kurs – folgt. Im Zusammenhang mit einem Good Leadership, einem guten Kapitän, der das Wohl von Schiff, Mannschaft und Passagieren als Grundlage all seiner Entscheidungen hat, entsteht das Bild von Haltung und Kommunikation, das Bodo Rieger im Sinne hatte, als er schrieb: „Es geht um das Zusammengehen und die Zweisamkeit." Diese Wahrheit trifft mit erstaunlicher Genauigkeit auf die Kommunikation von Unternehmen in der Zeit eines Paradigmenwechsels des Begriffs der Öffentlichkeit und der hypertransparenten Postmoderne zu.

dm ist somit ein Beispiel von einer neuen Art Corporate Identity, bei der Unternehmen personalisierte Haltung und die Interessen ihrer Stakeholder oder „Interessengruppen" einbeziehen – und so bei diesen Relevanz erzeugen. Aber es müssen keine sozialen Themen sein, genauso können es produktspezifische, wie Steve Jobs es seinerzeit mit Apple vormachte, oder politische und gesellschaftliche Haltungen wie beispielsweise die von Nicola Leibinger-Kammüller (Trumpf) sein. Dass Rieger die Entwicklung von Corporate Identity mit der von individuellen Personen gleichsetzt, zeigt nicht nur in diesen Beispielen von Unternehmenskommunikation ihre Wirksamkeit. Es sind, wie auch Kommunikator Thomas Gauly es anmerkt, immer „die Personen, die Träger von Haltungen sind – niemals die Institutionen an sich. So bleibt entscheidend", so Gauly weiter „dass jene Personen, die in Unternehmen Verantwortung tragen, aus ihrer Haltung heraus ein konkretes Handeln ableiten. Ohne konkretes Handeln bleiben Haltungen leere Worthülsen."

Blickt man nüchtern auf diesen Ansatz und die heutige Realität vieler Unternehmen, die sich mit „guten Haltungen" schmücken, so liegt der Gedanke überhaupt nicht fern, dass Unternehmen womöglich Haltungen im Bereich der Unternehmensethik und sozialen Verantwortung bzw. Nachhaltigkeit instrumentell einsetzen, um Kommunikationsziele zu erreichen und Produkte unterscheidbar zu machen, indem sie diese in ihrer ethischen oder sozialen Wertigkeit aufzuladen versuchen. Frank Heidemann, Professor für Design of Software Interfaces an der FH Potsdam, merkt dazu im Kontext seiner Überlegungen zu stakeholderorientierten Angebotsmarken im digitalen Raum an: „Typischerweise werden diese Positionen und Aktionen viral über soziale Netzwerke geteilt (…) und dienen – so die Hoffnung – als ethische Unterscheidungsmerkmale für Kunden, die zwischen zwei ansonsten vergleichbaren Möglichkeiten auswählen müssen." [16]

So sehen Kritiker zwar einerseits die Notwendigkeit, dass Unternehmen sich mit Positionierungen an populären Stakeholder-Interessen orientieren (z. B. „klimaneutral"), um attraktiv zu wirken, sie bewerten diese aber weniger als das Kommunizieren einer echten Haltung als vielmehr „als Reaktion auf die allgemeine Verunsicherung in einer scheinbar immer komplexeren und beschleunigten Welt" (Heidemann).

Findet allerdings, wie die Aussage von Heidemann nahelegt, eine Instrumentalisierung der Themen und Haltungen statt und werden diese Haltungen weniger aus einer inneren Überzeugung und einer im Dialog mit den Anspruchsgruppen abgesicherten „Licence to operate" in das Handeln des Unternehmens integriert, dann verlieren die propagierten Positionen ihre Legitimität und widersprechen grundlegend dem in diesem Buch vertretenen Ansatz einer von Substanz und Integrität getragenen kulturellen Haltung. Heidemann bestätigt die These einer hypertransparenten Digitalität, welche alles „früher oder später" überprüfbar macht, wenn er weiter ausführt: „Kein Unternehmen wird es sich in Zukunft leisten können, sich zurückzulehnen und zu behaupten, neutral und zivilgesellschaftlich untätig zu sein. Allerdings ist die Fallhöhe politischer und ethischer Positionen und Aktionen beträchtlich, wenn in denselben sozialen Medien Greenwashing aufgedeckt (…) oder Unternehmen durch die Nähe zu in weiten Teilen der Gesellschaft kritisch konnotierten Organisationen auffallen und unter Druck geraten."

Denn wer hier als Unternehmen mit zweierlei Maß misst und sich in seiner Kommunikation Stakeholder-Interessen und Werten andient, die weder der eigentlichen Überzeugung noch den gelebten Werten des Absenders entsprechen, der geht das Risiko ein, seine Integrität zu verletzen, und kann kein Vertrauen aufbauen.

Betrachten wir hingegen den wirksamen Markenkern von starken Unternehmensidentitäten, dann sind es gerade die durchgehend überzeugenden und echten Haltungen, substanzielle Leistungen und die Integrität, die Unternehmen groß und erfolgreich nach vorne bringen und echte Bindung zu Stakeholdern und Kunden aufbauen. „Vielleicht sollte man sich einfach klar machen, dass schlecht gemachte Kommunikation, die Werte und Haltungen lediglich instrumentalisiert, um daraus Vorteile zu ziehen, ohne diese in einem wahrhaftigen Prozess zu entwickeln und ohne Ausdruck des Denkens, des Handelns und der Integrität zu sein, schlicht kontraproduktiv sind und nur eine kurzfristige Wirkmächtigkeit entfalten", so Leu, denn: „Haltungen müssen auf Substanz basieren." Eine Marke, die bei ihren Kunden Vertrauen entwickelt hat, ist in diese Position gekommen, weil sie sich dieses Vertrauen durch sinnvolle, allein stehende und an den Bedürfnissen ihrer Kunden orientierte Leistungen verdient hat. Sonst wäre Bosch nicht die Marke, die es heute ist, genauso wenig wie Mercedes-Benz, Telekom oder Apple. Diese Marken verdienen sich Vertrauen nicht mit instrumentalisierten, in den sozialen Medien gehypten Haltungen, sondern mit Haltungen, die Grundlage ihres Handelns sind.

Dass dies bedeutet, dass Einstellungen und Haltungen von Unternehmen auch gelebt werden müssen, zeigt ein Beispiel: Vor einigen Jahren war ich zu einem wichtigen Gespräch mit dem Kommunikationsverantwortlichen eines börsennotierten Pharmaunternehmens eingeladen. Zur Entwicklung und Umsetzung einer Revitalisierung der Kommunikationsstrategie waren wir in die engste Auswahl gekommen, da wir, so wurde uns gesagt, dafür bekannt seien, vertrauensaufbauende und authentische Konzepte mit Unternehmen zu entwickeln, die das Ziel einer werteorientierten Stakeholder-Kommunikation verfolgen und Marken- wie Unternehmenskommunikation als Einheit betrachten. Diese Charakterisierung freute uns, entspricht sie doch unserer Selbstdefinition. Der Kommunikationsverantwortliche erklärte weiter, dass der Erfolg seines Unternehmens im wichtigsten Segment darauf basiere, dass immer mehr Menschen an einer bestimmten Stoffwechselerkrankung leiden, sagen wir beispielsweise Diabetes, und dass das Unternehmen davon „profitiere" und sein Wachstum daraus zuverlässig generiere. „Die gute Geschichte" für die Investoren sei, dass ein Land nach dem anderen dem westlichen Lebensstil von Fast Food, Fett, Fleisch und zu viel Zucker verfalle und man als Unternehmen mit dieser überzeugenden Equitystory allen Grund habe, optimistisch in die Zukunft zu blicken. Unsere Aufgabe sei nun, diese Geschichte mit Patientengeschichten, die nun wieder ihr normales Leben verfolgen würden,

„anzureichern" und dafür zu sorgen, dass sich das ganze „emotional, wertig und verantwortungsvoll" verkaufe, aber zugleich die gute Investorenperspektive herausstreichen solle. Man könnte sich fragen, was an dieser Perspektive aus Sicht eines Investor-Relations- und Kommunikationsmanagers falsch sein könnte, beschreibt er doch sehr authentisch seine Zielsetzung und die Funktion, die Kommunikation in diesem Ansatz erfüllen soll. Vielleicht klingt es auf den ersten Blick arrogant oder idealistisch, wenn ich erzähle, dass wir diesen Auftrag nach einigen Überlegungen abgelehnt haben. Auch wenn es die Aufgabe von guten Beratern ist, dem Auftraggeber ein fundiertes Rebriefing zu geben, so war für uns die Entscheidung klar: Das Management erwartete Kommunikationsleistung in einer Verpackung der eigentlichen Botschaft und machte uns gegenüber klar, dass das Wohlergehen des Patienten letztlich nur insofern wichtig war, solange er auch krank war und Geld für seine Genesung floss. Es kam uns vor wie ein Onkologe, der sich darüber freut, dass so viele Menschen an Krebs erkranken, weil dann seine Praxis gut läuft und er expandieren kann.

Stattdessen hätten die Geschichte und das dazu passende Briefing auch lauten können, dass es die hohe Qualität der Leistungen dieses Unternehmens ist, welche es den Menschen ermöglicht, trotz der Erkrankung ein gutes und weitgehend normales Leben zu führen, die durch die allein stehende und fortschrittliche Entwicklung der Behandlungsmöglichkeiten zunehmend optimiert und daher weltweit nachgefragt wird. Natürlich wäre genau dies der Part, den die beratende Kommunikationsagentur dem allzu shareholdervalueorientierten Kommunikationsmanager raten würde, schließlich ist es ja nicht die Schuld des Pharmaunternehmens, dass es (beispielsweise) Diabetes gibt. Aber es ist mehr als das. Eine personalisierte Stakeholder-Geschichte über Menschen in Drittweltstaaten zu entwickeln und zu produzieren mit dem Ziel, eine Shareholder-Geschichte zu verkaufen, instrumentalisiert die Testimonials und ist letztlich Werbung. Das können andere womöglich besser als wir. Ein Briefing, welches Stakeholder-Werte nicht teilt, sondern instrumentalisiert, ist möglich, wenn damit aber ein Ziel verfolgt wird, das nicht das Wohl der Stakeholder verfolgt, ist dies schwierig. Unser Vorschlag war, in der Kommunikation zu zeigen, wie sich das Unternehmen weltweit über Initiativen für gesunde Ernährung einsetzt. Es war die Kultur auf der Gegenseite, die uns klarmachte, dass wir für eine solche Instrumentalisierung nicht zur Verfügung stehen wollen. Nicht, dass es Missverständnisse gibt: Es ist in der Kommunikation legitim, seine Seite der Medaille zu zeigen, keine Frage, aber Werte sind nicht teilbar und sollten gerade in der Kommunikation nicht geteilt werden. Es ist ungemein wichtig in integrierten Kommunikationsprozessen, welche Haltung das führende Management hat und für welche Kultur es steht. Emilio Galli Zugaro, ich erwähnte ihn bereits am Eingang dieses Kapitels, hat zu diesem Thema ein bemerkenswertes Buch geschrieben (siehe auch Kapitel „Haltung braucht Beispiele") mit dem Titel „The Listening Leader"[17], in welchem er beschreibt, wie wichtig die Stakeholder-Orientierung der Unternehmensführungen selbst ist: „Why the CEO matters", bedeute für ihn nicht nur, dass Kommunikation einer der „wichtigsten Milestones ist, welcher zum effektivem Handeln und Wandel führt", sondern auch: „Der CEO ist letztverantwortlich für den Ausgleich aller Stakeholder-Bedürfnisse. Sie (sic!) ist zuständig für genau dieses Gleichgewicht zwischen den verschiedenen Interessen. Wenn ihr das zur Zufriedenheit sowohl der Stakeholder als auch des Unternehmens gelingt, ist sie erfolgreich und dem Unternehmen geht es gut." Galli Zugaro entwickelt in seinem Buch eine „journey of communication leadership", deren erster und grundlegender Milestone „Gain credibility" ist, also das Gewinnen von Glaubwürdigkeit. Er setzt dabei alle Anspruchsgruppen auf eine gleichberechtigte Stufe, wenn er von *einer* Kommunikation „mit Kunden, Mitarbeitern, Investoren und der Gesellschaft" spricht. Damit bestätigt Galli Zugaro den entscheidenden Punkt, den auch Bodo Rieger fordert: Corporate Identity muss von realen Haltungen getragen werden und bedarf Beispiele und Vorbilder. Es geht um ein Übereinkommen mit sich selbst, um echte Identität. Stakeholder spüren heute, ob es sich um reale, echte Einstellungen oder konstruierte und zur Schau gestellte Marketingmaßnahmen handelt.

Daher ist die von Rieger geforderte Rückführung des CI-Prozesses auf die Identitätsentwicklung einer Person der Schlüssel zu diesem Verständnis. Der Philosoph Wüschner schreibt dazu: „Wir brauchen, um zu einer Haltung zu finden, Beispiele, dabei geht es nicht darum, dass wir die Haltung anderer Menschen teilen oder uns ihr anschließen müssten, sondern darum, dass wir uns von ihrem inneren Gefestigtsein beeindrucken lassen."

Hierzu ein Beispiel: Wir arbeiteten vor einigen Jahren für das familiengeführte Medizintechnik-Unternehmen Dräger, das im Bereich lebensnotwendiger Medizintechnik und Systemlösungen zum Schutz von Menschen weltweit zur Spitzengruppe gehört. Dräger gehört zu den Innovationsträgern in diesem Bereich. Ein Unternehmen, das mit großer Präzision und Qualität auf den

Märkten seine Kommunikation steuern muss – und wir haben nie eine Equitystory von deren Führungskräften gehört, die uns auch nur annähernd an die erlebte Geschichte des „Diabetes"-Unternehmens erinnerte.

Im Gegenteil: In eine Führungskräftetagung, an der der Vorstandsvorsitzende beteiligt war, platzte im Frühjahr 2015 die Nachricht des unsagbaren erweiterten Suizids des Germanwings-Piloten mit über 140 Toten. Ein Beteiligter der Sitzung wurde in den Krisenstab der Fluggesellschaft berufen. Die Runde erfuhr zu einem frühen Zeitpunkt von der Tragödie. Das gelebte Motto von Dräger lautet „Technology for Life". Der CEO, selbst Ingenieur und Urenkel des Unternehmensgründers, war so sehr von der Tatsache betroffen, dass bei diesem entsetzlichen Ereignis Technologie eingesetzt worden war, um hunderte Menschenleben auszulöschen, dass er für den nächsten Zwischenbericht folgendes Vorwort schrieb:

„Sehr geehrte Aktionäre, sehr geehrte Mitarbeiter, lieber Leser
Gegen Ende des ersten Quartals gab es für uns einen besonderen Moment, der uns wie vermutlich viele von Ihnen auch sehr nachdenklich gemacht hat. Wir hielten gerade unsere jährliche Führungskräftetagung ab mit über einhundert Teilnehmern. Dabei haben wir neben der Strategie für die nächsten Jahre ganz bewußt das Thema aufgegriffen, wie Angst und Mißtrauen uns an einer noch besseren Zusammenarbeit hindern. Inmitten dieser spannenden Diskussion mußte unser externer Moderator das Meeting ganz plötzlich verlassen, weil er in das Krisenmanagementteam der Germanwings berufen wurde, nach dem schrecklichen Absturz der 4U9525 mit 150 Toten. Dieses Ereignis hat uns gezeigt, wie verletzlich unsere Welt ist und wie schnell Angst und Mißtrauen in einer sonst von Sicherheit und Vertrauen geprägten Industrie beflügelt werden kann. Sowohl was die Technik wie auch was die Menschen anbetrifft! Gerade deswegen ist es so wichtig, diesem Impuls nicht nachzugeben und weiterhin positiv zu denken, die vielen wunderbaren Fähigkeiten in den Menschen zu sehen, und Vertrauen haben zu können. Wir bei Dräger machen Technik für das Leben. Das ist etwas sehr Positives. Unsere Produkte schützen, unterstützen und retten Leben. Damit das Leben ein kleines Stück sicherer und besser wird. Das motiviert uns, das gibt unserer Arbeit einen tiefen Sinn." [18]

Dieses Commitment im Vorwort eines Finanzberichts, welches niemand an dieser Stelle erwartete – einer Stelle, an der ein CEO erklärt, wie es um die

Lage seines Unternehmens steht –, empfanden wir als bemerkenswert. Es zeugte von der Haltung des Menschen Stefan Dräger, der, eher nüchterner Hanseat statt schlagfertiger und sich selbst inszenierender Kommunikator, als CEO authentisch Haltung bezog und einen Blick darauf zuließ, was ihn und seine 15.000 Mitarbeiter bewegte. Dräger sprach nicht nur für sich, sondern für seine Führungskräfte und alle Mitarbeiter. Ich weiß aus der Zusammenarbeit, dass bei Dräger die Technologie im Mittelpunkt steht mit einer klaren Aufgabenstellung: dem Leben zu dienen. Wir erlebten in den Wochen nach der Veröffentlichung des Quartalsberichts eine große Geschlossenheit bei den Kommunikationsmanagern, bei den Mitarbeitern bis hin zum Pförtner, welche die Haltung ihres Chefs auch beim Gespräch in der Kaffeeküche aus vollstem Herzen teilten: einen positiven Beitrag für das Leben zu leisten.

Haltung macht den Unterschied – Diskurs und politische Positionierung

Warum Unternehmen herausfinden müssen, welche Diskurse ihre Stakeholder führen, wie sie Resonanz entfalten und warum sie heute nicht darum herumkommen, sich auch politisch zu positionieren

05

Der Wandel des Begriffs der Öffentlichkeit befördert im Zuge der digitalen Vernetzung und Hypertransparenz in den Unternehmen ein Kommunikationsmanagement, welches sich zunehmend an den Interessen von Stakeholdern orientiert und einen von Transparenz und Offenheit geprägten Dialog gegenüber relevanten Zielgruppen anstrebt. Man hat sich immer mehr von der Vorstellung verabschiedet, dass öffentliche Meinung über ein Unternehmen „machbar" sei.

Dieser Dialog, der zunehmend von den sozialen Netzwerken geprägt wird, und in dem gesellschaftliche Legitimität noch vor juristischer Legalität der Bewertungsmaßstab unternehmerischen Handelns ist, hat dazu geführt, dass Unternehmen in einer komplexen und unübersichtlichen Welt, in der aber nicht mehr mit Fakten überzeugt werden kann, ein Dilemma der Wirksamkeit von Botschaften und Nachrichten für die Unternehmenskommunikation entsteht. So erfordert die Kommunikation mit Stakeholdern und der Öffentlichkeit von Unternehmen zunehmend sinnstiftende Botschaften, die helfen, Fakten zu kontextualisieren: Deutung und Einordnung der Standpunkte einerseits, Abgrenzung zu den vielen die objektiven Tatsachen relativierenden Echokammern andererseits.

Da die Rationalisierung vieler Lebensbereiche heute dazu geführt hat, dass frühere, den Menschen Orientierung gebende Maßstäbe wie Religiosität oder archetypisch verankerte Traditionen und Gemeinschaften in weiten Teilen verschwunden sind, besteht ein tiefes Bedürfnis, die Dinge nicht nur rational einzuordnen, sondern gemäß der Beschaffenheit und Transzendenz des menschlichen Wesens und seiner Seele auch kulturell und sinnhaft zu begreifen. Der Mensch strebt danach, in der Gemeinschaft Sinn zu suchen und eine entsprechende Einordnung großer Zusammenhänge in der Gruppe vorzunehmen. Durch einen Mangel an realen Begegnungen entsteht hier ein wichtiges Handlungsfeld für Unternehmen, welches heute zunehmend mit deren Haltung und der Frage, welche Werte diese haben und wie sie sich politisch positionieren, verbunden ist.

Doch müssen sich Unternehmen heute darüber hinaus nicht offensiver bekennen, so wie es der CEO von JPMorgan vormacht (vgl. S. 23), der die wichtigsten politischen Themen bewusst adressiert und Position bezieht? Klar ist, dass die Produkte die zentrale Antwort der Unternehmen auf die Veränderungen der Gesellschaft sein müssen und der Haltung von Unternehmen nicht widersprechen dürfen. Aber es ist auch klar, dass Unternehmen heutzu-

tage Haltung bezüglich wichtiger gesellschaftlicher Werte und Themen zeigen sollten. Dazu sagt die Kommunikationswissenschaftlerin Beutmann: „Die gesellschaftlichen Rahmenbedingungen sind heute so volatil, dass Unternehmen nicht darum herumkommen, politische Standpunkte zu beziehen. Nicht um zu erziehen oder um sich zu profilieren, sondern um sich zu positionieren und Missverständnisse zu vermeiden."
So ist es heute im Stakeholder-Dialog einerseits wichtig, dass die Unternehmen ihre Stakeholder verstehen. Es ist aber andererseits genauso wichtig, dass die Stakeholder die Unternehmen und ihre Werte verstehen. Das bedeutet auf Unternehmensseite: klare Flagge zeigen zu grundsätzlichen Entwicklungen, zum Ausdruck bringen, welchen Sinn das Handeln des Unternehmens hat und wie es auf Veränderungen reagiert.

So sehr sich heute viele Unternehmen Zielen widmen, die anscheinend nur noch bedingt etwas mit der direkten wirtschaftlichen Dimension ihres Handelns zu tun haben, sondern weitergehen und auf einen übergeordneten, sinnhaften Unternehmenszweck einzahlen, um so Verbindungen zu den Mitarbeitern und Stakeholdern aufzubauen, so sehr gilt es auch, diese gesamtgesellschaftlich einzuordnen und als klares Commitment zu äußern. Wenn der Aufsichtsratsvorsitzende von Siemens Energy, Joe Kaeser, heute in eine Talkshow[19] geht, um in direkter Konfrontation mit dem Co-Parteivorsitzenden der AfD, Tino Chrupalla, darzulegen, warum es für Siemens Energy wichtig ist, dass Deutschland ein offenes Land ist, und ein Werk in Görlitz beschreibt, das auf Fachkräfte aus dem Ausland angewiesen ist, dabei aber auch darlegt, dass 54 % der dort produzierten Hochleistungsturbinen in die Länder geliefert werden, aus denen laut AfD „Kopftuchmädchen, alimentierte Messermänner und andere Taugenichtse" zu uns kommen, setzt er ein Zeichen gegen Ausgrenzung und Rassismus. Indem er klarstellt, dass die Arbeitsplätze in Görlitz genau von denen abhängen und die Turbinen von Menschen hier produziert werden, die laut AfD besser heute als morgen verschwinden sollten, setzt er sich stark für die Interessen seiner Stakeholder ein. Denn solche Äußerungen sind für ein Unternehmen, welches zu 80 % auf den Export seiner Produkte angewiesen ist, schlicht nicht hinnehmbar.

Im über 70 Jahre von Frieden geprägten Europa erweiterten Unternehmen ihre Wertschöpfung im ethischen Sinne zunehmend durch die Überführung in einen sinnstiftenden Kontext. Heute können Unternehmen ihre Sinnhaftigkeit nicht mehr ohne einen Bezug zu den aktuellen gesellschaftlichen Entwicklungen darstellen, wenn diese die Grundlage ihres eigenen Wirtschaftens direkt tangieren. Diese Positionierung ist heute Teil einer notwendigen Sinndefinition. Gerade weil die gegenwärtige Arbeitswelt zunehmend komplex ist und tief in das Leben der Menschen eingreift, ist es vor dem Hintergrund einer zunehmenden Spaltung der Gesellschaften eine schlüssige Folge, dass Tätigkeitsprofile nicht nur an Aspekten der Relevanz und Sinnhaftigkeit für den Einzelnen ausgerichtet werden, sondern auch nach einem übergeordneten Kontext, der den Wertschöpfungsbeitrag an politischen Grundwerten erklären muss, um seine Legitimation sicherzustellen.

Hatten wir in der Vergangenheit sehr viel mit einer „Entmaterialisierung" der Bedürfnisse der Menschen zu tun, denen „Sinnhaftigkeit" zunehmend wertvoller geworden war, so erleben wir zurzeit eine Renaissance einer Materialität, in der das unternehmerische Handeln aus Legitimationsgründen zunehmend auch einer konkreten politisch-gesellschaftlichen Komponente bedarf. Diese wird von den Menschen zunehmend mit eigenen Einstellungen und Werten in Verbindung gebracht.

Betrachtet man die Erwartungen der Öffentlichkeit, so zeigen verschiedene aktuelle Untersuchungen, dass Unternehmen, die politische Haltung zeigen, nicht falsch liegen. Knapp 60 % der Verbraucher in Deutschland sähen es gerne, dass Unternehmen sich für die Lösung gesellschaftlicher Probleme engagieren, insbesondere für soziale Themen und Umweltschutz. Dabei richten sich die Erwartungen vordringlich auf Förderung oder direkte Taten, weniger auf „Meinungsäußerungen" und „öffentliche Positionierungen" (Influence SG, 2022).[20] Auch das international vielbeachtete „Edelman Trust Barometer", eine jährlich durchgeführte Online-Befragung von 32.000 Menschen aus 128 Ländern – darunter Deutschland, die USA, Frankreich, Großbritannien, Italien und Schweden –, sieht die Unternehmen in einer überraschenden Rolle: Ihnen wird mehr Vertrauen geschenkt als den Regierungsorganisationen oder NGOs. 63 % der weltweit Befragten vertrauen darauf, dass Unternehmen eher das Richtige tun als NGOs (59 %), Regierungen (51 %) und Medien (5 %).[21] Das ist nur scheinbar eine gute Botschaft für die Unternehmen, sondern zugleich auch ein Anzeichen für das zunehmende Misstrauen gegenüber demokratischen Institutionen und sollte nicht darüber hinwegtäuschen, dass Unternehmen in den Augen der Öffentlichkeit auch in einer wachsenden Verantwortung stehen. Es geht ebenso um „gestiegene Erwartungen an die Wirtschaft, die richten soll, was die Politik nicht zu leisten vermag". So kann diese gestiegene gesellschaftliche Erwartung gegenüber der Wirtschaft auf unterschiedliche Faktoren zurückgeführt werden wie zum Beispiel die zunehmende Transparenz durch soziale Medien und Online-Nachrichten, welche über die Auswirkungen von Unternehmen auf die Gesellschaft und die Umwelt berichten, sowie das wachsende Bewusstsein der Stakeholder für ethische und nachhaltige Geschäftspraktiken.

Die Deutschen stehen den Unternehmen etwas neutraler als der internationale Durchschnitt gegenüber: Das Vertrauen liegt bei 50 %. Aus dem großen Vertrauen in Unternehmen erwachsen höhere Ansprüche an das gesellschaftliche Engagement, wie das Trust Barometer 2023 zeigt. Die Mehrheit der Deutschen wünscht sich, dass CEOs sich zu den folgenden gesellschaftspolitischen Anliegen öffentlich äußern: der Frage, wie Angestellte behandelt werden (88 %), der Klimakrise (80 %), dem Wohlstandsgefälle (77 %), Diskriminierung (74 %) und Zuwanderung (70 %). „Den Anstieg der hohen Erwartungshaltung an CEOs beobachten wir stärker seit der Pandemie, gefolgt von den geopolitischen Konflikten", erklärt Edelman-Deutschland-CEO Christiane Schulz. Das Thema Werte sei für die Menschen in den vergangenen Jahren wichtiger geworden: „Sie gleichen ihre eigenen Werte mit denen von Unternehmen ab."

So sind die hohen Erwartungen an die Wirtschaft zwar ein schöner Vertrauensbeweis, aber zugleich eben auch ein großes Risiko. Dass die Wirtschaft in den vergangenen drei Jahren vieles gut gemacht hat, zeigt sich an den aktuellen Zahlen. Gemäß dem Edelman Trust Barometer 2023 gelten Unternehmen als kompetent und steigern sich im Rating zu Ethik bereits das dritte Jahr in Folge (+20 Punkte seit 2020). Corporate Social Responsibility (CSR) wird gelebt und ist dank gezielter Kommunikation auch beim Publikum angekommen.

Die Studie stellt zudem fest, dass gesellschaftliches Engagement das Risiko einer zu starken Politisierung der Wirtschaft beinhaltet. Sobald Unternehmen in ihrem Handeln als „politisch motiviert" angesehen werden, wird die Sache komplizierter. Dabei besteht die Herausforderung darin, Haltung zu zeigen, ohne zu politisieren. „Man kann heute nicht mehr nicht kommunizieren", sagt Schulz von Edelman im manager magazin. „Wenn CEOs keine Stellung beziehen, wird das nach innen und außen interpretiert."

Laut Trust Barometer 2023 ist immerhin ein Drittel der deutschen Befragten überzeugt, dass es für ein Unternehmen möglich ist, sich zu gesellschaftlichen Anliegen zu äußern, ohne stark zu politisieren.

Doch teilweise verschärfen sich in manchen Ländern heute die politischen Standpunkte innerhalb des gesellschaftlichen Diskurses so sehr, sodass schon in relativ unverdächtigen Zusammenhängen Kulturkämpfe beginnen, wo es in der Vergangenheit einen gesamtgesellschaftlichen Konsens gab. Die Studie des Edelman Trust Barometers beschäftigt sich intensiv mit diesem Thema und kommt zu dem Ergebnis, wie es vermieden werden kann, als politisch motiviert angesehen zu werden, wenn man Stellung bezieht. Dazu sollten Unternehmen Folgendes tun:

– eine vertrauenswürdige Informationsquelle sein,
– ihr Handeln auf die Wissenschaft stützen,
– sich nicht nur auf eine politische Partei festlegen,
– prinzipiell nach den gleichen Werten handeln und diese auf alle gleich anwenden,
– ihr Handeln an die Bedürfnisse der Wettbewerbsfähigkeit und die Bedürfnisse der Mitarbeiter koppeln,
– Führungskräfte sollten in persona eine vertrauenswürdige Quelle sein und über das Unternehmen hinaus für Werte einstehen.

Aber das Beispiel des JPMorgan-CEO (vgl. S. 23) zeigt, dass es heute Situationen und Kontexte gibt, in denen es unvermeidlich ist, Stellung zu beziehen, welche von Menschen mit extremen Positionen als politisch motiviert interpretiert werden. „Extremistische Positionen dürfen nicht der Maßstab des Handelns sein", so Prof. Horst Wildemann von der TU München. „Es wird immer wieder jemanden geben, der den Klimawandel leugnet, aber dies sollte man nicht zum Maßstab des Handelns machen."

Andrea Neumann leitet die Kommunikation der ALTANA AG und bestätigt, wie wichtig es heute ist, als Unternehmen proaktiv gesellschaftlich relevante Themen zu postulieren, um Haltung zu zeigen. „Ich erlebe dort, wo Menschen Verantwortung übernehmen und Handlungsspielräume haben, selten die Frage nach Sinnhaftigkeit. Aber die Menschen hinterfragen heute wirtschaftliche Prozesse und stellen einen Bezug zu gesellschaftlichen und politischen Entwicklungen her." Die ALTANA AG ist ein interessantes Beispiel, da sie mit ihren innovativen chemischen Lösungen in einem intensiven Dialog mit ihren Kunden und anderen Stakeholdern steht. Als weltweiter Anbieter von Spezialchemie liefert das Unternehmen, das zu den führenden dieser Branche gehört,

Lösungen, die seine B2B-Kunden in die Lage versetzen, Produkte nachhaltig zu verbessern und Ressourcen einzusparen. Da viele Produkte wiederum im Consumer-Bereich ihre Anwendung finden, sind es letztlich auch die Bedürfnisse und Forderungen der Verbraucher, die ALTANA erkennen und vorausschauend lösen muss. Ob es um PVC-freie Verschlüsse für Babynahrungsgläschen, lösungsmittelfreie Autolacke auf Wasserbasis oder um Gießharze geht, welche die Statoren von Windkraftanlagen in ihrer Effizienz verbessern: „Unsere Leistung ist das Ergebnis einer Kultur, die den stetigen Wandel in den Mittelpunkt stellt und gleichzeitig an unverrückbaren Konstanten wie dem zugrundeliegenden Geschäftsmodell, aber auch grundlegenden Werten festhält", führt Neumann aus, die die Kommunikation des Unternehmens schon seit einigen Jahren von Wesel aus leitet. Das im Rahmen eines CEO-Generationswechsels entwickelte Motto „Keep Changing" bringt die Mischung aus Veränderung (change) und Kontinuität (keep) auf den Punkt und prägt vor allem die interne Kommunikation und Haltung. Das Motto ist nicht aufgesetzt. Es spiegelt vielmehr die über viele Jahre verankerte Arbeitsweise des Unternehmens wider. „Vielleicht liegt es daran, dass wir bei ALTANA viele Fragen stellen müssen, um unsere Produkte gemeinsam mit unseren Kunden zu entwickeln, und gleichzeitig intern Werte wie Offenheit, Vertrauen, Handlungsspielraum und Wertschätzung teilen, die uns miteinander verbinden und die Basis unserer Innovationskultur darstellen." Dabei ist Neumann durchaus bewusst, dass diese Werte nicht selbstverständlich sind und es wichtig ist, diese intern und extern immer wieder zu vitalisieren und durch das Zeigen von klarer Haltung zu kommunizieren: „Im Mittelpunkt stehen unsere Kunden und die Entwicklung innovativer Lösungen, die sinnvoll sind und Mensch und Umwelt nach vorne bringen. Die Haltung des Unternehmens zu aktuellen Entwicklungen spielt eine wichtige Rolle. Unsere Mitarbeiterinnen und Mitarbeiter, aber auch unsere externen Stakeholder erwarten von uns, dass wir Verantwortung übernehmen und erklären, wie wir mit Veränderungen umgehen." Über regelmäßige Mitarbeiterbefragungen und den proaktiven Dialog über wichtige gesellschaftliche Themen mit internen und externen Stakeholdern des Konzerns schärft ALTANA so seine Kommunikations- und Handlungsschwerpunkte. „Unser Leitbild ist dafür ein gutes Beispiel. Es wurde gemeinsam mit unseren Mitarbeiterinnen und Mitarbeitern entwickelt und nicht von oben nach unten festgelegt. Im Dialog hat ALTANA einen klaren gemeinsamen Nenner gefunden." Das Unternehmen beteiligt sich auch aktiv an ausgewählten öffentlichen

Initiativen wie der Aktion „Nie wieder ist jetzt", die sich gegen Antisemitismus positioniert, erklärte sich zu Beginn des russischen Angriffskrieges auf die Ukraine in bemerkenswerter Klarheit, zeigte 2015 Flagge bei der Integration von Flüchtlingen und unterstützt Bildungsangebote im Umfeld seiner Standorte, insbesondere für sozial benachteiligte Kinder. Dabei setzt das Unternehmen auch international Akzente: „Wir sehen uns als ein deutsches Unternehmen, das international agiert. Das bedeutet aber, dass wir auch in anderen Teilen der Erde bewusst aus unserem europäischen Wertekontext heraus handeln."

Die Kommunikationsverantwortliche hält es für legitim und wichtig, sich zu ausgewählten gesellschaftlichen Themen aktiv zu positionieren und diese zu kommentieren, wenn sie entweder einen direkten Bezug zum Unternehmen haben oder „unsere Werte und unser Leitbild betreffen. Im Mittelpunkt unserer Kommunikation stehen natürlich der Erfolg und die Sinnhaftigkeit unserer unternehmerischen Tätigkeit. Wir begreifen uns aber auch als Corporate Citizen, der in entscheidenden Situationen Zivilcourage zeigt."

Das Mainzer Unternehmen GOT BAG blickt auf eine junge Unternehmensgeschichte und basiert auf einer Geschäftsidee, welche neben den genannten Aspekten der sinnhaften Gesamtpositionierung auch eine klare politische Haltung durch die Adaption der Werte und Einstellungen ihrer angestrebten Käufergruppen entwickelte. Die Idee des Unternehmens gründete auf dem beschriebenen Prinzip des Stakeholder-Dialogs, der implizierten Sinnhaftigkeit und einem konsequenten Teilen von internen und externen Werten – den Werten einer jungen, urbanen, diversen und weltoffenen Zielgruppe. Deren klar umrissene gesellschaftspolitische Positionierung wurde auch zu einem tragenden Teil der Kommunikation mit den Stakeholdern gemacht. Dieses Beispiel zeigt allerdings, welche Vor-, aber auch Nachteile es hat, eine Geschäftsidee und Unternehmensstrategie auf ein solches „Teilen von Werten" zu begründen, und welche Rolle dabei der Dialog spielt.

Das Start-up vertreibt Taschen und Rucksäcke aus „recyceltem Meeres-Kunststoff", lässt also Kunststoffmüll aus dem Meer fischen und, so die eigene Beschreibung, „produziert daraus Rucksäcke". Was sich nicht sonderlich innovativ anhört, ist eine echte Erfolgsgeschichte. Die Produkte sind hochpreisig und international gefragt. Meine 12-jährige Tochter hat sich einen marineblauen Rucksack der Marke zum Geburtstag gewünscht. Sie berichtete, dass viele an der Schule Rucksäcke von GOT BAG haben. Ich fragte: „Viele?", und meine Tochter antwortete: „Ja, so ziemlich jeder, und übrigens fast alle unserer

Lehrer." Waren es vor wenigen Jahren noch die Rucksäcke großer Hersteller wie 4YOU oder Eastpak, die in Modewellen die Schulen geschlossen eroberten, sind es heute die recycelten Rucksäcke der Mainzer, welche das Wertebewusstsein einer ganzen Schüler- und Erwachsenengeneration zu treffen scheinen. „Für uns ist es Zeit zu handeln", wird Benjamin Mandos, Gründer von GOT BAG, auf der Unternehmenswebsite zitiert. „Mit unserer Mission wollen wir aktiv gegen die voranschreitende Plastikvermüllung unserer Meere vorgehen und zu einem bewussteren Umgang mit natürlichen Ressourcen anregen." Der Erfolg scheint dem Unternehmen recht zu geben. Neben einem zweiten Headquarter in den USA sind die Ziele ambitioniert und wachstumsorientiert.

Ich war erstaunt über die enorme Popularität der Marke, hatte sie doch in ihren Anfängen einen Kratzer in ihrem Image erhalten, der mir noch in Erinnerung war. Ich hatte zwei Jahre zuvor gehört, dass das Unternehmen ein Problem mit Greenwashing-Vorwürfen hatte.[22] Die jungen Unternehmer, die ihre Marke im Bereich eines ethischen Wertegefüges und einer stakeholderorientierten Sinnhaftigkeit positioniert hatten, mussten 2022 erfahren, was es bedeutete, wenn das hypertransparente Internet, welches das Narrativ des Start-ups erfolgreich verbreitet hatte und Motor des Erfolgs war, in Form von ZEIT-online und der Wirtschaftsredaktion Flip („Wir entlarven Greenwashing und zeigen, was wirklich hilft. So wollen wir dir ermöglichen, zu einer besseren Wirtschaft beizutragen.") zurückschlug: GOT BAG wurde vorgeworfen, Greenwashing zu betreiben, indem das Unternehmen mit falschen Behauptungen werbe. „Natürlich war die Kritik an unserer Kommunikation stellenweise berechtigt, ich will hier nicht in die Opferrolle. Aber jeder macht mal Fehler, und unser Fehler waren vereinzelte Kommunikationsmaterialien aus unseren Anfängen von 2018 und 2019. Aber das Internet vergisst nicht", erklärt Gründer Mandos im Interview mit textilwirtschaft.de.[23] Tatsächlich hatte das Unternehmen in der ersten Gründungsphase behauptet, die Rucksäcke bestünden zu 100 % aus recyceltem Meeres-Kunststoff – und hatte nicht darauf hingewiesen, dass dies zwar auf den größten Teil des Materials zutraf, aber nicht auf alles.

Dazu Benjamin Mandos: „Das war ungenau. Inzwischen schlüsseln wir exakt auf, woraus unsere Produkte bestehen. Wir sprechen zudem von ‚Ocean Impact Plastic', welches wir verwenden, um auszudrücken, dass es keine negativen Auswirkungen mehr auf das Meer hat. Inwiefern wir unser Clean-up-Programm in diesem Zuge ausgedehnt haben, wie sich der Plastikmüll zusammensetzt und welchen Anteil davon wir für unsere Produkte verwenden, erläutern wir alles detailliert auf der Website." Das Unternehmen stand zu seinen Fehlern und sorgt heute dafür, dass die Botschaften in jedem Aspekt den Tatsachen entsprechen. Mandos: „Wir sind dabei, die Kommunikation zu verbessern und auf allen Kanälen zu vereinheitlichen. Außerdem nutzen wir die Gelegenheit, um unsere Markenaussage zu schärfen. Wir wollen zeigen, dass wir etwas für das Meer tun und aus Abfällen tolle Produkte herstellen." Ob es ein Learning gab? „Ja, wir holen uns externe Meinungen ein – vor allem, um im Detail zu verstehen, wie unsere Kommunikation nach außen wirkt. Während der vergangenen Wochen haben wir von allen Seiten unglaubliche Unterstützung für unser Projekt erfahren und in dem Zuge natürlich auch viel neuen Input." Es war gerade dieser Zuspruch und das transparente Kommunizieren des Managements, welche dafür sorgten, dass die Glaubwürdigkeit in den Augen der Öffentlichkeit gewahrt blieb.

Da das Team nach dem Aufkommen der Vorwürfe unmittelbar, authentisch transparent und umfassend reagierte, konnte es glaubwürdig agieren und den Reputationsschaden für die Marke kleinhalten. Mandos: „Damals haben wir wie im Affekt reagiert. (...) Wir haben dann rasch ein Video aufgenommen und Hintergründe erklärt und uns für die Fehler entschuldigt." Das Beispiel zeigt deutlich, dass die Nähe zu den Werten und der Sinnorientierung der Stakeholder mit der Konsequenz verbunden ist, hundertprozentig beim Wort genommen zu werden. Heute blickt Mandos auf die schwierige Zeit mit gemischten Gefühlen zurück: „Die Situation war sehr belastend und auch beängstigend. (...) (Auf Social Media) hatten wir einige hundert Kommentare, die zum Teil nicht schön zu lesen waren. Unsere Werbepartner und Händler zeigten aber überwiegend Verständnis."

Dem Unternehmen GOT BAG geht es wieder gut und die Marke ist weiterhin eine Erfolgsgeschichte, die vor allem von der Nähe zur Lebenswelt seiner Stakeholder profitiert. Die Anfangsfehler haben letztlich nicht geschadet, denn für die Stakeholder erschien man glaubwürdig, weil man den Ansatz in der Öffentlichkeit ganz transparent gemacht und eingeräumt hat, dass es da am Anfang Widersprüche gab. Paradoxerweise hat es die Marke den Zielgruppen sogar nähergebracht, denn man hatte die Aufmerksamkeit, die ganze Geschichte genau zu erklären.

Die Anspruchsgruppen teilten den Ansatz des Unternehmens, welches in seiner Kommunikation auch politische Haltung zeigt. „Es sind nicht unbedingt die widerspruchsfreien Lösungen, die Kunden überzeugen. Wenn Stakeholder in einer Kommunikationskrise dem Unternehmen glauben, dass es ehrlich ist, dass es an den gemeinsam geteilten Werten festhält und dafür steht, dann gehen sie den Weg mit", sagt Peter Vetter, der Marken- und Kommunikationsprofi von Coande. Dass dazu das Teilen von Werten gehört, bezieht sich heute auch auf politische Aussagen. Im Grunde unterscheiden die Stakeholder heute nicht mehr zwischen gesellschaftlichem Engagement und politischer Haltung.

Das Spannende am Fall GOT BAG ist eine ganz andere Frage, die Bodo Rieger auch in seiner Veröffentlichung aufgriff, als er sagte, dass Unternehmen versucht seien, sich zunehmend widerspruchsfrei zu präsentieren, anstatt das zu kommunizieren, was sie tatsächlich bewegt. Rieger konstatierte, dass Werte nur dann wertvoll seien, wenn sie verletzbar seien. Damit spielte er genau auf den Umstand an, dass Unternehmen heutzutage oftmals nach außen perfekt und makellos erscheinen, in ihrem eigentlichen Handeln aber anders agierten und auch Widersprüche aufwiesen, die man vor der Öffentlichkeit verbergen wolle. Gerade das freie Handeln nach eigenen Überzeugungen ist es jedoch, was Stakeholder an Unternehmen authentisch und wertvoll empfinden. Das bedeutet, dass Unternehmen erkennen müssen, worin die Widersprüche zu den Werten ihrer Stakeholder bestehen und wie sie eine Basis des Dialogs und der Sinnhaftigkeit begründen können.

Insofern hat GOT BAG vieles richtig gemacht, denn der Ansatz der ganzen Geschäftsidee basiert auf dem Dialog mit den Werten der Stakeholder. Das Einräumen der verzeihlichen Fehler war gut und ehrlich, zumal der Kern der Geschäftsidee aufrichtig ist und nicht danach trachtet, die Verbraucher zu täuschen. Vielleicht war es gut, dass das Unternehmen dies in so einer frühen Phase erlebt hat. Letztlich wird ein Unternehmen, das sich auf diesen Weg begibt, wertvolle Erfahrungen sammeln.

Paul Polman, ehemaliger CEO von Unilever, ist heute Aktivist und setzt sich für das nachhaltige Handeln von Unternehmen ein. In seinem Buch „Net Positive"[24] wirbt er dafür, dass Unternehmen sich trauen sollen, ihre Strategien umzustellen, um sinnvolle und nachhaltige Geschäftsmodelle zu entwickeln. Er bringt die Sache auf den Punkt, wenn er sagt: „Natürlich gehört Mut und Idealismus dazu, ein Unternehmen auf die Spur des Dialogs zu bringen, dass es unter dem Strich der Gesellschaft mehr gibt, als es nimmt. Aber ich glaube, dass dies ein Weg ist, der sich lohnt, auch wenn man von Beginn an nicht alles perfekt machen kann." Polman versteht sein Modell nicht als ein uneigennütziges Wirtschaften. Im Gegenteil: Er plädiert dafür, dass Unternehmen mit ihren Fähigkeiten, nachhaltige Win-win-Lösungen zu entwickeln, vielmehr Wertschöpfung betreiben sollen, indem sie mit ihren Leistungen den Unterschied zu solchen Produkten machen, die letztlich keinen gesamtgesellschaftlichen Gewinn (und Sinn) machen. Wirtschaftliche und unternehmerische Kompetenz solle man dazu einsetzen, einen Weg zu finden, Gewinne als wirtschaftliche und gesamtgesellschaftlich lohnende Investments zu definieren. Dass dazu auch der geschäftliche Erfolg der besten Lösungen, die Stakeholder und Kunden überzeugen, gehört, versteht sich für den ehemaligen CEO und Mitbegründer der UN Global Sustainability Goals von selbst.

Genau in dieser Bindung zu den Stakeholdern spielt der Dialog eine wichtige Rolle und das bedeutet eben, sowohl zu seinen Widersprüchen zu stehen – und diese gemeinsam mit seinen Stakeholdern zu einer tragbaren und dialektischen Lösung zu führen – als auch Positionen zu beziehen, die den eigenen Überzeugungen entsprechen. Dazu zählen in diesem Kontext auch politische Fragen.

Trotz der gesellschaftlichen Zersplitterung und zunehmenden Spaltung tun Unternehmen gut daran, diesen Punkt genau zu betrachten und ihre Haltung zu überprüfen. Doch ohne Frage macht sich hier auch ein gewisses Dilemma breit. Während der Geschäftsführer von GOT BAG mit seiner ganzen Belegschaft eine klare politische Haltung zu wachsendem Antisemitismus und Fremdenfeindlichkeit auf Instagram zum Ausdruck bringt, tun sich andere Unternehmen schwer damit. Dabei ist es heute manchmal notwendig, politische Positionen zu beziehen, vor allem, wenn sie in einem direkten Kontext zum Unternehmen stehen oder wenn die Werte, für die ein Unternehmen steht, durch gesellschaftliche oder politische Veränderungen infrage gestellt werden. Unternehmen, die hier Haltung zeigen, lassen ihre Stakeholder an ihrer Entwicklung teilhaben und kommunizieren so, wie sie diese Veränderungen gestalten.

Ulrich Klenke, Markenchef der Telekom, hat dazu gegenüber dem Horizont-Magazin eine eindeutige Meinung: „Wir haben ein konsistentes Markenbild und wir haben auch ein klares Wertebild, das die Nachhaltigkeit in den Mittelpunkt stellt. Dabei geht es uns aber nicht nur um ökologische Nachhaltigkeit, sondern auch um gesellschaftliche Nachhaltigkeit. Das Resultat sind beispielsweise unsere wiederholten Kreativkampagnen gegen Hatespeech im Netz. Gerade bei diesem Thema sehe ich für unsere Marke eine besonders hohe Kompetenz und Glaubwürdigkeit."[25]

Klenke war bei der Telekom beispielsweise für eine Reihe von Werbespots verantwortlich, die gesamtgesellschaftliche Entwicklungen thematisierten und einen direkten Bezug zur Markenbotschaft des Unternehmens aufbauten. „Die Verteidigung demokratischer Werte und der Einsatz für eine tolerante Gesellschaft sind heute wichtiger denn je", betont Klenke. [26] Telekom schaltete bewusst eine ganze Reihe von Spots, die gezielt auf gesellschaftliche Positionierungen ausgerichtet waren. So wurde auch ein Spot entwickelt, bei dem ein Lehrer den ganzen Tag in der Schule seine Schüler aufrichtig fragt, wie es ihnen geht. Am Ende des Spots sieht man den Mann alleine in einem Sessel erschöpft zu Hause sitzen, es ist Abend. Das Telefon klingelt. Eine Kollegin fragt den müden Lehrer zu seiner Überraschung: „Wie geht es dir?" Telekom sendet hier bewusst Botschaften, die den gesellschaftlichen Konsens und die Frage, was uns verbindet, thematisieren. Als Kommunikations- und Internetkonzern positioniert sich das Unternehmen als „verbindendes Element", im Gegensatz zu den vielen „spaltenden" Onlineangeboten. Dieses Bild wurde aus dem Markenkern der Telekom abgeleitet, die ihre Wurzeln in der Idee der Post und dem Telefon hat, beides Medien der Verbindung und nicht der Spaltung. Durch den Transfer dieser Werte in den digitalen Kontext und die Gestaltung eigener Programminhalte sucht die Telekom hier den Schulterschluss zu ihren Zielgruppen und identifiziert mit der Farbe Magenta das Erleben der Verbindung. Klenke, der zusammen mit seinem Team den neuen Unternehmensslogan „Connecting your world" entwickelt hat, sagt: „Es geht (...) um die gemeinsame positive Vernetzung und das Lösen von globalen Fragestellungen. Ich bin digitaler Optimist. Das bedeutet, ich glaube an die Chancen der Digitalisierung und die damit verbundenen Möglichkeiten für Gesellschaft, Wirtschaft und Politik." Auch das Nachrichtenportal T-Online, zwar nur noch zu Teilen in Besitz des Unternehmens, setzt proaktiv auf verbindende Kommunikation, die Transparenz und Aufklärung durch fundierten und glaubwürdigen Journalismus der eigenen Marke nutzt.

Betrachten wir die unterschiedlichen Positionen, so spielt die Frage nach einer politischen Kommunikation zweifellos eine wichtige Rolle – dabei scheint es übereinstimmender Konsens zu sein, dass sie es vermeiden sollte, die wesentlichen Kernbotschaften des Unternehmens zu verdrängen, sondern vielmehr im Einklang mit diesen stehen sollte. Sie muss sich aber nicht direkt um das eigentliche Angebot und die Dienstleistungen des Unternehmens drehen, vielmehr kann sie auch zu wichtigen Entwicklungen, welche das Handeln des Unternehmens oder seine Unternehmenswerte betreffen, Stellung beziehen. Kommunikation von Unternehmen zu gesellschaftlichen und politischen Entwicklungen ist daher legitim und in vielen Fällen dringend notwendig, auch wenn dabei vermieden werden sollte, explizit parteipolitisch Stellung zu beziehen, nicht zuletzt, um den neutralen Auftrag der Stakeholder, die *Licence to operate*, zu erhalten. Die Positionierung sollte in jedem Fall eindeutig, klar und widerspruchsfrei sein und spielt heute eine wichtige Rolle im Dialog mit den Stakeholdern. Ob sich ein CEO persönlich proaktiv politisch in den öffentlichen Diskurs einbringt, hängt immer auch von der Situation des Unternehmens ab und davon, ob politische Ansprüche an das Unternehmen gestellt werden. Unternehmen sollten erkennen, dass es in den heutigen Zeiten nicht nur darum geht, sinnstiftende Narrative und Purpose zu postulieren, sondern auch darum, klar zu ihren Leitwerten und Zielen zu stehen und immer dann bereit zu sein, diese zum Ausdruck zu bringen und zu kontextualisieren, wenn es notwendig ist.

Haltung als Generationen-konflikt – den gemeinsamen Nenner finden

Wie Unternehmen von Wokeness profitieren und warum es sich lohnt, aus neuen Regeln des Miteinanders keinen Kulturkampf entstehen zu lassen

06

Antidiskriminierungsregeln sind ein weites Feld und ein heißes Eisen, je nachdem, wen man fragt. Das englische Wort „woke", vom Duden als „in hohem Maß politisch wach und engagiert" definiert, ist vor allem in den Vereinigten Staaten mittlerweile ein kultureller Kampfbegriff geworden. Die ING stellte dazu jüngst in einem Brief an ihre Anleger fest: „Inzwischen verwenden Konservative in den USA den Begriff abfällig: Sie wollen damit verdeutlichen, dass ihnen das Engagement gegen verschiedene Arten von Diskriminierung zu weit geht."[27] Simon M. Ingold von der Neuen Zürcher Zeitung schreibt dazu, dass die Kritiker der neuen „Wokeness" die sich manifestierende neue Korrektheit „als Förderung und teilweise aktive Bevorteilung von Minderheiten im Rahmen der ‚affirmative action' ansehen, insbesondere aber in der Reglementierung des Sprachgebrauchs".[28] Andererseits geraten die, die sich kritisch gegen die neuen Regeln wenden, wiederum in Verdacht, rückwärtsgewandt und nicht fortschrittlich zu sein.

Der Kulturkampf ist im vollen Gange und trifft unter anderem Unternehmen, die mit „woken" Aktionen für sich werben und dadurch vorübergehend wirtschaftliche Nachteile erleiden. So kooperierte 2023 der Brauereikonzern Anheuser-Busch für seine Marke „Bud Light" mit der Transgender-Influencerin Dylan Mulvaney, die mit 1,7 Millionen Followern auf Instagram ein attraktiver Werbepartner für eine Kampagne zu sein schien. Es folgten, wie der SPIEGEL berichtete, „in den Krawallzonen des Internets" Proteste und Aufrufe von rechts, den Gerstensaft zu boykottieren.[29] Die Influencerin beklagte sich über Angriffe und Bedrohungen auf ihre Person und warf dem Konzern dabei fehlende Unterstützung vor: Tatsächlich leugnete CEO Michel Doukeris, dass es sich überhaupt um eine Werbekampagne gehandelt habe, und ließ verbreiten, Mulvaney habe lediglich von sich aus einen Beitrag über „Bud Light" gepostet. Kritik und der Vorwurf der Rückgratlosigkeit folgten prompt von Liberalen und Mitgliedern der LGBTIQ*-Community.

Als „Target", nach Walmart der größte Discounter in den USA, im sogenannten Pride Month 2023 wie in den Jahren zuvor Produkte mit queeren Themen verkaufte, gab es eine unerwartet starke Gegenreaktion: Unter anderem Kinder-Shirts mit Slogans wie „Trans people will always exist" brachten vor allem die Sympathisanten eines Donald Trump gegen den Konzern auf. Das Kalkül, mit „woken" Aktionen positiv auf sich aufmerksam zu machen und zu zeigen, wie ernst man ESG-Themen nimmt, war für viele Kunden nicht aufgegangen. Waren solche Aufregungen in der Vergangenheit in erster Linie in den USA der Fall, kann man diese seit Corona zunehmend auch in Europa beobachten. So geriet auch die Deutsche Bahn mit einer Kampagne in die Kritik. Dabei richtete sich der Vorwurf offenbar gegen das äußerliche Erscheinen der Testimonials. In den Anzeigen waren unter anderen der in Ghana geborene TV-Koch Nelson Müller, die RTL-Moderatorin und Tochter türkischer Eltern Nazan Eckes und der deutsch-finnische Rennfahrer Nico Rosberg zu sehen, die alle einen deutschen Pass besitzen. Die Presseabteilung der Deutschen Bahn ruderte allerdings nicht zurück, sondern unterstellte dem lautstärksten Kritiker der Aktion, dem Tübinger Politiker Boris Palmer, dass er „offenbar Probleme mit einer offenen und bunten Gesellschaft" habe. „Solch eine Haltung lehnen wir ab", schrieb die Presseabteilung.

Die Konsequenzen können für die Unternehmen gravierend sein: Durch die beschriebene Influencer-Aktion verlor die Biergruppe Anheuser-Busch an der Börse fünf Milliarden US-Dollar an Wert und sackte im Verkauf stark ab. Auch bei der Target Corporation gingen die Umsätze nach dem Pride Month stark zurück (−13,5 %), der Kurs des Discounters verlor zeitweise sogar zwölf Milliarden Dollar. Die Einschätzungen von Experten über die Zukunftsaussichten von Anheuser-Busch fielen jedoch zwiespältig aus. Daniel Korschun, Professor für Marketing am LeBow College of Business der Drexel University, bewertete die Folgen als gravierend. Die „Fehltritte von Bud Light fühlten sich sowohl für seine liberalen als auch seine konservativen Kunden wie ein Verrat an, und es wird Monate, wenn nicht Jahre dauern, dieses Vertrauen wieder aufzubauen", so Korschun. Dagegen kam der Analyst Bill Sarubbi im Forbes-Magazin wenig später zu einem ganz anderen Ergebnis:

Er bezieht sich in seiner Untersuchung auf die in den USA im Internet verbreiteten „Go woke, go broke"-Memes, ein populistisches Phänomen, dass sich auf die Schwäche der Aktien jener Unternehmen bezieht, „die im letzten Jahr Produkte oder Programme eingeführt haben", so Sarubbi, „die nicht dem Geschmack oder den Überzeugungen großer Teile der Bevölkerung entsprechen". Sarubbi lässt statt einer weiteren Einschätzung die Zahlen sprechen und zeigt eine Grafik, die den gleichgewichteten Kursindex von sieben Aktien von Unternehmen, die als „woke" gelten, abbilden: „Beachten Sie, dass der Index bei der Korrektur im Jahr 2023 um einen viel größeren Prozentsatz gefallen ist als der S&P. Der Index hat sich jedoch vom Oktobertief doppelt so schnell erholt wie der S&P."

Die Analysten der ING-DiBa stellen dazu zusammenfassend fest: „Die gute Nachricht für Anlegende: Unternehmen, die sich woke zeigen, sind nach Kursstürzen stärker als zuvor." Neben anderen kommt auch die Boston Consulting Group in ihrem Gender Diversity Index 2023 zu dem Ergebnis, dass gelebte Diversität ein Vorteil ist. „Geschlechterdiverse Unternehmen bieten eine um durchschnittlich 5 Prozentpunkte höhere Aktienrendite für Anleger", heißt es in der Studie. Noch erstaunlicher kann man ein anderes Resultat der Erhebung finden: „Geschlechtergemischte Unternehmen sind aktivere ‚Dealmaker': Sie schließen rund 40 Prozent mehr M&A-Deals ab als nicht-diverse Unternehmen." Denn auch im Management geht die allgemeine Entwicklung weiter in diese Richtung und der „Aufstieg von Frauen in Unternehmen setzt sich langsam, aber stetig fort". Ebenso zeige eine breit angelegte Befragung der Bertelsmann-Stiftung, dass immer mehr Unternehmen ESG-Kriterien zur Grundlage ihres Handelns machen würden.

Auch wenn viele Untersuchungen eine positive Wirkung bestätigen und es gerade für Berufseinsteiger immer wichtiger wird, einen Arbeitgeber zu finden, der Profil zeigt und im ESG-Bereich über gesetzliche Anforderungen hinausgeht, stellt sich für viele Unternehmen dennoch die Frage, wie offensiv sie mit dem Thema Diversität und Geschlechtergerechtigkeit umgehen sollen. Ein Umbruch ist hier kaum zu vermeiden. Es sind gerade die jungen Absolventen, die im Umgang mit Diversität und Geschlechtergerechtigkeit andere Regeln kennen, diese als selbstverständlich empfinden und daher auch einfordern. Die Einsteiger sind häufig irritiert, in eine Arbeitswelt einzutreten, in der die Uhren noch anders laufen. Die Journalistin Delna Antia-Tatić schreibt in der Tageszeitung Standard von einem neuen Miteinander und stellt die Frage, ob die neuen gesellschaftlichen Konventionen einen „Generationenclash" darstellen.[30]

„Insbesondere die heranstrebende Generation Z ist sensibel für die Diversität von Geschlechtsidentitäten", so Antia-Tatić, „und einen respektvollen Umgang damit – es geht um Inklusion." Auch für Professor Christian Mieves von der University of Newcastle, der dort Fine Arts lehrt, ist es heute selbstverständlich, dass Studierende bei Rundgängen, in denen sie ihre Arbeits- und Forschungsergebnisse der Öffentlichkeit präsentieren, eine schriftliche Notiz an die Ausstellungstafeln hängen, mit welchem Pronomen sie angesprochen werden wollen – eine Praxis, von der viele Unternehmen heute noch weit entfernt sind, die aber zeigt, welcher Umbruch sich hier andeutet. „Es ist für

die Lehrenden und Studierenden oft verstörend, wenn Besucher diese Praxis offen infrage stellen. Hier im universitären Kontext der Hochschule ist es zur Norm geworden. Wir erleben hier einen Werte- und Verhaltenswandel, der sich in einer gewissen Verständnislosigkeit der älteren gegenüber der jüngeren Generation widerspiegelt."
Erklärt hier eine Generation die andere für ignorant? „Tatsächlich ist oft das Problem, dass viele Jüngere zu viel erwarten – von Leuten, die sich noch nie mit diesen Themen befasst haben", sagt Yara Hofbauer ebenfalls im Standard. Als Rechtsanwältin in Wien berät sie Arbeitgeber zum Thema Diskriminierungsschutz und nimmt in ihren Workshops auf beiden Seiten verfestigte Sichtweisen wahr. Zwar sind wichtige Regeln gegen Benachteiligungen wegen der ethnischen Herkunft, des Geschlechts, der Religion oder Weltanschauung, einer Behinderung, des Alters oder der sexuellen Identität im Rahmen des Allgemeinen Gleichbehandlungsgesetzes vorgeschrieben. Aber viele Umgangsformen und Handlungen, die heute Signale von Wertschätzung, Diversität und Gleichbehandlung sind und an den Universitäten mehr und mehr normal werden, wie zum Beispiel das Gendern, die Benennung von Ethnien oder der Umgang mit Geschlechtspronomen sind keine gesetzliche Pflicht. Es handelt sich dabei um freiwillige Entscheidungen der Unternehmen, die damit Zeichen setzen können. Andererseits gibt es heute eine ganze Reihe von gesellschaftlichen oder stakeholderseitig adressierten Forderungen, Anregungen und Erwartungen, die zum Teil weit in das wirtschaftliche, gesellschaftliche und kulturelle Handeln von Unternehmen eingreifen und sie vor die Frage stellen, welche dieser Gebote Teil ihrer Compliance, Mitarbeiterschulung und Außendarstellung werden sollen.

„Die Angst von vielen Menschen, als Rassist, Sexist oder als transfeindlich dazustehen, halte ich für real", meint Hofbauer. „Weiße Menschen denken beispielsweise häufig, dass sie eine Person nicht als ‚schwarz' beschreiben dürfen, und sagen aus einer gutgemeinten Intention heraus ‚dunkelhäutig' oder ‚farbig' – Begriffe, die für viele People of Colour allerdings kränkend sind." Wer einmal so eine Erfahrung gemacht hat, fragt also häufig vorsichtshalber lieber gar nichts mehr, um nicht einer diskriminierenden Gesinnung verdächtigt werden zu können – dabei könnte man diese Wissenslücken leicht schließen.

Doch viele Kritiker halten die neuen Regeln trotz diverser Studien zu ihren positiven Auswirkungen auf die wirtschaftliche Leistung von Unternehmen für eine übertriebene Wachsamkeit, welche ein überkorrektes Lagerdenken befeuere und Sprache gegen die Regeln des Dudens verstümmle, gar gegen universale Werte verstoße, während, so die Journalistin Antia-Tatić, „Befürworter darin vielmehr eine neue Achtsamkeit sehen, die nicht weniger als eine gerechtere und bessere Arbeitswelt für alle will".

Wie schwer es teilweise ist, in dieser Diskussion aufeinander zuzugehen und zu einer gemeinsamen Haltung zu gelangen, zeigt ein vielbeachteter Beitrag der US-amerikanischen Publizistin Susan Neiman. Sie schafft es, einerseits zwischen den kritischen und liberaleren Positionen zum Thema „wokeness" zu vermitteln und andererseits den strikten Befürwortern neuer gesellschaftlicher Spielregeln nicht weniger als den Verrat freiheitlicher Werte durch übertriebene „Cancel Culture" zu unterstellen. Die ehemalige Beraterin der Obama-Administration und liberale Demokratin hat sich des Aspekts der Gleichbehandlung angenommen und wirft den „woken" Aktivisten in ihrem durchaus streitbaren Buch „Links ist nicht woke"[31] Partikularismus vor, also Werte nur für kleine Gruppen zu reklamieren.

Dieses von ihr sogenannte „Stammesdenken" sei mit rechten Positionen verwandt und reaktionär. Der alte Universalismus der philosophischen Aufklärung gelte den Woken lediglich als Deckmantel eurozentrischer Interessen. So sehr Neiman für ihre Streitschrift kritisiert wird, so sehr beinhaltet diese eine interessante Frage für die Unternehmenskommunikation: Wenn „woke" zu sein eigentlich die erhöhte Achtsamkeit gegenüber der Diskriminierung benachteiligter Gruppen meint, so stellt die Moralphilosophin Neiman, die in Yale und Tel Aviv lehrte und heute das Albert-Einstein-Institut in Potsdam leitet, klar, dass die auf die Minderheiten angewendeten antidiskriminierenden Rechte die gleichen Rechte der anscheinend nicht benachteiligten Gruppen darstellen müssten – und dass „Wokeness" heute nicht avantgardistisch, sondern konservativ und reaktionär sei. Der interessante Aspekt ist, dass Antidiskriminierung eben nicht nur auf eine Gruppe, sondern auf alle Gruppen zutreffen muss und niemanden ausschließen sollte. Würden alte weiße Männer ebenso auf die gleichen Minderheitenrechte pochen wie die von diesen vermeintlich benachteiligten Minderheiten, würde es für beide nicht aufgehen, so Neiman.

Neiman interessiert sich für die Gedanken, die hinter der woken Bewegung stehen, und stellt diese infrage. Wenn benachteiligte Gruppen ihre Interessen über die Interessen der Mehrheitsgruppe stellen, führt dies nicht zu einer

Einigung, da Werte, so Neiman, nicht teilbar sind. Man stelle sich vor, dass nach dem Apartheidsystem in Südafrika ein Staat gekommen wäre, der die Interessen der weißen Bevölkerung unter die der schwarzen Mehrheit – aufgrund der Hautfarbe – gestellt hätte: Für manche wäre dies eine Herstellung von Gerechtigkeit gewesen. Doch es bleibt das Verdienst von Nelson Mandela, dass er genau solchen Bestrebungen widerstanden hat. Denn so wäre es nicht zu Frieden und Einigung und eben nicht zur Anwendung universeller Rechte gekommen. Das Ziel sollte die Anerkennung und Gleichstellung von Partikularinteressen zur Herstellung von Gerechtigkeit auf der Basis gleicher Rechte für alle sein – statt einer erneuten Anwendung von Besserstellung zugunsten einer nur scheinbar ausbalancierenden Gerechtigkeit.

Dabei stellt sich die Frage: Wie kann es sein, dass die Wokeness-Bewegung, die Aufmerksamkeit gegenüber Benachteiligungen aufgrund von Herkunft, sexueller Orientierung oder religiöser Überzeugung fordert, so sehr polarisiert? Wie kann es sein, dass die Absicht, marginalisierte Gruppen zu unterstützen, nicht eine selbstverständliche Haltung für Unternehmen ist? Was kann daran falsch sein, der Verbrechen der Vergangenheit (z. B. Kolonialismus) zu gedenken – und zu versuchen, diese wiedergutzumachen? Was daran nach Neiman „inkohärent" ist, ist das Gefühl, durch eine Reihe identitätspolitischer Theorien unterminiert zu werden, die das Hineingeborensein in beispielsweise Ethnie, Geschlecht und Gruppe über den höchsten Wert der Aufklärung, den Universalismus, stelle. „Nur weil ich Jüdin bin, muss das nicht heißen, dass ich der faschistischen Politik eines Benjamin Netanjahu näherstehen muss als eine Nicht-Jüdin."[32] Sie nennt als Beispiel auch die niederländische Übersetzung des Gedichts von Amanda Gorman, welches durch die Vereidigung Joe Bidens zum US-Präsidenten 2021 weltweit Bekanntheit erlangte. Gorman habe selbst eine weiße niederländische Schriftstellerin zur Übersetzung ihres Gedichts ausgesucht, weil sie deren Lyrik mochte – in Neimans Augen das einzig sinnvolle Kriterium. „Nur weil eine niederländische Fashion-Bloggerin daraufhin die These vertreten hat, dass dieses Gedicht nicht von einer weißen, sondern von einer schwarzen Frau übersetzt werden müsse, führte das dazu, dass in allen anderen Ländern ebenfalls plötzlich nur noch schwarze Frauen dieses Gedicht haben übersetzen dürfen."

Neiman hält diese Denkart, die „Stammeszugehörigkeit" über die Identität und kulturelle Qualifikation eines Menschen stellt, für einen Widerspruch zu unserem ganzen Kulturbegriff und einen Gegensatz zum Universalismus der

Aufklärung. Die Philosophin findet auch die Debatte über „kulturelle Aneignung" grundfalsch, da sie einen großen Wert darin sieht, durch die Partizipation an anderen Kulturen etwas über sich selbst zu lernen. „Ich empfinde diese Einstellung als reaktionär", sagt Neiman. „Die Nazis waren auch der Meinung, dass Juden keine ‚arische Musik' spielen dürften." Susan Neiman ist mit ihren Thesen nicht unumstritten. Zwar schafft sie es, den Diskurs über die Frage anzustoßen, was sinnvolle Regeln gegen Diskriminierung sind und was hingegen „linker Partikularismus" ist, zieht aber zugleich auch Kritik für ihre Argumentation auf sich, die universellen – also für alle Menschen gültigen – Rechte der Aufklärung zum Maßstab heutigen Handelns zu machen. Aber wie könnten die Werte, die Grundlage der Charta der Menschenrechte sind und auf denen auch unser Grundgesetz fußt, falsch sein?

Diese seien, so die Kritiker, von den Aufklärern in der Vergangenheit missbraucht worden, um seinerzeit imperialistische und koloniale Ziele durchzusetzen, und könnten daher heute kein Maßstab mehr sein. Aber ist diese Kritik berechtigt? Hat sich der Universalismus seiner selbst entledigt, indem er einer rassistischen Grundhaltung seiner Gründerväter überführt werden konnte?

Die Kritik an Neimans Bezug zur Aufklärung sollte in der Debatte in jedem Fall berücksichtigt werden. Einer der Kritiker, der Philosoph Omri Boehm, stellt aber auch klar, dass der Universalismus, auf dem die Menschenrechte fußen, dennoch unverzichtbar sei, und verweist auf den Spätaufklärer Immanuel Kant, der den Menschen in seiner Gleichheit und seinem Recht auf Würde nicht wie seine philosophischen Vorgänger auf ein Naturwesen reduzierte, sondern ihm stattdessen aufgrund seiner Freiheit eine letztlich metaphysisch begründete Würde zuerkannte, welche als Wurzel des heutigen Universalismus gelten kann.[33] Dass sich aber auch bei Kant zeittypische rassistische Äußerungen finden lassen, ändert für Boehm nichts an dessen zentralem philosophischen Verdienst. Dazu schreibt Harry Nutt in der Frankfurter Rundschau: „Dass der Karneval der Infragestellungen irgendwann auch über Immanuel Kant und die Aufklärung hinwegziehen würde, kam kaum überraschend. Gegen die Angriffslust einer auf Empfindsamkeit und partikulare Interessen ausgerichteten Weltsicht haben Hermeneutik, Philologie und das Wissen über geschichtliche Entwicklung einen schweren Stand."[34]

Hat Neiman daher recht, wenn sie auf der Beachtung universaler Rechte besteht und Gleichberechtigung fordert, indem die Rechte von Minderheiten nicht über die von Mehrheiten gestellt werden dürfen? Oder ist die gesamte Diskussion bloß das Ergebnis einer aus den Empörungsmechanismen des Internets erwachsenen Verzerrung, die plakative Einzelereignisse in einer ansonsten sinnvollen Debatte überhöht und so von der viel wichtigeren Frage ablenkt, wie wir als Gesellschaft unsere Freiheit verteidigen und erhalten können? Unsere Freiheit, die vor dem Hintergrund der politischen und geopolitischen Entwicklungen der letzten zehn Jahre durch Kräfte aus dem Inneren und aus dem Äußeren zunehmend in Bedrängnis gerät.

Der Politikwissenschaftler Herfried Münkler spannt den Bogen weiter und ordnet das gesamte Thema der Konzentration auf eine „Good Governance", wozu man auch das Ringen um „Wokeness" zählen kann, in eine übergeordnete strategische und politische Dimension ein: Vor dem Hintergrund der globalen geopolitischen Entwicklung macht er das Verhalten einer „Postpolitik" aus, einer Politik und zugleich gesellschaftlichen Diskussion, die sich immer mehr mit den Regeln eines korrekten und allen Seiten gerecht werdenden Umgangs beschäftigt, sich aber dadurch zunehmend selbst verwaltet – und so die größeren und entscheidenderen Angelegenheiten aus dem Auge verloren hat: „Man hat in den letzten Jahrzehnten geglaubt, man müsse sich nicht mehr so sehr um Fragen der Weltordnung, die Paradoxien politischen und gesellschaftlichen Handelns, oder um die Dilemmata des Strategischen weiter kümmern, sondern eigentlich ist heute nur noch ‚Good Governance' die Herausforderung. Man hat sich gewissermaßen mit der Lupe auf ein spezielles Problem konzentriert, dabei aber die Gesamtzusammenhänge aus den Augen verloren."[35] Damit meint Münkler, wie wir als Gesellschaft unsere elementare Freiheit bewahren und – noch vor Kurzem undenkbar – Kriege, die diese konkret gefährden, vermeiden können.

Auch Thomas Gauly kommt zu einer ähnlichen Bewertung: „In gewisser Weise spiegelt sich in der Diskussion um Themen wie das Gendern oder die korrekte Verwendung von Geschlechtspronomen eine Art Kulturkampf, der von vielen Seiten instrumentalisiert wird, und so die eigentlich notwendige Fokussierung auf eine wichtigere und grundsätzliche Frage verstellt: Die Frage nämlich, wie wir es schaffen, in einer immer vielfältiger werdenden Lebens- und Arbeitswelt Vielfalt und Verschiedenheit als Bereicherung zu definieren? Und: Wie es uns gelingen kann, Respekt gegenüber dem jeweils anderen zur Grundbedingung des öffentlichen Diskurses zu machen."

So relevant die angesprochenen Themen sind, sie dürfen unsere Gesellschaft nicht spalten und instrumentalisiert werden, um uns vergessen zu lassen, worum es *eigentlich* geht. Sicher: Wenn an einer Universität ein Gedicht von einer Hauswand entfernt wird, ein zeithistorischer Roman wegen Verwendung des N-Worts nicht mehr Schulstoff sein kann und das modische Tragen von Rastalocken zu einem Konzertabbruch führt, und dies jeweils im Namen einer höheren Gerechtigkeit, betrifft dies die gesamte Gesellschaft und macht eine Diskussion um die Legitimation politischer Interventionen gegen die arglose Fortführung des Gewohnten notwendig. Aber diese Themen sollten mit Angemessenheit behandelt und nicht Teil einer von interessierten Seiten hochgepushten und gesteuerten Empörungskultur werden, die uns letztlich alle schwächt und davon abhält, zu erkennen, dass gerade die Diskussion um unsere Werte Ausdruck unserer freiheitlichen Gesellschaft ist. So gilt es, die relevanten Fragestellungen zu identifizieren, die unsere Freiheit, Souveränität und Resilienz bewahren. Das bedeutet heute: den Krieg zu denken, um den Krieg zu vermeiden, Resilienz zu stärken, um Souveränität zu bewahren, und Innovationen zu entwickeln, um die Freiheit zu bewahren.

So ändert die Kritik an dem sogenannten woken Verhalten von Unternehmen aber nichts an der Tatsache, dass Unternehmen hier eine Haltung finden müssen. Es ist keine Lösung, in eine vorgeblich „gute alte Zeit" zurückzufallen, in der sich eigentlich alle ESG-Kriterien von heute, so erscheint es zumindest manchem Kritiker, ohne Regeln irgendwie geregelt haben. Nein, im Gegenteil: Unternehmen müssen sich mit der Debatte auseinandersetzen und mit Maß und Mitte zu Regeln des Miteinanders und Aufeinanderzugehens finden, die einen Gewinn darstellen und keinen kulturellen Untergang bedeuten. Universale Werte sind hier der Maßstab, an dem Orientierung genommen werden kann. Das bedeutet zum Beispiel, eine Frauenquote nicht auf Biegen und Brechen durchzusetzen, aber dennoch wirksame Maßnahmen zu ergreifen, um existierende Benachteiligung abzustellen. Gerechtigkeit, Offenheit und Diversität sind auch Ausdruck der freiheitlichen Selbstbestimmtheit von Unternehmen und stärken diese – wenn sie mit Verstand eingesetzt werden –, statt sie zu schwächen.

Haltung und Nachhaltigkeit – gesellschaftlicher Fortschritt als Teil der Wertschöpfung

Wie Unternehmen davon profitieren, mit ihren Lösungen dazu beizutragen, die Lebensbedingungen zu verbessern, und Nachhaltigkeit zum Motor der Wertschöpfung machen

07

Paul Polman stellt nach seinem Abschied als CEO von Unilever die Frage, wie Unternehmen davon profitieren können, globale Probleme zu lösen, anstatt eben diese zu erzeugen. Er fordert ein radikales Umdenken und Umsteuern der Wirtschaft. In seinem Buch „Net Positive"[36] erklärt er zusammen mit Andrew Winston, wie couragierte Unternehmen erfolgreicher sind, wenn sie „der Gesellschaft mehr geben als nehmen". Polman formuliert mit seinem nachhaltigen und purposeorientierten Managementkonzept ein Gegenmodell zur bisherigen Shareholder-Value-Orientierung, das sich vom Risiko- hin zum Chancenmanagement bewegt und das Gemeinwohl über den Shareholder-Value stellt. Auf die Frage, ob dies nicht eine zu idealistische Haltung für Unternehmen sei, antwortet er mit einem Zitat von Leo Burnett: „If you reach for the stars, you don't end up with mud in your hands." Für Polman ist der Begriff „Purpose" kein Buzzword, sondern ein wichtiger Punkt in der Corporate Identity von Unternehmen, welcher aus einer echten und für das Unternehmen wahrhaftigen Überzeugung entspringen müsse. Polman: „There are two important moments in life: the moment you were born, and the moment you found out why you were born."

Das ist definitiv idealistisch – und man darf nicht außer Acht lassen, dass Polman sein Buch nach seiner Zeit als aktiver CEO eines der größten Konsumgüterunternehmen der Welt geschrieben hat. Aber er trifft damit einen Nerv, den auch Experten wie der renommierte Wirtschaftswissenschaftler Horst Wildemann postulieren: „Die Frage, wie Unternehmen wirtschaftlich davon profitieren können, nachhaltige Lösungen zu entwickeln und dies zu einem tragenden Teil ihres Geschäftsmodells zu machen, ist zweifelsohne *das* Thema unserer Zeit geworden."

Es ist interessant, dass der Publizist und Kommunikationsexperte Rieger bereits vor 35 Jahren viele Dinge erkannte, die heute auch Menschen wie Paul Polman antreiben, und damit zugleich das zu lösende Dilemma unserer heutigen Zeit beschrieb: „Mehr denn je ist eine neue, eine humane Rationalität gefragt, die verantwortlich, konstruktiv und sensibel gegenüber dem Leben der verletzlichen Natur ist, die wir nicht mehr länger als Sache und verwertbare Ressource ansehen können, sondern als Teil der großen Einheit der Schöpfung, der wir angehören."

So spricht Rieger auch das tiefe Bedürfnis unserer heutigen Zeit an, das gerade den jüngeren Generationen ein wichtiges Anliegen ist, weil es eng mit ihrer eigenen Lebensperspektive und Zukunft verbunden ist, und das älteren

Generationen, denen Sicherheit durch materiellen Wohlstand häufig noch mehr bedeutet, oftmals abhandengekommen ist: die Betrachtung der Natur als „Teil der großen Einheit der Schöpfung, der wir selber angehören" – und die Forderung, diese nicht mehr länger als verwertbare Sache anzusehen. Eine Forderung, die vor dem Hintergrund der Situation unserer Erde und des Klimawandels nicht als Idealismus abgetan werden kann, sondern ernsthafter Ausdruck einer Generation ist, die sich der Lösungssuche verschreiben muss, um weiter auf diesem Planeten überleben zu können.

Schauen wir zurück in die Zeit, in der Riegers Texte zur Identität von Unternehmen entstanden, so ergeben sich zur heutigen Zeit Parallelen, die sich durch ihre geschichtlichen Brüche und Veränderungen auszeichnen. Damals, Ende der 1980er-Jahre, endete der Kalte Krieg und die Zerstörung der Umwelt war durch das Unglück von Tschernobyl, die Sandoz-Katastrophe, den sauren Regen, das Ozonloch über der Antarktis sowie die Abholzung der Regenwälder für Rinderweiden ein großes Thema. Als Folge davon kam es zur Gründung der Grünen Partei, zur Einführung des Katalysators und zur konsequenten Reinigung aller Abwässer, die bis dahin noch nicht flächendeckend geklärt wurden.

Genauso wie heute setzten zuerst die nachkommenden Generationen Umweltschutz auf ihre Agenda, dann die Öffentlichkeit und erst danach, nachdem sich eine neue Partei zu gründen begann, die Politik, die Schritt für Schritt dafür sorgte, dass Umweltschutz in Verordnungen und Vorgaben einzog und man Lösungen für Abfallprobleme, Recyclingquoten etc. suchte und fand. Inzwischen ist die Welt ein gutes Stück weiter und hat nicht nur eine ganze Reihe von Instrumenten und Regularien zum Umwelt- und Naturschutz erfunden, sondern stattdessen ein viel größeres Problem. Denn es hat nicht gereicht, an den vielen kleinen und mittelgroßen Stellschrauben gedreht zu haben. Unser System ist aufgrund der schleichenden Unsichtbarkeit des größten Problems, des menschengemachten Klimawandels, der auch damals schon der Wissenschaft bekannt war, bis jetzt nicht in der Lage, CO_2-Emissionen in einem Maße zu reduzieren, dass die Erwärmung unseres Planeten aufgehalten werden kann. Dieses nicht gelöste Problem musste zu einem Umdenken in allen Teilen der Gesellschaft führen, zu gesetzlichen Vorgaben und Zielen und einem weltweiten Ringen, wie das Leben und Überleben zukünftiger Generationen gesichert werden kann. Ziel, so der Stand des heutigen Diskurses, ist es, zu einem Wirtschaften zu finden, das treibender Teil eines Strukturwandels wird: einerseits durch technologische Innovationen kohlenstofffreie

Lösungen in den Bereichen zu liefern, in denen sich CO_2-Emissionen einsparen und substituieren lassen, und andererseits unvermeidliche Emissionen wie in der Baustoff- und Stahlindustrie abzuscheiden und zu speichern. Dabei ist die verbleibende Zeit denkbar knapp und das Wettrennen um eine wirksame Reduktion, bevor die Erwärmung unumkehrbar ist, nach heutigen Maßstäben kaum mehr zu gewinnen.

Es wundert also nicht, dass sich Fragen zur Haltung von Unternehmen heute nicht mehr ohne die Aspekte von *Environmental*, *Social* und *Governance*, kurz ESG, betrachten lassen, da viele Werte und Positionierungen aus den Forderungen eines öffentlichen Diskurses resultieren. Polman ist Teil dieses Diskurses und sieht die Verantwortung sowohl bei der Politik als auch zu einem größeren Teil bei den Unternehmen – und erwartet von diesen, Lösungen zu liefern. Dabei beziehen sich die Erwartungen heute auch auf angrenzende Bereiche des Umweltschutzes und Klimawandels wie die Einhaltung von Standards zu sozialer Gerechtigkeit und Diversität.

Stellt man sich die Frage, ob diese Erwartungen von außen auf die Unternehmen treffen oder von den Unternehmen selbst als Ziele formuliert werden, muss man mit einem ganz klaren „sowohl als auch" antworten. Angesichts der wachsenden Bedeutung von Nachhaltigkeit und Umweltverantwortung haben sich auch die regulatorischen Anforderungen an die Nachhaltigkeitsberichterstattung großer Unternehmen geändert. „In Zukunft stehen Nachhaltigkeitsinformationen und Finanzinformationen gleichberechtigt nebeneinander und Kunden, Investoren und die Öffentlichkeit werden mehr und mehr darauf vertrauen, dass die veröffentlichten Informationen tatsächlich den erforderlichen Standards entsprechen, nicht zuletzt, um Greenwashing zu vermeiden und die Transparenz und Integrität der Berichterstattung zu fördern", schreibt Dietmar Prümm von PwC Deutschland.[37]

Auch wenn vereinzelt Kritiker befürchten, dass sich die Unternehmen zu sehr von ihren Kernaufgaben entfernen, und ihnen vorwerfen, sich unnötige moralische Verpflichtungen aufzuerlegen, so kann diese Kritik als unberechtigt betrachtet werden. Wer heute ernsthaft meint, dass Nachhaltigkeitsstrategien nicht Aufgabe der Unternehmen seien, also eine Zweckentfremdung von Kapital aus Unternehmen darstellen, der hat nicht verstanden, dass sich große Teile der Wirtschaft aus naheliegenden Gründen die Aufgaben der ESG-Kriterien heute zu eigen und zum Teil ihrer eigenen Werte, Strategie und Sinngebung gemacht haben. Organisationen kommen kaum darum herum, die

Nachhaltigkeit ihrer Strategie zu erklären. Im Gegenteil, sie müssen es sogar, nicht nur, um ihre gesellschaftliche, wirtschaftliche und politische „Licence to operate" abzusichern, sondern auch ihre „Licence to grow", um darzustellen, wie sie in diesem gewandelten Umfeld auch in Zukunft erfolgreich wirtschaften und wachsen wollen.

Zwar hat die Europäische Union eine gesetzlich verbindliche Roadmap zur Klimaneutralität bis 2030 (50 %) und abschließend 2050 (100 %) festgelegt und auch mit der CSRD-Berichterstattung Unternehmen Schritt für Schritt verpflichtet, ihre Nachhaltigkeitszahlen offenzulegen. Aber letztlich ist es gerade der Druck der Stakeholder, der Öffentlichkeit und der Investoren, der Unternehmen heute kaum eine Wahl lässt, die Karten auf den Tisch zu legen. Bedeutet dies aber, dass Unternehmen heute eigentlich gar keine Möglichkeit haben, sich mit der Nachhaltigkeit ihres Handelns individuell zu positionieren, weil ja alle gleichermaßen dazu verpflichtet sind?

Rieger schrieb dazu: „Nur Werte, die verletzbar sind, sind wertvoll", und legte damit das Framework für die Haltung von Unternehmen fest. Denn wer sich verhalten *muss*, fügt sich lediglich, anstatt Charakter zu zeigen. Können sich also Unternehmen heute womöglich überhaupt nicht mehr über ihre Nachhaltigkeitsziele und Schritte in ihrer Kommunikation unterscheidbar darstellen? Haben es die Stakeholder in diesem Bereich mit einer Art Augenwischerei zu tun, ähnlich wie die Kunden von Bäckereien, die oft damit werben, dass keine Konservierungsstoffe im Brot seien – obwohl dies einer gesetzlichen Vorgabe entspricht? Wie können hier Unternehmen trotzdem Haltung und Differenzierung zeigen?

Dr. Michael Berkei, Leiter Corporate EH&S bei der ALTANA AG, sieht hier ein erhebliches Potenzial: „Man darf nicht außer Acht lassen, dass trotz der vielen regulatorischen und gesetzlichen Vorgaben der Handlungsspielraum für Unternehmen in diesem Bereich der eigentliche Gamechanger ist. Denn: Wie Unternehmen in diesem Bereich ihre Hausaufgaben machen, liegt bei ihnen. Zwar gilt die Vorgabe, bis 2050 klimaneutral zu sein, aber der Weg dahin ist lang und sehr individuell gestaltbar und bietet die große Chance vom Getriebenen zum Treiber zu werden." Es gilt: Wer die Pflicht zur Kür macht und die ESG-Ziele proaktiv in sein Geschäftsmodell integriert, sie mit diesem verbindet und so neue Märkte erschließt, kann sich nicht nur bei seinen Kunden, sondern auch bei seinen Stakeholdern profilieren und gemeinsame Werte entwickeln.

Berkei, der auch in den Bereichen der sozialen Rahmenbedingungen und der

Gesundheit an den Vorstand berichtet, weiß, wie wirksam es ist, in diesem Bereich Haltung zu zeigen. Gerade in Bezug auf die nächste Generation der Mitarbeiter, die New Talents, auf die das weltweit führende Spezialchemieunternehmen angewiesen ist, spielt das Thema heute eine immer größere Rolle: „Ich war gerade erst auf einer Fachtagung des JungesChemieForums (JCF) der Gesellschaft Deutscher Chemiker e. V. (GDCh) und habe im Gespräch mit vielen Universitätsabsolventen festgestellt, dass es zunehmend um die gelebten Werte eines Unternehmens geht, die über die gesetzlichen Vorgaben hinausgehen, denn an diesen messen Führungskräfte von morgen nicht nur den Charakter und die Haltung ihres möglichen zukünftigen Arbeitgebers, sondern auch die Innovationsfähigkeit."

Auch Wildemann spricht davon, dass die Stakeholder-Orientierung für Unternehmen heute unabdingbar geworden ist und eine Möglichkeit zur Profilierung schaffe, selbst wenn gesetzliche Vorgaben die Rahmenbedingungen zum Wandel obligatorisch festgelegt haben. „Erfolgreiches Wirtschaften ist heute ohne eine klare Dimension von Nachhaltigkeit kaum mehr möglich, denn Nachhaltigkeit ist zum entscheidenden wirtschaftlichen Hebel geworden", sagt Wildemann. So treiben die Stakeholder heute die Unternehmen regulatorisch und moralisch, fordern aber ebenso Ganzheitlichkeit, die den Aspekt der Nachhaltigkeit strategisch in Geschäftsmodelle integriert und zum innovativen Dreh- und Angelpunkt der Wertschöpfung macht. Und sie tun dies auch im Sinne der Shareholder, die laut NZZ immer mehr begreifen: „Profit ist nicht der primäre Antrieb für ein Unternehmen, sondern die Folge von gutem Geschäftsgebaren."[38]

Wildemann, der jährlich das renommierte Münchner Management Kolloquium (MMK), den größten deutschen Wirtschaftskongress, initiiert, sieht diese Aussage skeptisch: „Hier darf man Ursache und Wirkung nicht auf den Kopf stellen. Gutes und nachhaltiges Geschäftsgebaren ist wichtig und gut. Es kommt aber darauf an, was Unternehmen daraus machen, wie sehr sie sich in ihre Kunden hineinversetzen können, wie klug und innovativ sie Lösungen zur Nachhaltigkeit als ‚Enabler' in ihre Geschäftsmodelle zu integrieren verstehen. Am Ende des Tages geht es um Wettbewerb und ein Geschäft, weniger um Idealismus. Es geht darum, dass Unternehmen Gewinne machen."

So beobachtet Wildemann, dass Unternehmen heute ihre Geschäftsmodelle überdenken und immer mehr zu verstehen beginnen, ihre Kompetenz in den Dienst nachhaltigen Handelns, ihrer Kunden und derer Märkte zu stellen. Das geschehe aber eben weniger aus Idealismus, so Wildemann – und grenzt sich damit vom Sendungsbewusstsein eines Paul Polman ab –, als vielmehr aus der Überlegung, wie man weiterhin erfolgreich sein könne. Denn echter Wandel funktioniere über einen Markt, der den belohnt, der gefragte Lösungen liefern kann. Ein gutes Beispiel sei das Unternehmen Beiersdorf mit seiner Sparte „Tesa", erläutert Wildemann: Tesa fertigt neben dem Klebefilm für Consumer auch im großen Stil B2B-Klebstoffe, mit denen unter anderem Handys hergestellt werden. Man hat sich nun darauf konzentriert, nicht nur die wirksamsten Klebstoffe zu liefern, sondern auch diejenigen, die sich im Hinblick auf das Recycling eines Geräts am Ende auch am besten wieder lösen lassen. Damit versetzt Tesa die Hersteller der Mobiltelefone in die Lage, nachhaltiger zu handeln, weil sie besser zu recycelnde Geräte auf den Markt bringen können, und schafft damit zugleich ein Alleinstellungsmerkmal seiner Klebstoffe. „Der Clou", so Wildemann, „ist, dass hier die über Jahrzehnte erworbene und entwickelte Kompetenz, Dinge durch Klebstoff miteinander zu verbinden, genutzt wird, um die für das Recycling notwendige gegenteilige Eigenschaft zu erzielen, Dinge eben auch wieder auseinandernehmen zu können – und man so einen klaren Marktvorteil schafft."

Die Schweizer NZZ bemerkt: „Heute haben einige Unternehmen eine Klausel zu ihrem statutarischen Zweck hinzugefügt, der festschreibt, dass sie nach Schaffung von langfristigem, nachhaltigem Wert streben. Die Notwendigkeit einer solchen Präzisierung wird – abgesehen von Marketingaspekten – nicht von Aktionären diktiert, sondern von den Geschäftspartnern, den Kunden und auch von der Herausforderung, junge, qualifizierte und motivierte Mitarbeiter zu finden."[39]

Also Einigkeit überall? Das kann man nicht sagen. Denn vor allem in den USA gibt es auch die als „ESG Backlash" bezeichnete Gegenposition. Gruppen von Konservativen haben mittlerweile einen so großen Einfluss auf die Politik der größten Wirtschaftsmacht der Welt bekommen, dass in Europa jedes Infragestellen der Nachhaltigkeitsagenda mit seismografischer Aufmerksamkeit beobachtet wird, und so wächst mittlerweile der Druck auch innerhalb der Europäischen Union.

Schon im November 2022 haben in den USA republikanische Senatoren gedroht, „die institutionalisierten Kartellrechtsverletzungen zu untersuchen, die im Namen von ESG begangen werden"[40]. Dabei sprachen die konservativen Politiker von „geheimen Bemühungen zur Einschränkung der Versorgung mit Kohle, Öl und Gas, die die Energiekosten weltweit in die Höhe treiben und Amerikas Gegner im Ausland stärken", und gaben damit Zeugnis eines politisch zutiefst gespaltenen Systems ab, in welchem auch faktische Aspekte wie der Klimawandel schlicht geleugnet werden und Empörungsnarrative eingesetzt werden, um den politischen Gegner zu delegitimieren.

ESG: „Die drei Buchstaben mögen künftig an Prominenz in Börsenprospekten und Werbekampagnen einbüßen, doch das wird nichts an der Relevanz der Faktoren ändern, für die sie stehen", stellt Heike Buchter, Wirtschaftsredakteurin der ZEIT, in Bezug auf die USA fest und verweist in diesem Zusammenhang auf Heidi Welsh, Leiterin des Sustainable Investments Institute in Washington: „Für Unternehmen und institutionelle Investoren sind Risiken und Chancen entscheidend – und der Klimawandel stellt beides dar."[41] Es sei egal, ob Unternehmenschefs an die Erderwärmung durch Treibhausgase glaubten, denn: „Wenn meine Fabrik immer öfter geflutet wird, dann muss ich das einkalkulieren, genauso wie ich neue Geschäftsfelder bedienen will, die sich durch die Energiewende ergeben."

Buchter beobachtet, dass auch aktuelle Umfragen wie beispielsweise die von Cerulli Associates, einer amerikanischen Marktforschungsfirma, Welsh recht gäben.[42] Die Befragung von US-Vermögensverwaltern habe ergeben, dass keiner von ihnen plane, mit der Einbeziehung von ESG-Überlegungen in Anlageentscheidungen aufzuhören oder das Angebot nachhaltiger Anlageprodukte einzuschränken. 30 % sagten allerdings, so Buchter weiter, „dass sie in ihren Marketing- und Anlagedokumenten in Zukunft vorsichtiger mit den ESG-bezogenen Aussagen sein werden", sicher auch, um Greenwashing-Vorwürfen fundiert begegnen zu können. In Europa ist der Zuspruch zu den ESG-Grundsätzen ebenfalls nach wie vor da. Kritisch steht hier vor allem die Atomenergie im Mittelpunkt der Auseinandersetzung. Gegen die Entscheidung der EU-Kommission, wonach Investitionen in Gas und Atom ab 2023 als nachhaltig gelten, kämpft unter anderen Greenpeace Deutschland.

Christof Ehrhart von Bosch bemerkt, dass gerade das Thema Nachhaltigkeit einen wichtigen Ansatz für den Dialog mit allen Stakeholder-Gruppen bietet: „Während Kommunikatoren sich der Aufgabe widmen, mit dem Ziel des Reputationsaufbaus gezielt Wahrnehmung zu beeinflussen, streben Nachhaltigkeitsmanager den Interessenausgleich mit den Anspruchsgruppen auf dem Weg der Interaktion an."[43] Ehrhart sieht hier eine Chance zur Neuausrichtung des Reputationsmanagements von Unternehmen und zum Aufbau von echtem „Social Bonding" durch empathische Kommunikation, „indem erforderliche Aufmerksamkeit und angemessene Wesentlichkeit in Balance gebracht werden (...) und ein Austausch entsteht, der dem gewandelten Kommunikationsverhalten der digitalen Postmoderne entgegenkommt. Dies funktioniert aber nur, wenn die Werte und Themen des Dialogs mutig und offen geführt werden." Die Kommunikationswissenschaftlerin Beutmann, die sich intensiv mit der Wertkommunikation von Unternehmen beschäftigt hat, geht einen Schritt weiter: „Es ist höchste Zeit, den Dialog mit den Stakeholdern und die Materialität und Abwägung der Forderungen und Ansprüche aus der ESG-Ecke herauszuholen und innerhalb der Unternehmen vielmehr zu einem Teil der strategischen Gesamtkommunikation zu machen." [44]

Doch die Konzentration auf Nachhaltigkeitsthemen in der Unternehmenskommunikation kann auch kritisch betrachtet werden. „Hier gilt es, generische Allgemeinplätze, die heute jedes zweite Unternehmen für sich beansprucht, zu vermeiden und ein glaubwürdiges und von innerer Überzeugung getragenes Bild nach außen zu tragen. Wer heute jeder Erwartung gerecht werden will, wird letztlich keiner Erwartung gerecht. Haltung hat mit Entscheidungen zu tun. Wer sich für einen Weg entscheidet, entscheidet sich zugleich auch gegen andere Wege, und dazu sollte man stehen. Wer gegen diese Regeln in seiner Kommunikation verstößt, wird kein Beziehungskapital aufbauen, sondern im Gegenteil: Er wird unsichtbar und irrelevant", so der Marken- und Kommunikationsprofi von Coande Peter Vetter. Er ist ein ausgewiesener Markenfachmann, der international maßgebliche Akzente gesetzt hat und unter anderem die heutigen Marken von BMW und Clifford Chance mitentwickelt hat. Vetter denkt über Grenzen hinweg und hat in den USA, Italien, Japan und China gearbeitet und beklagt heute „generische Umgangsformen der Nachhaltigkeits-Kommunikation". In vielen Unternehmen macht er eine „kommunikative Unschärfe" in den Nachhaltigkeitsthemen aus, die ihm „zu den Ohren raus" komme, wenn jeder klimaneutral und bäumepflanzend dächte, „die Grundlage eines empathischen Dialogs" gelegt zu haben. Für ihn stehen die ESG-Aspekte heute nicht nur für Pflichten von Unternehmen, sondern auch für die Chance, sich zu profilieren und fundierte Haltung zu zeigen: „Wer stattdessen Allgemeinplätze bemüht, kann hier keine Glaubwürdigkeit aufbauen."

Denn Vetter beobachtet noch einen weiteren Trend: Die Wichtigkeit von ESG-Faktoren abseits von werblichen Floskeln zeige sich inzwischen auch im

Alltagsleben. „Heute werden Eltern von ihren Kindern zunehmend aufgefordert, nachhaltiger und inklusiver zu handeln, und dieser Trend spiegelt sich in den Erwartungen an Unternehmen wider." Er stellt fest: „Die junge Generation, die am Familientisch für ihre Werte eintritt, sind die zukünftigen Mitarbeiter, Kunden und Investoren. Die kann man nicht mit generischen grünen Geschichten abspeisen. Was es braucht, ist Substanz." Damit beschreibt der Brand-Experte eine Diskrepanz, die sich auch innerhalb der Unternehmen zeigt. Dort müssen einerseits die gesetzlichen Berichtspflichten erfüllt werden – und die sind heute gewaltig – und andererseits muss eine stimmige Kommunikationslinie gefunden werden, die eine glaubwürdige Profilierung schafft. Vetter sieht den Schlüssel zu solch einer Kommunikation weniger in einer strategisch konstruierten Öffentlichkeitsarbeit als vielmehr in der unterscheidbaren Haltung von Unternehmen, die sich gerade in der Kommunikation zeigen könne und immer dann Differenzierung schafft, wenn sie gelebt wird und Ausdruck einer erinnerbaren Kultur ist. „Das bedeutet auch, dass Unternehmen eigene und personalisierte Positionen vertreten, etwa durch ihre Führungskräfte. Denn wenn es gelingt, die Positionen der Unternehmen im Bereich der Nachhaltigkeit glaubwürdig mit ihrer Kultur und ihrem Charakter zu verbinden, wird der Prozess identifizierend und bekommt dadurch eine ganz andere Wirkmacht." Das beinhalte, Widersprüche offen anzusprechen und die Aufrichtigkeit des Handelns proaktiv in den Mittelpunkt zu stellen. „Dazu gehört auch, sich nicht um jeden Preis ins beste Licht zu rücken", so Vetter. „Verwechselbare Oberflächlichkeiten und austauschbare Phrasen lassen das Interesse der Stakeholder abperlen wie Wassertropfen auf einer Scheibe mit Lotuseffekt." Haltung muss für Vetter der persönlichen Überzeugung in den Unternehmen entsprechen und Teil eines verantwortungsvollen „Good Leadings" sein.

Was es bedeuten kann, wenn Unternehmerpersönlichkeiten beim Thema Nachhaltigkeit durch das Einbringen von kulturellen Akzenten und Überzeugungen Charakter zeigen, ohne dabei nur über grüne Technologie und CO_2-Reduktion zu sprechen, lässt sich am Beispiel einer Rede von Dr. Susanne Klatten ablesen. Die Unternehmerin, Investorin und BMW-Miteigentümerin hielt bei der Verleihung des Hanns Martin Schleyer-Preises eine vielbeachtete Rede, in welcher sie eine Linie zwischen dem Begriff der Freiheit, der Innovation und ihrem unternehmerischen Handeln zog.[45] Dabei gelang es ihr, sich von der ihr oftmals eindimensional zugeschriebenen Rolle als „reichste Frau

Deutschlands" zu lösen, indem sie durch die Schilderung der persönlichen Sicht und Herkunft ihr eigenes Werden beschrieb und den Wert der ihr persönlich zugestandenen Freiräume – und die mit dem Vermögen verbundene Verantwortung – glaubwürdig auf die Ziele ihres unternehmerischen Handelns übertrug und mit dem Begriff und der Zielsetzung einer gesamtgesellschaftlichen Freiheit verband: „Denke ich an Freiheit, denke ich an Innovationen. Wir alle wissen, vor welchen großen Fragen wir als Gesellschaft stehen. Ich bin überzeugt, dass wir die begonnene Transformation gestalten können. Resilienz wappnet gegen Krisen, Innovation eröffnet Auswege. Meine Unternehmen wollen Treiber für Fortschritt sein."

Um die Positionen von Polman, Rieger und Wildemann miteinander zu verbinden, muss dieser Fortschritt eine Lösung liefern, die es gelingen lässt, eine neue „humane Rationalität zu finden, die verantwortlich, konstruktiv und sensibel gegenüber dem Leben der verletzlichen Natur ist, die wir nicht mehr länger als Sache und verwertbare Ressource ansehen können, sondern als Teil der großen Einheit der Schöpfung begreifen müssen". Teil dieser Einheit ist das Leben der Menschen, die dies nur weiter auf diesem Planeten führen können, wenn sie einen Weg finden, der die Ressourcen so nutzt, dass er die beschriebene Einheit erhält und nicht zerstört. Der dafür erforderliche Strukturwandel wird nur gelingen, wenn er nicht auf Verzicht basiert, sondern es schafft, die Freiheit und Innovationsfähigkeit der Menschen zu nutzen, um Lösungen zu finden, die den verantwortungs- und respektvollen Umgang mit unseren Ressourcen zum Dreh- und Angelpunkt des Wirtschaftens machen.

Unternehmenskommunikation sollte zeigen, welchen Beitrag Unternehmen dazu leisten können. Voraussetzung für Wertschöpfung wird in Zukunft mehr und mehr von zwei Aspekten geprägt werden: der Fähigkeit der Unternehmen, relevante Werte mit ihren Stakeholdern zu teilen, und der Fähigkeit, diesen Werten in ihren Produkten Ausdruck zu verleihen.

Haltung braucht Beispiele – es kommt auf den Einzelnen an

Warum Haltung Beispiele und Vorbilder braucht und ihre Stärke und Überzeugungskraft daraus bezieht, nicht nur entschlossen, sondern zugleich auch weich und flexibel zu sein

―――

08

Auf die Frage, was für ihn die Werte eines Unternehmens ausmachen, antwortet Dr. Thomas Gauly: „Werte sind ein Thema, über das sich nach fünf Minuten schnell alle einig sind – ohne wirklich das Gleiche zu meinen und ohne dass daraus konkretes Handeln erwächst. Ich denke, dass es nicht immer um langatmige Formulierungen gehen muss, sondern um einfache, aber wirksame Handlungsmuster. In einem Buch meines Freundes Jan Teunen habe ich eine einfache Formel gefunden. Sie besteht aus drei Worten: ‚Bitte', ‚Danke' und ‚Entschuldigung'. So banal es klingt: Mich hat diese Formel mehr überzeugt als so manche ‚Wertebibel'. Denn Teunens Formel beschreibt die Grundvokabeln eines achtsamen Umgangs miteinander."

Gauly, Gesellschafter der „Deutschlandstiftung Integration", Mitbegründer der „Wertestiftung", Berater von Bundeskanzlern, Spitzenpolitikern, Aufsichtsräten, Unternehmenseigentümern, CEOs und Kommunikationsverantwortlichen, bringt sein Verständnis der grundlegenden Unternehmenswerte auf die Formel „Bitte – Danke – Entschuldigung" und stellt damit die Bedeutung des persönlichen Umgangs miteinander ins Zentrum seiner Betrachtung – dabei unterscheidet er nicht zwischen Führungskräften und Mitarbeitern.

Gerade in einer Zeit, in der die Kommunikation für Unternehmen zunehmend komplexer wird und nur noch durch das interdisziplinäre Zusammenführen aller kommunikativen Ressourcen bewältigt werden kann, sind Vorbilder innerhalb und außerhalb des Unternehmens von großer Bedeutung. Innerhalb von Organisationen vermitteln sie Identität, Identifikation, Kultur und helfen über Arbeitnehmergenerationen hinweg, ein Zusammengehörigkeitsgefühl zu schaffen. Nach außen sind Vorbilder wichtige Botschafter, die Glaubwürdigkeit, Vertrauen und Haltung ausstrahlen.

In seinem Buch „The Listening Leader" beschreibt der ehemalige Kommunikationschef der Allianz SE, Emilio Galli Zugaro, die spezifische Rolle der Führungskräfte: „The CEO is the last resort for the balance between the stakeholders' demands."[46] Aber ebenso fällt sein Augenmerk auf die Mitarbeiter, denen er die gleichen Eigenschaften zuschreibt wie dem Vorstandsvorsitzenden. Dazu erzählt er zu Beginn seines Buchs die Geschichte, wie eine Allianz-Mitarbeiterin beim Warten auf das Flugzeug in Düsseldorf einen wütenden Mann mitbekam: Er schien Geschäftsführer eines Unternehmens zu sein und beschwerte sich direkt neben ihr in der Warteschlange lautstark am Telefon über genau das Versicherungsunternehmen, für das sie seit 15 Jahren in Washington arbeitete. Der Mann gab seinem Gesprächspartner die Anweisung, so schnell es gehe alle Versicherungen und Verträge zu kündigen, da er mit dem Service äußerst unzufrieden sei. Sabia, so der Name der Mitarbeiterin, fühlte sich unmittelbar betroffen und dachte zunächst, im Boden versinken zu müssen, trug sie doch eine Trainingsjacke, auf der in großen Lettern das Logo der Versicherung zu sehen war. Doch schließlich ergriff sie beherzt die Initiative, sprach den wütenden Mann an, stellte sich als Mitarbeiterin der Versicherung, über die er gerade noch geschimpft hatte, vor und sagte, dass sie sicher sei, dass dies alles ein Missverständnis sei, und sie versuchen könne, das Problem zu lösen. Sie war sich sicher, dass durch unglückliche Umstände auf Seiten ihres Unternehmens eine große Enttäuschung bei dem Mann entstanden war, die so nicht stehenbleiben konnte und auch nicht dem entsprach, wie sie ihr Unternehmen kannte. Sie war überzeugt, dass dem Kunden geholfen werden musste – und konnte. Ihr gelang es tatsächlich, durch einige Telefonate und Mails das Problem zu lösen – und der Kunde kündigte keine einzige seiner Versicherungen. Emilio Galli Zugaro erzählt mit Bedacht dieses Beispiel der couragierten Mitarbeiterin und setzt es sogar an den Anfang seines Buches, um zu zeigen, dass es nicht auf die Position in einem Unternehmen ankommt, sondern auf die Haltung und das Handeln.

Zweifellos handelte die Allianz-Mitarbeiterin in dem Beispiel vorbildlich und zeigte durch ihre Courage und die Verantwortung, die sie an einem sehr wichtigen Punkt für ihre Company übernahm, wie ihr Verständnis des Unternehmens, für das sie seit 15 Jahren arbeitete, aussah: Es war das einer hilfreichen und für die Kunden nach der bestmöglichen Lösung suchenden Organisation, die einen exzellenten Service bereithielt und ein offenes Ohr hatte. Sabia schuf sich einen Handlungsspielraum, den niemand von ihr erwartet hätte, denn eigentlich stand sie als Privatperson in der Warteschlange an ihrem Gate, und nur durch ihre tiefe Überzeugung, dass dieses Missverhältnis und dieses Urteil, aber auch die unbefriedigende Situation des Kunden nicht so stehenbleiben konnten, traute sie sich, einzugreifen, und wurde innerhalb des Unternehmens zu einem Vorbild. Sie zeigte Haltung, indem sie den Impact, der unmittelbar neben ihr geschah, meisterte. Sie wurde nach diesem Vorfall befördert und leitete später die weltweite Unternehmenskommunikation der Allianz.

Ging man in der Vergangenheit davon aus, dass es vor allem die Führungskräfte sind, die in ihrer Vorbildfunktion herausstechen, da sie im Mittelpunkt der Aufmerksamkeit stehen, die Regeln prägen und somit ihr Verhalten als Leitfigur von besonderer repräsentativer Bedeutung ist, gilt heute, dass auch jeder einzelne Mitarbeiter als Vorbild fungiert und durch sein Verhalten viel stärker als früher das gesamte Unternehmen in der Öffentlichkeit repräsentiert. So hängt die Frage, ob ein Vertreter des Unternehmens große Reichweite erzielen kann, nicht mehr mit seiner hierarchischen Stufe zusammen, sondern allein mit der Relevanz, die sein Handeln bei den Stakeholdern auslöst. Das liegt zum einen an der radikalen Veränderung des Sender-und-Empfänger-Prinzips in den sozialen Netzwerken und zum anderen daran, dass Kommunikation von Organisationen zwar immer noch stark von ihrer hierarchischen Ordnung geprägt wird, aber auch die personellen, strategisch-politischen und kulturellen Aspekte innerhalb der Organisationen zunehmend relevanter werden. Das bedeutet, dass glaubwürdige Vorbilder enorm an Bedeutung gewinnen und unabhängig von ihrer Hierarchiestufe einen *Proof of Credibility* erzeugen, indem sie nach innen und außen Zeugnis über die tatsächlichen Prioritäten und gelebten Werte eines Unternehmens abgeben und damit sehr reichweitenstarke Wirkung erzielen.

Das Beispiel zeigt: Es kommt gerade in den Unternehmen auf Menschen an, die Haltung zeigen und vorleben, wie sie Herausforderungen bewältigen. Das kann und sollte sicher der CEO sein. Aber grundsätzlich gilt, dass Unternehmen von Menschen inspiriert werden, die uns nicht unbedingt aufgrund ihrer herausgehobenen Stellung zum Vorbild werden, sondern wegen der Werte, die ihnen auch in schwierigen und herausfordernden Situationen Halt geben, um zu bestehen. So kann es eben jeder Mitarbeiter sein, der mit seiner Haltung andere inspiriert.

Um zu einer eigenen Haltung zu finden, brauchen wir Vorbilder, sagt der Philosoph Philipp Wüschner, der sich intensiv mit dem Phänomen der Haltung auseinandergesetzt hat. Er versucht zu beantworten, warum uns Menschen, die eine glaubwürdige Haltung zeigen, so sehr faszinieren – und was man braucht, um zu einer eigenen Haltung zu gelangen. Dabei macht er zwei wichtige Aspekte aus, die sich zunächst zu widersprechen scheinen:

Einerseits berühren uns Menschen, die in sich gefestigt erscheinen und ausstrahlen, eine Orientierung gefunden zu haben und auch in schwierigen Situationen aus sich heraus bestehen zu können, sodass in uns der Wunsch erwächst, sich an diesen Menschen zu orientieren, an ihnen Maß zu nehmen und ihre Werte und Grundsätze mit unseren Einstellungen abzugleichen.

Andererseits sei es zur Einnahme einer solchen Position unerlässlich, eigene Überzeugungen infrage stellen zu können, diese zu überprüfen und ständig an den Gegebenheiten neu zu messen und gegebenenfalls anzupassen.

Wie kann es sein, dass wir Menschen faszinierend finden, die für sich eine feste Orientierung gefunden haben und in ihren Überzeugungen verwurzelt erscheinen – und es dennoch nötig zu sein scheint, die eigene Haltung infrage stellen zu können? Bedeutet dies, dass Menschen, die uns wie Vorbilder erscheinen, womöglich gar keinen festen Überzeugungen verhaftet sind, sondern vielmehr in der Lage sind, ihre Positionen ständig zu überdenken, den Gegebenheiten anzupassen und sich immer wieder zu korrigieren?

„Was uns fasziniert, sind Menschen, die einerseits feste Werte für sich gefunden haben, die ihnen helfen, in schwierigen Situationen zu bestehen, und es andererseits schaffen, Veränderungen zu meistern und diese Veränderungen zu einem Teil ihres eigenen Werdens zu machen." Das bedeute, so der Philosoph, im eigentlichen Sinne Haltung zu zeigen: offen bleiben, die eigenen Überzeugungen immer wieder überprüfen und diese Prozesse zu einem Teil einer Entwicklung werden lassen. „Haltung, die dies schafft, hat auf uns Menschen eine große Anziehungskraft, weil wir spüren, dass hier eine Person ihren Überzeugungen folgt, für diese einsteht und zugleich in der Lage ist, Veränderungen zu gestalten." Denn letztlich, meint Wüschner, bestehe unser ganzes Leben daraus, genau dies zu tun.

Und so gibt es kein stärkeres Zeugnis, als wenn ein Mensch, der in einer herausfordernden Lage, in der seine Haltung auf die Probe gestellt wird, zeigt, dass er die Situation besteht, indem er die Veränderung zu einem Teil seiner selbst macht. Ein klassisches und plakatives Beispiel für ein solches Handeln stellt sicher die historische Rede von John F. Kennedy vor dem Schöneberger Rathaus dar, die genau nach diesem Mechanismus aufgebaut war und bis heute einen ikonischen Nachhall hat: Zum Abschluss der Rede sagte Kennedy den historischen Satz auf Deutsch „Ich bin ein Berliner." So bekräftigte er in seiner Rede nicht nur die Unterstützung der USA für Berlin nach dem Bau der Mauer, sondern machte diese Haltung auch im wörtlichen Sinne zu einem Teil seines eigenen Werdens, indem er sich selbst kurzerhand zu einem Berliner erklärte. Obwohl danach immer wieder Politiker versuchten, eine entsprechend historisch einprägsame Rede zu halten, gelang es kein zweites Mal, in einem Satz mit vier Wörtern eine ähnliche Wirkung zu erzielen.

Dass dabei vor allem die Glaubwürdigkeit des Handelns eine wichtige Rolle spielt und ein „echtes" und „unkalkuliertes" Bild besonders große Wirkung erzielt, wenn es die Ausnahme einer Regel in den Mittelpunkt stellt, lässt sich auch an vielen anderen Beispielen belegen.

„Es sind zwei Aspekte", sagt Wüschner. „Einerseits faszinieren uns die Menschen, die für Veränderung stehen, und wir haben den Drang, diese hervorzuheben und zu benennen. Wir suchen, klassisch gesprochen, nach Helden, die einen Unterschied machen und uns zeigen, wer wir im Positivsten sein könnten, und die Veränderung meistern. Der andere Aspekt ist, dass Haltung zeigen auch oft etwas mit dem Bruch einer Regel oder der Etikette zum rechten Zeitpunkt zu tun hat." Gerade der letzte Punkt ist spannend und zeigt einen kommunikativen Mechanismus auf, der dann große Authentizität vermittelt, wenn der Ausdruck der Haltung einen scheinbaren Regelbruch nutzt.

Auch wenn Wüschner sich in seinen Ausführungen mehr auf die persönliche Entwicklung eines Menschen bezieht, wenn er vom „Aufnehmen der Veränderung in das eigene Werden" spricht, so zeigt das Beispiel Kennedys, dass Haltung auch etwas mit Ernsthaftigkeit zu tun hat. Werte und Argumente zu formulieren, ist die eine Sache, diese aber durch Handeln sichtbar zu machen und für die postulierten Überzeugungen im wahrsten Sinne des Wortes einzustehen, eine ganz andere.

Was das bedeutet, belegt auch die seit Jahren zunehmende Anzahl von CEOs, die nach dem Vorbild des Apple-Gründers Steve Jobs frei agierend vor die Zuhörer zur Keynote antreten. Während es früher die Rolle des Komiteemitglieds war, mit Stuhl, Tisch, Klappnamensschild und Wasserglas vor sich als Teil einer Kulisse wie bei einem Parteitag vor der Öffentlichkeit zu sitzen, ist es heute die Person, die ihre Persönlichkeit einbringt, um Produkte und Strategien so vorzustellen, als habe man sie gerade eben erst selbst erfunden.

Wir werden in unserem Leben mit unterschiedlichen Arten von Veränderungen konfrontiert und somit auch mit der Frage, wie wir mit diesen unterschiedlichen Phasen umgehen. Eine Phase könnte man als „Trial & Error"-Phase bezeichnen, die Zeit des Einpendelns und der Entwicklung. In dieser Phase werden Prozesse durch die Anwendung von bereits gewonnenen Erkenntnissen bewältigt und gelöst. Dabei geht es um eine kritische Überprüfung und Anwendung bereits gewonnener Erkenntnisse und eine schrittweise ständige Verbesserung.

Es gibt aber auch eine andere Art der Veränderung, die sich nicht mehr nur durch eine schrittweise Optimierung bewältigen oder lösen lässt. Man kann diese auch als disruptive Veränderungen bezeichnen, bei denen das lernende Verbessern und Ausprobieren nicht wirklich weiterhilft, da sich Dinge so grundsätzlich verändern, dass eine schrittweise Optimierung nicht mehr zu einer angemessenen Bewältigung der Veränderung führt. In diesen Situationen sind wir gezwungen, Dinge grundsätzlich zu überdenken, und müssen anfangen, zu *improvisieren*. Das ist die Phase, in der wir auf unsere grundsätzlichen Werte zurückgeworfen werden und diese infrage stellen müssen, um eine Antwort entwickeln zu können, die in eine neue Richtung geht. Es ist die Phase, in der sichtbar wird, wer wir wirklich sind und wie wir unsere grundsätzlichen Überzeugungen neu interpretieren, weiterentwickeln und in einen neuen Bezug zu unserer veränderten Umwelt stellen. Vorbilder entstehen meist dort, wo nicht einmal gewonnene Erkenntnisse immer wieder optimiert werden, sondern vielmehr die Erkenntnisse selbst durch neue weiterentwickelt werden und so den eigentlichen Kern einer Identität sichtbar werden lassen.

So ist es nicht nur das ständige Dazulernen, sondern, wenn wir von der vorbildlichen Kraft von Haltungen sprechen, vielmehr das erfolgreiche Bewältigen einer Situation durch einen neuen Bezug zu den eigenen Werten. Man könnte auch sagen: Das Vorbild lässt für seine Mitmenschen gerade in einer Situation der Disruption und unvorhersehbaren Veränderung seine inneren, tatsächlich relevanten, gültigen und antreibenden Werte in einer überzeugenden und wahrhaftigen Weise Ausdruck gewinnen. Damit ist der Effekt, ein Vorbild zu sein, eigentlich die Vermittlung einer für andere sichtbar werdenden, lesbaren und glaubwürdigen Authentizität.

Alfred Herrhausen ist so eine Art von Vorbild gewesen. Der ehemalige CEO der Deutschen Bank gibt uns in einem SWR-Interview mit Gero von Boehm wenige Wochen vor seiner Ermordung durch die Terrorgruppe RAF einen Hinweis, wie der scheinbare Widerspruch – zwischen einem Bekenntnis zu festen Werten einerseits und einer ständigen disruptiven Veränderungsbereitschaft andererseits – Sinn ergibt. Herrhausen ist bis heute für eine Haltung bekannt, die nicht zu dem Bild passte, welches die Terroristen seinerzeit bemühten, um den Anschlag auf ihn zu rechtfertigen – was letztlich einer der Gründe war, weshalb sich die Terrororganisation auflöste. Der Deutsche-Bank-Chef setzte sich entgegen dem Narrativ der RAF persönlich für einen Schuldenerlass der Entwicklungsländer ein und plädierte beim IWF für eine Unterstützung der Länder, welche durch die unter ihrer Hoheit stehenden Naturgebiete das Wohl der gesamten Menschheit und Ökologie des Planeten verantworteten. Boehm, der wusste, wen er vor sich hatte, fragte Herrhausen: „Karl Popper sagt: Wir müssen uns von unseren eigenen Ideen distanzieren statt uns mit diesen zu identifizieren. Man muss nach seinen eigenen Irrtümern suchen, um sich von ihnen zu befreien. Praktizieren Sie diese Suche auch?" Darauf antwortete Herrhausen: „Ich bin ein erklärter Anhänger des kritischen Rationalismus von Karl Popper und unterstreiche das, was er gesagt hat: Wenn Identifizierung mit den eigenen Ideen bedeuten würde, dass man sie für fehlerfrei hält, dann wäre dies eine ganz falsche Identifizierung. Wir müssen ständig danach suchen, unsere eigenen Ideen und Konzepte der Prüfung der weiteren Entwicklung zu unterwerfen, und bereit sein, sie zu ändern. Sonst können wir nicht lernen. Sonst können wir uns den Entwicklungen nicht anpassen", und weiter: „Zukunft ist das, was wir tun und was wir entscheiden."

Damit bringt Herrhausen das Momentum eines erkenntnisbasierten Handelns ins Spiel, welches Veränderungen und die Notwendigkeit von Korrekturen als Teil der eigenen Haltung begreift. Herrhausen bezog dieses Lernen auch auf die Ausrichtung eines Unternehmens in Bezug auf Ökologie und Umwelt und plädierte für Grenzen des Wachstums. Er war sich aber sicher, dass gerade die Grenzen des Wachstums neue Lösungen erforderlich machen würden, die wiederum zu Innovationen und alternativen wirtschaftlichen Tätigkeiten führen könnten.

Wüschner bestätigt den kritischen Rationalismus, den Herrhausen an den Tag legte, und stellt heute fest: „Haltung lernen funktioniert vor allem auch darüber, seine eigene Haltung zu überdenken, häufig – was sehr schmerzhaft ist – auch abzulegen und zu verändern, also: sie nicht unbedingt zu schärfen, sondern die Haltung anderer Leute auch dazu zu nutzen, die eigene Haltung flexibel und weich zu halten." Das hatte Herrhausen offensichtlich in seine Positionen einbezogen. War die Deutsche Bank damals in erster Linie eher als mächtiger und einflussreicher wirtschaftlicher Akteur bekannt, der vor allem die Interessen seiner Shareholder verfolgte, brachte Herrhausen neue Akzente in die Positionen des Instituts, mit denen viele Beobachter nicht gerechnet hatten. Auch wenn Karl Popper heute aus der Mode gekommen ist und der Philosoph nicht unbedingt ein Denker der Disruption ist, so sind doch die Schlüsse, die Herrhausen damals äußerte, für einen Vorstandsvorsitzenden der Deutschen Bank weit mehr als eine lernende Optimierung und – in Bezug auf die Überlegungen zu den Grenzen des Wachstums – ziemlich revolutionär. Sie bewiesen Haltung in einer Zeit, in der die Shareholder der Bank diese Position nicht erwarteten, die damaligen Stakeholder aber schon.

Genau diese offene Position spielt heute in der Zeit der postmodernen Hypertransparenz in der Unternehmenskommunikation eine entscheidende

Rolle. Denn: Unternehmen verstehen sich heute als Dialogpartner ihrer Stakeholder und immer weniger als bloße Verkünder beschlossener Sachverhalte und schöngefärbter Botschaften. Im heutigen Austausch mit ihren Anspruchsgruppen können und müssen Unternehmen, die ihre Agenda immer mehr an den Erwartungen der Gesellschaft ausrichten, selbst zu Vorbildern werden – und gleichzeitig fungieren auch ihre Stakeholder und deren Werteverständnis als Vorbilder. Diese Doppelbeziehung kennzeichnet zunehmend wertbasierte Kommunikationsstrategien von Unternehmen und ist letztlich dem Paradigmenwechsel des Begriffs der Öffentlichkeit geschuldet, in dem es immer weniger um Statements als vielmehr um Austausch geht.

Gelingende Beziehungen zwischen Unternehmen und Stakeholdern zeugen heute davon, dass es in der Unternehmenskommunikation um das Ziel geht, gemeinsam mit den Anspruchsgruppen eine Wertebasis und soziale Bindung zu schaffen, in welcher jeder Akteur – Unternehmen und Stakeholder – zwar eigene Positionen einnimmt, diese aber zu der Position des Dialogpartners in ein Verhältnis setzt und letztlich gemeinsame Werte teilt. Unternehmen müssen somit heute einerseits ein Gefühl dafür entwickeln, welche Themen und Werte bei ihren Anspruchsgruppen Resonanz erzeugen, und zugleich mutig sein und auch eigenständige Haltungen in den Diskurs einbringen, die Auskunft darüber geben, wer sie sind und welche Werte und Positionen ihnen selbst wichtig sind. Zu erkennen, was Resonanz erzeugt, bedeutet – Vorsicht! –, nicht zu hadern oder zaudernd das Ohr auf den Prärieboden zu legen, um zu hören, von wo der Gegner kommt. Mitnichten: Es bedeutet vielmehr, selbstbewusst, sicher und entschieden zu kommunizieren und dabei den Optimismus und das Gestalten der Zukunft nie aus dem Blick zu verlieren. Dazu bedarf es der handlungsstarken, responsiven und kraftvollen Führung einer Kommunikation, die Flagge zeigt und zugleich die Fähigkeit besitzen muss, die so entstehenden Dilemmata auch *den* Gruppen kommunikativ zu vermitteln, die anderer Meinung sind. Das bedeutet, Positionierungen auch denen zu begründen und zu erklären, die diese Positionen nicht teilen. Je besser Unternehmen hier ihre Position erklären können, umso erfolgreicher werden sie ihre Kommunikation gestalten können.

Haltung braucht Handlungsspielräume – what's love got to do with it?

Warum Freiheit, Vertrauen und Handlungsspielräume Grundlagen sind, um gemeinsame Werte und Überzeugungen auf allen Unternehmensebenen zu teilen, und warum es letztlich um Liebe geht

Wenn wir über Haltung und Vorbilder in Unternehmen nachdenken, stoßen wir immer wieder auf die Frage, welche Rolle dabei die Freiheit und der Handlungsspielraum des Einzelnen einnehmen. Um Haltung zeigen zu können, bedarf es der inneren Überzeugung und, damit untrennbar verbunden, der freien Entscheidung. Haltungen, die gerade in Vorbildern wirksam werden, lassen sich nicht verordnen oder zuschreiben, sie müssen von den Menschen gefunden, angenommen und gelebt werden. Dort, wo dies nicht geschieht, spüren Kunden und Stakeholder von Unternehmen, dass die definierte Corporate Identity und das nach außen postulierte Verhalten mehr einem werblichen Lippenbekenntnis und weniger einer gelebten Kultur und erfahrbaren Realität entsprechen.

Natürlich war es immer schon so, dass Unternehmen nicht in all ihren Mitarbeitern gleich homogen überzeugte und beseelte Akteure aufzuweisen hatten und in der kommunikativen Linie eine offizielle Haltung pflegten, der das Unternehmen in seiner Gesamtheit dann mehr oder weniger stimmig nachkam. Man achtete darauf, in der Kommunikation seine Hausaufgaben zu machen, und versuchte, durch die Definition eines Leitbildes die Leitplanken der großen kommunikativen Linien festzulegen. Doch genau hier stoßen Unternehmen heute mehr und mehr an Grenzen, denn es gelingt immer weniger, die Kommunikation nach außen in dem Maße steuerbar zu machen, wie es in der vielstimmigen digitalen Hypertransparenz notwendig wäre.

Man braucht, so bringt es der Markenfachmann Peter Vetter auf den Punkt, „einen wahren Kern, der von einer echten Haltung getragen wird, welchen man einerseits gemeinsam mit seinen Stakeholdern teilt und andererseits im Unternehmen so entwickelt, dass sich die Mitarbeiter diesem anschließen können und sich als ein Teil einer Wertegemeinschaft fühlen."

Ein solches Teilen von Werten setzt sowohl im Inneren als auch im Äußeren der Unternehmen Handlungsspielräume und die Freiheit voraus, sich entscheiden zu können. Denn die Möglichkeiten der Stakeholder, Botschaften außerhalb dieser „Leitplanken" zu empfangen, zu überprüfen und sich so ein eigenes Bild zu machen, sind heute vielfältig. „Wir beobachten", so Vetter, „dass die oft von Agenturen festgelegten und formulierten Leitbilder immer weniger Gehör finden und stattdessen Konzepte, die es schaffen, eine Haltung, einen authentischen Kern zu vermitteln, weit erfolgreicher sind. Der Grund besteht nicht zuletzt darin, dass der gesamte Kommunikationsprozess heute viel fluider und durchlässiger geworden ist und die Teilnehmer viel schneller spüren, welche Werte in Wirklichkeit gelebt werden, wofür ein Unternehmen steht und welche Bedeutung den postulierten Maßstäben zugesprochen werden kann.

Es geht um die Frage, welche Relevanz die Werte des Unternehmens für die Menschen haben, welchen Beitrag sie zu diesen leisten können, ob sie sich in diese einbringen und mit ihren persönlichen Überzeugungen verbinden können." Doch wie finden Unternehmen ihren „authentischen Kern" – und worin zeigt er sich? „Ich denke", so Gauly, „dass Unternehmenskultur im Kern eines jeden Geschäftszweckes verborgen ist. Dort, wo der Geschäftszweck unethisch ist, kann keine gute Kultur entstehen. Kultur findet überall dort statt, wo sich Menschen mit bester Absicht und getragen von Respekt begegnen, also haben alle in einem Unternehmen daran Anteil und gestalten sie mit. Gleichwohl bleibt die wesentliche Verantwortung bei denen, die das Unternehmen gründen, und den Führungskräften, die als Vorbilder die Unternehmenswerte vorleben."

Um zu verstehen, warum Unternehmenskultur so wichtig ist, ist es nötig, die geänderte Wahrnehmung von Organisationen in der Öffentlichkeit zu betrachten. Unternehmen werden heute in jedem Detail ihres Wirkens von außen sichtbar, anders als dies früher möglich war. So bleiben zwei Wege zur Steuerung der Kommunikation: eine Verbreitung der geplanten Botschaften über Werbung und klassische PR – oder aber eine wertgetragene Kommunikation, die durch ein sich in vielen Details des Handelns bestätigendes Bild einer Kultur sichtbar und erlebbar wird, welche die Kraft hat, zu einem übergreifenden Narrativ zu werden, und sich deshalb durchsetzen kann, gerade weil sie keinen Unterschied zwischen dem Inneren und dem Äußeren macht.

So ist die Voraussetzung dafür, dass diese Werte von Unternehmen auch nach außen authentisch kommuniziert und im Handeln sichtbar werden, letztlich die Relevanz, die sie bei Mitarbeitern und Stakeholdern entfalten können – bei der freien Entscheidung eines jeden Einzelnen, diese Werte anzunehmen. Das klingt vielleicht trivial, aber zu eng gezogene Handlungsspielräume und auf dem Papier definierte Haltungen sind einer der Hauptgründe, warum Unternehmen trotz guter Managementansätze in der Kommunikation heute nicht überzeugen. Gerade in Bezug auf die Stakeholder eines Unternehmens spielt dieser Aspekt eine große Rolle: Freiheit ist sowohl Voraussetzung als auch Ergebnis des Kommunikationsprozesses mit den Anspruchsgruppen eines Unternehmens und kennzeichnet eine glaubwürdige Kultur der Offenheit zwischen Unternehmen und Stakeholdern, welcher auf allen Seiten eine freie Entscheidung zugrunde liegt.

Zu erwarten, dass Kommunikation so glücken könnte, ist keineswegs eine idealistische Annahme. Denn Unternehmen zeichnen sich heute dadurch aus, dass sie nicht nur Vorbilder in den Führungsetagen brauchen, sondern aus vielen „Sabias" (vgl. Kapitel „Haltung braucht Beispiele", S. 101) bestehen müssen, die sich mit dem Unternehmen identifizieren und den Unternehmenswerten eine Relevanz für sich selbst zuschreiben können. Doch wie kann eine Übereinstimmung persönlicher Wertkontexte mit denen eines Unternehmens in einer Zeit gelingen, in der die Mitarbeiter zunehmend individueller werden und unterschiedlichsten fraktalen gesellschaftlichen Gruppen angehören? Die Antwort liegt in den Handlungsspielräumen, die Unternehmen ihren Mitarbeitern zubilligen. Diese basieren auf Vertrauen und berücksichtigen, dass der Begriff der Freiheit heute eine andere, für den Einzelnen essenziellere Rolle spielt. Handlungsspielräume und kulturelle Geborgenheit geben den Menschen in den Unternehmen die Möglichkeit, ihr Potenzial zu entfalten – und eben Haltung zu zeigen, indem sie eigenverantwortlich die Veränderungen und Herausforderungen ihres Bereichs für ihr Unternehmen meistern.

Das Beispiel der ALTANA AG zeigt, wie man als Unternehmen kontinuierliche Veränderung implementieren und trotzdem einer Haltung treu bleiben kann. Zugleich wird daran klar, welche Bedeutung dem Wert von Freiheit und Handlungsspielräumen zukommt, die auf allen Ebenen eines Konzerns den Mitarbeitenden zugebilligt werden. Andrea Neumann, Leiterin der Unternehmenskommunikation des weltweit führenden Spezialchemieunternehmens, berichtet an CEO Martin Babilas und beschreibt die Kommunikationsstrategie des Unternehmens: „Die Frage, was ALTANA einzigartig macht, ist leicht zu beantworten: Im Kern sind es die Menschen, die hier arbeiten. Ihr Wissen und Engagement, ihre Innovationsfähigkeit und Servicebereitschaft, ihre zupackende Mentalität und Offenheit für Neues. Zusammen mit Jahr für Jahr überdurchschnittlich hohen Ausgaben für Forschung und Entwicklung ist dies das große Plus, das wir unseren Kunden zu bieten haben." Neumann steht damit für die Strategie des Weseler Unternehmens ein, welches durch die Entwicklung von wegweisenden Additiven für Kundenanwendungen immer einen Schritt vorausdenken muss, „um ständig Lösungen für die zukünftigen Herausforderungen unserer Kunden zu finden".

Es ist kein Zufall, dass das Prinzip von Vertrauen und Handlungsspielräumen auch auf einer anderen Ebene für ALTANA von Bedeutung ist. So prägt es auch das Verhältnis der Eigentümerin Susanne Klatten zum Unternehmen, die dazu sagt: „Als Familienunternehmerin gewähre ich Menschen Freiraum und erwarte, dass diese ihn verantwortungsvoll ausfüllen. ALTANA treibt Ideen mutig voran, und nur mutige, innovative Unternehmen können dauerhaft bestehen und einen Beitrag zur nachhaltigen Entwicklung unserer Gesellschaft leisten." Doch Klatten sieht in Innovation mehr als nur einen geschäftlichen Aspekt und begreift darin einen Schlüssel für die Freiheit unserer Gesellschaft. In ihrer Rede zur Verleihung des Hanns Martin Schleyer-Preises[47] beschrieb sie unter dem Titel „Denk ich an Freiheit, denke ich an Innovationen" zunächst die Freiheit, die ihre Eltern ihr zugestanden haben, um sich selbst zu entwickeln und freie Entscheidungen zu treffen – und dann, welche Bedeutung diese für sie persönlich, ihre Entwicklung und ihre unternehmerischen Aktivitäten hatten. Zusammen mit ihrem Bruder Stefan Quandt ist sie Mehrheitsaktionärin von BMW und zahlreichen anderen Unternehmen aus dem Bereich Innovationen und Nachhaltigkeit. „Innovation", so Klatten, „ist nichts anderes als in die Zukunft zu denken. Wir wissen, vor welch großen Fragen wir als Gesellschaft stehen. Eine rasche Transformation ist ein Garant von Freiheit – eine verzögerte Transformation mindert sie. Wenn wir jetzt nicht handeln, haben wir irgendwann keine Wahl mehr. Resilienz wappnet gegen Krisen, Innovation eröffnet Auswege."

Neumann ist davon überzeugt, dass Innovationen innerhalb von Unternehmen immer auch eng mit den Handlungsspielräumen der Mitarbeiterinnen und Mitarbeiter und der Entfaltung ihres individuellen Potenzials verbunden sind. „Der Prozess muss auf allen Ebenen des Unternehmens von Handlungsfreiheit geprägt sein. Ich glaube, dass Vorbilder nicht nur an der Spitze von Unternehmen zu finden sein müssen, sondern in jeder Hierarchiestufe." Neumann verweist dabei auch auf die Schlussfolgerungen des renommierten Neurobiologen und Hirnforschers Prof. Gerald Hüther.

Hüther hat sich intensiv mit der Frage auseinandergesetzt, wie Menschen ihr volles Potenzial entfalten können. Er geht davon aus, dass jeder Mensch – schon bei seiner Geburt – zwei Grundbedürfnisse mitbringt: das nach Zugehörigkeit und Verbundenheit einerseits und das nach Autonomie und Freiheit andererseits. Daraus ergibt sich, dass Menschen dann ihren Job am besten machen, wenn sie als Teil einer Gemeinschaft über Vertrauen, Verantwortung und Handlungsspielräume verfügen – eigentlich genau das, was Andrea Neumann vertritt.

Dieses Prinzip der Handlungsfreiheit in Unternehmen findet sich auch in den Arbeiten über „New Work" des österreichisch-US-amerikanischen Sozialphilosophen und Anthropologen Frithjof Bergmann wieder, der die Thesen von Hüther bestätigt: Er erkannte, dass Menschen dann effizient und ihr volles Potenzial ausschöpfend arbeiten, wenn sie nicht nur Entscheidungsfreiheit haben, sondern über tatsächliche Handlungsfreiheit verfügen. Aus Bergmanns Überlegungen entwickelte der deutsche Psychologe Markus Väth die „New Work Charta" mit fünf Prinzipien, die auf das Arbeiten innerhalb von Unternehmen übertragbar sind.[48] Die einzelnen Prinzipien der Charta lesen sich wie die praktische Umsetzungsbeschreibung von Hüthers Vorschlägen zur Potenzialentfaltung und könnten auch die Blaupause für Anforderungen heutiger Arbeitnehmer an ein modernes und wertschätzendes Unternehmen sein:

– Freiheit (Schaffen von Experimentierräumen, Schaffen einer Kultur der Angstfreiheit, starke Vernetzung innerhalb der Organisation),
– Selbstverantwortung (Etablieren von Modellen der Selbstorganisation, Erweitern der Budget-Autorität, Etablieren von Beteiligungsmodellen),
– Sinn („Arbeit, die man wirklich, wirklich will", Erweitern des Wertschöpfungsbegriffs, Überprüfen von Strukturen und Prozessen),
– Entwicklung (Etablieren kollektiver Lernstrukturen, Selbstreflexion der Organisation, Etablieren kollektiver Entscheidungsstrukturen),
– soziale Verantwortung (ökologische und soziale Nachhaltigkeit, regionales Engagement, Prinzip des ehrbaren Kaufmanns).

In seinem Buch „Was wir sind und was wir sein könnten"[49] geht es dem Neurobiologen Hüther aber nicht nur um die Welt der Arbeitsorganisation – er ist zutiefst davon überzeugt, dass jeder Einzelne viel mehr leisten kann, als ihm bewusst ist. Die Ausgangslage eines jeden menschlichen Individuums beschreibt Hüther zunächst so: „Wir beginnen unser Leben mit der Erfahrung des allumfassenden Einsseins. Und wir können den Zustand des Getrenntwerdens nur deshalb empfinden, weil wir den Zustand dieses Einsseins am Anfang unseres Lebens bereits kennengelernt haben. Nur weil ein Mensch ‚weiß', wie es sein kann, ist er imstande zu empfinden, dass es nicht mehr so ist, wie es mal war, nämlich eins zu sein mit sich selbst und der Welt. Diese Grunderfahrung des Einsseins wird also zunächst im Körper und später, wenn es sich so weit entwickelt hat, auch im Gehirn verankert."

Auf diesen Aspekt weist auch Bodo Rieger in seinen Thesen zu Haltung und Corporate Identity hin, wenn er schreibt: „Das, was in jedem von uns bleibt, unabhängig davon, wie sehr oder wie wenig sozial angepasst er nun ist, das ist jene Sehnsucht nach ursprünglicher Ganzheit."

Exakt dieser Gegensatz zwischen perfektem Ideal und problematischer Realität ist sowohl beim sich entwickelnden Individuum wie auch beim aktiven Unternehmen identisch: Genauso wie die Corporate Identity immer eine Vision und ein Ideal formuliert, sieht Hüther im ursprünglichen Zustand des Menschen, also in der Erfahrung des allumfassenden Einsseins mit sich und der Welt, eine Art Nullmeridian: „Später wird sie (die Grunderfahrung des Einsseins) bei jeder Erfahrung des Getrenntwerdens zwangsläufig als innere Referenz, wie es sein *müsste*, mit aktiviert. So trägt also jeder Mensch zeitlebens all das weiter in sich", so der Entwicklungsbiologe, „was er in der Welt, in der er sich zurechtzufinden versucht, nicht leben kann: das kleine Kind, das er einmal war, den weiblichen oder männlichen Anteil, den er abgespalten hat, die Ganzheit, die er in sein Denken und Fühlen, in seinen Kopf und seinen Körper zerlegt hat, die Liebe, die er einmal erfahren hat."

Hüther denkt sein Modell des Menschen weiter und weist eine Lösung auf: „Um glücklich zu werden, müsste ein solcher Mensch die durch die negativen Erfahrungen entstandenen Verhaltensmuster und die von ihnen generierten einengenden Vorstellungen, Überzeugungen, Haltungen und Einstellungen irgendwann wieder auflösen." Damit spricht er die Konstruktionen an, die jeder Einzelne für sich erlernt und geschaffen hat, um sich selbst trotz des Verlusts der „inneren Ganzheit" und des erfahrenen „Einsein[s] mit der Welt" akzeptieren zu können. Hüther schlussfolgert daraus: „Das heißt, er (der Mensch) müsste genau das loslassen, was ihn bisher gehalten hat. (...) Aus eigener Kraft (...) schaffen es allerdings nur wenige Menschen, ihre im Frontalhirn verankerten, ihnen Halt bietenden Vorstellungen, Überzeugungen, Haltungen und Einstellungen loszulassen. Denn das macht Angst und die ist nur durch ein anderes, gegenteiliges Gefühl zu überwinden: durch vorbehaltlose und allumfassende Liebe. Wenn einem Menschen das gelänge, wäre er mit sich und der Welt versöhnt."

Analog dazu fordert Rieger, dass ein Unternehmen nicht nur ein Ideal seiner Corporate Identity formuliert – das ist das eine –, sondern auch akzeptiert, dass es ständigen Veränderungen und Impacts ausgesetzt ist, welche dieses Ideal angreifen und permanent infrage stellen. Für Rieger stellen das Bewusstwerden und Sichstellen dieser Widersprüche die Voraussetzung dar, auf deren Basis Unternehmen mit ihren Mitarbeitern in zugebilligten Handlungsspielräumen nach dialektischen Lösungen suchen müssen, um die Diskrepanz zwischen dem Ideal und der Veränderung überbrücken zu können – und so der Identität des Unternehmens im Kontext der Ansprüche und Forderungen seiner Stakeholder einen gültigen Ausdruck zu verleihen.

Neurobiologe Hüther sagt, dass es der Liebe bedarf, um den Einzelnen mit sich und seiner Tätigkeit zu versöhnen. Eine starke Aussage, aber hat sie einen Bezug zu unserer Wirtschaftswelt? Erst im Zusammenhang mit dem Freiheitsbegriff wird diese These verständlich, denn übertragen auf das Unternehmen lautet die Forderung von Hüther nichts anderes als „Empower free decisions!" und in der Konsequenz geben Unternehmen dies an ihre Stakeholder weiter: die Freiheit, mit dem Unternehmen in Kontakt zu treten, sich einzubringen und im Dialog zu gemeinsamen Werten und Perspektiven zu finden. Haltung, Empathie, echte Verbundenheit und wahre Zielstrebigkeit sind von der Liebe zu Werten geprägt, welche es nur auf der Grundlage von freien Entscheidungen gibt. Agiles Handeln gelingt am besten auf der Basis von Eigenverantwortlichkeit. Es setzt echte Identifikation voraus, damit daraus entscheidende Vorteile in volatilen Zeiten entstehen.

Um in einem tieferen Sinne zu verstehen, was es mit diesem Mechanismus auf sich hat, bietet sich eine interessante Erklärung der evangelischen Theologin Prof. Mihamm Kim-Rauchholz an: „Liebe kann ohne Freiheit nicht existieren."[50] Sie beschreibt damit das wichtige Grundprinzip, auch Nein sagen zu können. Übertragen auf die Frage, was es braucht, damit sich Menschen mit den Werten einer Organisation identifizieren und eine Haltung zu diesen entwickeln können: Es ist die Freiheit, sich für Werte entscheiden zu können und diese für sich anzunehmen – oder sie abzulehnen. Wer Werte leben *muss*, wird sein Potenzial nicht entfalten und noch viel weniger eine glaubwürdige Haltung einnehmen, die diese Werte vertritt. Wer sich für Werte entscheidet, vertritt sie und kann sie sich zu eigen machen. Nur so ist die volle Potenzialentfaltung von Menschen innerhalb von Organisationen möglich. Im Kontext von Unternehmen kann dies auch bedeuten, in den Wertfindungsprozess eingebunden zu sein und Leitbilder durch das eigene Handeln mitzugestalten.

Voraussetzung für echte Empathie und Identifikation sind also Handlungsspielräume (auf allen Ebenen des Unternehmens), auf deren Grundlage die Liebe zu – oder sagen wir Identifikation mit – den zugrunde gelegten Werten einer Organisation entstehen kann, welche die Haltung eines jeden Mitarbeiters in einer ganz anderen Art prägt als eine verordnete Einstellung.

Das mag sich zunächst etwas überhöht anhören, aber da sich die Werte innerhalb von Unternehmen nicht teilen lassen und die Werte, die innerhalb der Organisation gelten, auch das Äußere bestimmen, spüren Stakeholder, wenn ein Unternehmen von Handlungsspielräumen geprägt wird – und dies überträgt sich auf die Werte, die die Basis für den Dialog und das Social Bonding darstellen. Stakeholder entscheiden sich auf der Basis von freien Entscheidungen für die Werte von Unternehmen, sofern diese ihren eigenen Werten entsprechen oder diese erweitern.

Der Satz „Liebe kann ohne Freiheit nicht existieren" gilt auch außerhalb des religiösen Kontexts und schließt an die Thesen des Neurobiologen Hüther an: Gemeinsame Werte müssen immer auf freien Entscheidungen basieren, sonst gibt es sie nicht. Und nur wenn wir frei und geborgen sind, können wir unser Potenzial ausschöpfen.

So betont Hüther, dass jeder Mensch einzigartige Fähigkeiten in sich trägt und dass Umwelt und soziale Bedingungen einen großen Einfluss auf deren Entfaltung haben. Hüther zeigt, wie wichtig es ist, dass Menschen in unterstützenden und Handlungsspielräume öffnenden Gemeinschaften leben und arbeiten, um ihr volles Potenzial zu entwickeln und auszuschöpfen. Firmen, die ihren Mitarbeitern einerseits Zugehörigkeit und Verbundenheit und andererseits Autonomie, Freiheit und Raum für Entwicklung bieten, übertragen diese Werte aber so nicht nur auf ihre Mitarbeiter, sondern eben indirekt auch auf die Beziehung zu ihren Stakeholdern: Auch sie entscheiden sich frei für eine Verbindung zu diesen Unternehmen und spüren, wenn ihnen mit einer Haltung begegnet wird, die in der Lage ist, eine gemeinsame Wertebasis zu bilden, und Platz für ihr Potenzial bietet – ein Aspekt, der nicht zu unterschätzen ist und Kunden und Stakeholder nicht nur als „Verbraucher" oder „Interessenvertreter", sondern vielmehr selbst als Enabler und Wertschöpfer begreift.

Hüther legt nahe, dass der Mensch, der sein volles Potenzial in Freiheit entfaltet, auf einem Weg zu einer Versöhnung mit sich selbst ist, zu der verloren gegangenen Einheit seiner Ursprünglichkeit.

„Identität", verstanden in diesem Sinne, „ist immer auch der Teil, der wir nicht sind", sagt Rieger und beschreibt, dass dieses „auf dem Weg zu uns selber sein" eben genau unsere Identität ausmacht, dass unsere Suche nach der Dialektik unseres Lebens, dass unser Annehmen und unsere Versöhnung mit unseren Widersprüchen den Weg darstellt, der zu einer Einheit mit uns selbst führt.

Und so ist auch Corporate Identity heute zu verstehen: einerseits als Ideal und andererseits als Beschreibung dessen, was das Unternehmen nicht ist. So wichtig es ist, das Ideal zu formulieren, so wichtig ist es auch, anzuerkennen, dass Unternehmen sich in einem permanenten Veränderungsprozess befinden. Genauso, wie es Rieger in Bezug auf den Menschen formuliert, macht dieses „auf dem Weg hin zu diesem Ideal sein" die eigentliche Identität von Unternehmen aus, die heute im Meistern dieser Veränderungen ihre Haltung zeigen. Haltung, die aus diesem „auf dem Weg sein" resultiert, kann man nicht simulieren oder konstruieren, sie ist vielmehr die Summe dieses Handelns. Ohne Handlungsspielräume wäre dies kaum möglich.

Haltung in Organisation und Kultur verankern – Kultur ist der Booster

Wie Unternehmen zu Enablern werden und ihre „Licence to grow" mit den Werten und Ansprüchen der Stakeholder verbinden und so ihre Haltung tief in ihrer Organisation und der Marke implementieren

———

Wenn wir feststellen, dass Haltung von Unternehmen in der Kommunikation einen Vorteil bietet und zu neuen Bindungen mit den Anspruchsgruppen führt, dann stellt sich die Frage, was Haltung eigentlich konkret ist – zumal Christof Ehrhart von Bosch feststellt, dass der Kommunikationsprozess mit den Stakeholdern aus Sicht der Unternehmen immer weniger „machbar" und nur noch sehr eingeschränkt steuerbar ist.

Haltung ist, wie wir in den vorangegangenen Kapiteln feststellen konnten, weniger eine moralische Kategorie oder der Ausdruck von Überzeugungen als vielmehr ein Ausdruck dafür, welche Antwort ein Unternehmen auf Veränderungen findet, wie diese gemeistert und zu einem Teil der eigenen Entwicklung und den Ansprüchen der Stakeholder werden.

Die Frage, wie Unternehmen eine Haltung finden und in ihre Struktur implementieren können, führt somit zu der Frage, wie sie Veränderungen begegnen, in Einklang zu ihren unverbrüchlichen Werten stellen, diese organisatorisch umsetzen und es schaffen, ihre Kunden und Stakeholder davon profitieren zu lassen, um daran und damit zu wachsen.

Dabei geht es um solche Veränderungen, die sich dadurch auszeichnen, dass wir sie uns nicht aussuchen, sondern im Gegenteil: Es geht um Ereignisse und Entwicklungen, die eine Veränderung unserer Umwelt darstellen, ohne dass wir die Möglichkeit haben, uns für oder gegen diese zu entscheiden.

Der Wirtschaftswissenschaftler Horst Wildemann legt in seiner Forschung einen besonderen Schwerpunkt auf die Frage, wie Unternehmen Veränderungen, die aus den Anforderungen der Umwelt und Nachhaltigkeit resultieren, in ihrer DNA implementieren und zu einem Teil ihres strategischen Geschäftsmodells machen können. Dabei sieht er die Aufgabe nicht nur bei den Unternehmen, sondern betont, dass diese Aufgabe heute nur gemeinsam und im Schulterschluss mit den Stakeholdern gelöst werden kann, wobei den Unternehmen hier eine Schlüsselposition zukommt.

Wildemann fokussiert besonders auf die Thematik, wie Unternehmen in ihrer Veränderung und ESG-Orientierung klare und einfache Umsetzungsstrukturen entwickeln können, die das Potenzial haben, alle funktionalen Strategien und Aktivitäten in der gesamten Organisation zu leiten. Betrachtet man die Beiträge und den Diskurs des Münchner Management Kolloquiums 2023 und 2024, dann scheint sich abzuzeichnen, dass es gerade der organisatorische Prozess ist, der aus Pflichtmodellen Wertmodelle mit dem Potenzial werden lässt, Resilienz zu bilden – und gleichzeitig zu begeistern. Dies ist vor dem

Hintergrund, dass Unternehmen wegen der Erwartungen der Stakeholder in diesem Punkt Haltung beziehen, Veränderungen durch Lösungen beantworten und sich klar positionieren müssen, ein wichtiger Aspekt der Strategie und Unternehmenskommunikation, der Marken und Unternehmen in all ihren Ebenen betrifft. Vor allem das Management ist hier gefragt, die Rahmenbedingungen der ESG-Vorgaben so zu interpretieren, dass sie unverwechselbarer Teil ihres strategischen Geschäftsmodells werden können.

Was auf den ersten Blick widersprüchlich scheint, ist durchaus lebbar. Gerade Unternehmen, die Resilienz zeigen und in Anbetracht der gewaltigen Herausforderungen von Klimawandel und wachsenden regulatorischen und operativen Anforderungen mit Innovationskultur reagieren, nutzen die Transformation zum Wachstum und für eine neu gelebte Sinnhaftigkeit ihrer Geschäftsmodelle. „Eine Erfahrung aus den Diskussionen und Vorträgen der Referenten war, dass alle Nachhaltigkeit als wichtigen Trend erkannt haben, denn es gilt, diese auch mit wirtschaftlichen Maßnahmen zu begleiten und daraus auch ein Geschäft zu machen", berichtet Wildemann.

Das Kolloquium fand unter dem Motto „Gemeinsam stark" statt. Dazu Wildemann: „Dahinter steht natürlich die Theorie des Stakeholder Values: Unternehmen sind nur gemeinsam mit ihren Anspruchsgruppen stark. Wenn wir also darüber sprechen, wie Unternehmen Veränderungen organisatorisch erfolgreich und wachstumsstark implementieren können, gelingt dies heute nur noch, wenn wir eine Balance schaffen zwischen den Interessen der Aktionäre, der Kunden, der Mitarbeiter und der Gesellschaft. Das ist natürlich ungleich schwieriger, als wenn sie nur dem Kapitaleigner dienen und die Rendite hochhalten."

Die dahinterstehende Stakeholder-Theorie offenbart in den Augen Wildemanns auch die starke Bedeutung des Themas der Nachhaltigkeit in Bezug auf die Veränderungsfähigkeit von Unternehmen und deren Möglichkeit, Haltung zu zeigen: „Die Stakeholder-Theorie definiert sich ja einerseits über die ‚Licence to operate', welche sich in erster Linie aus den gesetzlichen Vorgaben ableitet. Aber andererseits haben wir in dieser Theorie einen zweiten Aspekt, und das ist die sogenannte ‚Licence to grow', also quasi die Voraussetzungen, um wachsen zu können – und das kriegen Sie heute ohne den Aspekt der Nachhaltigkeit nicht mehr hin." Wildemann weist hier auf eine Veränderung hin, die in den letzten Jahren stattgefunden hat und das Thema von einem politisch bestimmten bürokratischen Vorgaben- und Regel-Dschungel zu einem echten Wachstumsthema gemacht hat: „Wir haben doch zu konstatieren, dass die Nachhaltigkeit ein von der politischen Ebene getriebenes Thema ist, dass in der Anfangsphase in der Praxis nicht wirklich funktioniert hat. Man hat da Vorgaben formuliert, und das hat große Aufregung verursacht, verbunden mit dem dauernden Hinweis aus der Wirtschaft, man sei unter diesen Bedingungen nicht mehr wettbewerbsfähig und man verliere die Arbeitsplätze. Hinzu kam in dieser Phase eine Komponente, vorgetragen von einer bestimmten politischen Richtung, dass zu Nachhaltigkeit Verzicht gehöre – mit der Folge, dass man alle möglichen Restriktionen eingeführt hat. Das führte sowohl für die Wirtschaft als auch für die Verbraucher dazu, kaum noch Handlungsspielräume zu haben. Also, diese Phase war schmerzhaft." Der Umschwung, erläutert Wildemann, sei aber in dem Moment gekommen, als Politik und Wirtschaft die Chancen des Themas erkannten: „Man hat daraus gelernt und eine neue Phase der Nachhaltigkeitspolitik eingeläutet. Da hat man sich hingesetzt und wirklich klassisch betriebswirtschaftlich das Ganze als Projekt aufgesetzt." Dabei, so Wildemann, „haben dann viele einen Aha-Moment gehabt: Das passt, das geht, das klappt, wir können das machen. Und vor allem wurde dabei eins klar: Wenn wir das schneller machen als die anderen, dann haben wir Wettbewerbsvorteile." Das habe laut Wildemann zu einem Stimmungsumschwung in weiten Teilen der Wirtschaft geführt, denn: „Die Probleme, mit denen wir als Gesellschaft konfrontiert werden, sind, das muss man schon sagen, gewaltig, aber eben auch die Chancen."

Auf die Frage, ob es denn letztlich doch des Idealismus bedarf, um hier gute Lösungen zu entwickeln, antwortet Wildemann: „Das geht nur mit Menschen, welche die Notwendigkeit von Nachhaltigkeit auch anerkennen, aber ohne Geschäft und Wachstumsmöglichkeit geht es eben auch nicht. Idealismus ist wichtig, was die Sache aber ans Laufen bringt ist, so ist das in der Wirtschaft nun einmal, das Geschäft – und das ist auch gut so, denn dann wird die ganze Sache auch wirksam."

Till Wiechmann, CEO von Tanso, einem Unternehmen, das sich der digitalen Erstellung von CO_2-Bilanzen verschrieben hat und zu den Referenten des renommierten Kolloquiums zählte, meint: „Viele Unternehmen beschäftigen sich intensiv damit, wie sie abseits von Greenwashing ihre ambitionierten Klimaziele in der Realität umsetzen können. Klar ist aber auch: Das gelingt nur auf Basis belastbarer Zahlen und mit Etablierung eines sauberen Managementprozesses."[51] Wildemann bestätigt: „Natürlich können Sie kein Controlling ohne Daten machen. Einen Prozess zu überwachen funktioniert heute nur über permanentes digitales Monitoring." Die Frage ist daher, wie Unternehmen die notwendige organisatorische und strategische Transformation implementieren können, um diese zu einem Teil ihrer Identität zu machen. Denn nur, wem es gelingt, so Wildemann, ESG-Themen in die Unternehmensstrategie zu integrieren und in Taten umzusetzen, dem gelingt es auch, sich zukunfts- und wettbewerbsfähig aufzustellen. Und Taten lassen sich am besten an den daraus resultierenden Daten messen und steuern.

Wie dies in einen Gesamtprozess passen kann, weiß Goran Mazar von KPMG.[52] Mazar berät Unternehmen bei der Implementierung von datenbasierten Steuerungsmodellen und weiß um die Verbindung von technischen und strategischen Aspekten. Er spürt auch Gegenwind bei der ESG-Transformation und sieht, dass Firmen wegen der Kosten zögern, „doch es führt kein Weg daran vorbei: Durch die Pariser Klimakonferenz ist zwar viel Enthusiasmus und Engagement für Nachhaltigkeit entstanden. Doch nun, da die Transformation Kosten verursacht, sind viele Entscheidungsträger:innen in einer Phase von Polykrisen zurückhaltender. Ein typischer Verlauf eines Veränderungsprozesses in dieser Größenordnung." Sein Beratungsansatz sieht als Hilfestellung für Unternehmen einen Prozess vor, der die ESG-Transformation in fünf Phasen aufteilt, um die großen Ambitionen wirklich in die Tat umzusetzen.

Neben der Analyse und Reflexion der sogenannten doppelten Wesentlichkeit, die sowohl die finanziellen ESG-Auswirkungen auf das eigene Unternehmen identifiziert und bewertet (z. B. durch Klimarisiken) als auch die langfristigen Auswirkungen der Unternehmensaktivitäten auf die Umwelt, das Soziale und die Governance berücksichtigt, geht es darum, die daraus abgeleiteten Ambitionen mit der Unternehmensstrategie und den dahinterliegenden finanziellen Strukturen zu verknüpfen.

In der entscheidenden und wichtigsten Phase, der dritten, werden ESG-Ziele in der DNA des Unternehmens verankert. „Diese Stufe ist ein komplexer und entscheidender Schritt auf dem Weg zu einer umfassenden Nachhaltigkeitsstrategie. Diese Transformation erfordert nicht nur eine oberflächliche Anpassung, sondern eine tiefgreifende Veränderung, die das Unternehmen in seiner Gesamtheit betrifft", erklärt Mazar.

In diesem Schritt spielen neben organisatorischen Aspekten vor allem auch Innovationen und die Alleinstellungsmerkmale des jeweiligen Unternehmens eine wichtige Rolle und bieten Wildemann zufolge gerade europäischen Unternehmen im internationalen Vergleich große Potenziale, Nachhaltigkeit in ertragbringende Wertmodelle zu integrieren: „Innovationen sind technische Neuerungen, die in Markterfolge umgesetzt werden müssen. Was wir hier in Europa haben, ist, dass man sehr genau die Kunden kennt und weiß, wo man ansetzen kann, um einen zusätzlichen Kundennutzen zu erzeugen." Verbunden mit Lösungen, die das Erreichen von Klimazielen und die Schonung von Ressourcen erleichtern, ergeben sich so große Potenziale, um Nachhaltigkeit in die Geschäftsmodelle von Kunden zu implementieren. Die Verankerung dieser Zielsetzung, selbst zu einem „Enabler" zu werden, der andere in die Lage versetzt, nachhaltiger zu handeln, zahlt unmittelbar auf den Unternehmens-Purpose ein und ergibt oftmals das entscheidende Narrativ und Momentum, welches die Sinnhaftigkeit der Transformation unterstreicht und die Identifikation der eigenen Leute mit den Zielen vorantreibt.

Doch zurück zu den fünf Transformationsschritten auf der Roadmap vom KPMG-Experten Mazar: Nach Analyse, Reflexion und Integration der Transformation in die Unternehmens-DNA geht es darum, die gefundenen Nachhaltigkeitsziele in die täglichen Prozesse zu integrieren. „Die erfolgreiche Umsetzung der ESG-Transformation erfordert nicht nur eine klare Vision und strategische Ausrichtung, sondern auch eine grundlegende Anpassung der internen Prozesse, Strukturen und Systeme eines Unternehmens bis hin zu rechtlichen und steuerlichen Fragestellungen." Den entscheidenden Faktor in der Umsetzung dieser Prozesskette sieht der Berater in der Technologie, die den Schlüssel zur Erhebung und Auswertung der Daten darstellt. Ob diese Technologie selbst entwickelt wird oder von einer der mittlerweile zahlreichen Firmen mit unterstützenden IT-Lösungen kommt, ist nicht entscheidend. Wichtig ist, dass es eine stabile Datenlage gibt, um den ganzen Prozess mess- und steuerbar zu machen.

Wie eine ganzheitliche Ausrichtung aller Teile des Unternehmens funktioniert, zeigt die Hilti-Gruppe, eines der weltweit führenden Unternehmen für Bautechnologie. Hilti hat die strukturelle und technische Implementierung der ESG-Zielsetzungen sowohl im Bereich des Klimaschutzes und der Emissionen als auch kulturell und organisatorisch vollzogen. „Wir haben einige Zeit diskutiert, wie wir die zahlreichen Nachhaltigkeitsinitiativen ganzheitlich implementieren können, und haben uns gesagt: Wenn, dann richtig! Deshalb haben wir ein eigenes Konzept entwickelt", erklärte Christoph Loos, heute Präsident des Verwaltungsrats der Hilti-Gruppe, auf dem Geschäftsberichtssymposium 2022 des Centers for Corporate Reporting in Zürich. Die technologische Seite dieses Prozesses, das Monitoring und die Datenanalyse in Echtzeit, brachte er auf die einfache Formel: „Only what gets measured gets done." Und in diesem Sinn überwacht, misst und analysiert ein unabhängiges Unternehmen den Fortschritt des Nachhaltigkeitsprogramms und liefert kontinuierlich Zahlen zu den einzelnen Projektbereichen.

Loos beschrieb das gesamte Unterfangen, das Unternehmen auf einen nachhaltigen Kurs zu bringen, als einen kommunikativen Prozess, in dem nicht nur der Dialog mit den Stakeholdern, sondern auch mit den Teammitgliedern gesucht wurde, um zu einer grundlegenden Erkenntnis zu gelangen: „Um ein solches Programm zu steuern, kommt es nicht nur auf das Engagement der Führungspersonen an, sondern vor allem auf die prozessuale Integration des Themas in das gesamte Unternehmen. Unser Corporate Sustainability Team orchestriert, integriert und unterstützt die einzelnen operativen Units innerhalb des Unternehmens und lässt so Sustainability Communities entstehen, welche ihrerseits wiederum die bereichsübergreifende Implementierung in den Business-Prozess sicherstellen." Dass Loos in seiner Zeit als CEO für das Corporate Sustainability Team zuständig war, versteht sich für ihn von selbst.

Das Unternehmen ist ein gutes Beispiel dafür, aus ESG-Anforderungen mehr zu machen als verpflichtende Vorgaben zur Offenlegung. Es ist wichtig, dass Unternehmen heute ihr Handeln in ein sinnvolles, der Gesellschaft dienendes Verständnis stellen und verstehen, dass Nachhaltigkeit letztlich für die Sicherung der eigenen ökonomischen Zukunft erforderlich ist. Innovation ist dabei das Mittel, um Resilienz herzustellen, und Nachhaltigkeit beschreibt ein dauerhaftes und wertschaffendes Wirtschaften im Einklang mit der Verantwortung des Unternehmens und seiner Integration in sein sozioökonomisches Umfeld. Denn, so Loos: „Der Wandel des Umfelds ist heute in so kurzer Zeit so gewaltig, dass Unternehmen nicht die Vorgaben in den Mittelpunkt stellen sollten, sondern vielmehr ihre Innovationskraft, die auch ohne solche Vorgaben von herausragender Bedeutung ist. Unternehmen müssen sich transformieren, da sich die Welt transformiert."

So definierte die Hilti-Gruppe für sich den Begriff Nachhaltigkeit holistisch, bestehend aus den drei strategischen Handlungsfeldern Umwelt, Mensch und Gesellschaft. Langfristiger Erfolg könne nur gewährleistet werden, wenn diese Nachhaltigkeitsaspekte bei unternehmerischen Entscheidungen ebenso stark berücksichtigt werden wie ökonomische Faktoren. Eine bemerkenswerte Herleitung, welche die Notwendigkeit zur Transformation zum Ausdruck bringt. „Uns war klar: Wir müssen etwas tun, und zwar nicht, um gut dazustehen, sondern um wirklich etwas zu ändern und unseren Beitrag zu leisten", erläutert der Verwaltungspräsident.

Aus der seit Jahrzehnten etablierten Kultur des Unternehmens abgeleitet und mittels eines intensiven Stakeholder-Dialogs definierte man die Wesentlichkeit in diesen Handlungsfeldern und setzte sich klare strategische Ziele: Im Bereich Umwelt war neben dem Erreichen der CO_2-Neutralität in der eigenen Geschäftstätigkeit bis Ende 2023 vor allem der Aspekt der Kreislaufwirtschaft ein entscheidendes Thema. Als einer der weltweit führenden Hersteller von Elektrogeräten für die Bauindustrie erkannte die Gruppe, dass das Geschäftsmodell mit eigenem Direktvertrieb und das Flottenmanagement gute Voraussetzungen liefern, um eine Verbesserung der Ressourceneffizienz zu erreichen.

Im Flottenmanagement werden die Geräte geleast und am Ende der Vertragsdauer zurückgenommen, statt sie zu verkaufen. Dadurch hat das Unternehmen die Kontrolle über den gesamten Produktlebenszyklus. Ein umfassendes Service- und Reparatursystem sorgt für gewartete und einsatzbereite Produkte auf den Baustellen. Gleichzeitig lassen sich so gezielt Bauteile austauschen, Geräte instand setzen oder Komponenten recyceln, ohne komplette Geräte zu entsorgen. Langlebigkeit, Wiederverwendung und Verwertung zieht sich bei Hilti über den gesamten Lebenszyklus der Produkte. So wird bereits in der Entwicklung die Verwertbarkeit der verbauten Materialien berücksichtigt. Man erreicht so neben einer signifikanten Verminderung von Abfall eine optimierte Bilanz der Kreislaufwirtschaft und der eingesetzten Ressourcen.

„Unser Verständnis geht heute so weit, dass wir Geräte, die nicht mehr für den intensiven Einsatz auf einer Baustelle geeignet sind, beispielsweise an Schulen, Ausbildungszentren oder Hilfsorganisationen spenden", berichtet Loos. Aber auch in den Bereichen Mensch und Gesellschaft wurden starke Ziele formuliert, die sich ebenfalls aus dem Kulturverständnis des Unternehmens ableiten: etwa die Bekämpfung von Korruption im Bereich von Baumaßnahmen und Auftragsvergaben – Hilti ist 2006 dem UN Global Compact beigetreten – oder die Erhöhung der Sicherheit und des Gesundheitsschutzes für Geräteanwender, Gebäudenutzer sowie die Mitarbeitenden.

Im Handlungsfeld Gesellschaft wird zusammen mit der Hilti Foundation „eine bessere Zukunft gebaut". Die Hilti Foundation initiiert und fördert Projekte, die dabei helfen, Menschen in Not den Weg in ein unabhängiges und selbstbestimmtes Leben zu weisen. Ihre Programme unterstützen einen nachhaltigen sozialen Wandel für benachteiligte gesellschaftliche Gruppen. Die Schwerpunkte der Stiftungsarbeit liegen in Entwicklungs- und Schwellenländern. Die große Bereitschaft der Hilti-Teammitglieder für soziales Engagement ist unternehmensweit im Freiwilligenprogramm „Engaged Beyond Business" gebündelt.

Wer bei der ESG-Transformation glaubwürdig Haltung zeigen will, muss die ESG-Ziele zu einem Teil seiner unternehmerischen DNA machen und das bedeutet, Resilienz zu zeigen und Optionen zu entwickeln, um letztlich auch die unternehmerische Freiheit zu erhalten und den Prozess zu führen statt ihm hinterherzulaufen. Wildemann sieht gerade in der Entwicklung von Innovationen und Nachhaltigkeit integrierenden Wertmodellen Beispiele für einen erfolgreichen Umgang mit dem Thema: „Wertmodelle bedeuten, dass Unternehmen sich die Ziele der Nachhaltigkeit zu eigen und zu ihren Werten machen. Dies führt nicht zu konformen Werten, sondern, und gerade das ist erstaunlich, zu ganz eigenen Schwerpunkten und einer individuellen Charakteristik, die auch auf die Alleinstellungsmerkmale des Unternehmens zurückzuführen sind. Dabei geht es eben nicht darum, die eigene DNA zu ersetzen oder durch vorgegebene Ziele abzulösen. Dies können und sollen die ESG-Kriterien nicht. Es geht vielmehr darum, die Vorgaben in die eigenen, vorhandenen Strukturen zu integrieren." Dabei dürfe man nicht vergessen, so Wildemann, dass dies heute bedeute, Haltung zu zeigen *und* daraus ein Geschäft zu machen.

Zwei weitere Beispiele, wie Unternehmen von den ESG-Kriterien unmittelbar profitieren und ihre Strategie daran anpassen, sind die Transformation der Düsseldorfer GEA AG, welche Anlagen für die Lebensmittel- und Pharmaindustrie herstellt und ab 2040 klimaneutral produzieren will, und der Stuttgarter Sportwagenhersteller Porsche, der im Rahmen seines Programms Strategy 2030 die Nachhaltigkeit zu einem Unternehmensziel erklärt hat und bis zum Jahr 2030 über die gesamte Wertschöpfungskette hinweg klimaneutral sein will.

Dass dabei für die Unternehmen trotz der gesetzlichen Vorgaben enorme Handlungsspielräume entstehen, die es ihnen ermöglichen, sich zu profilieren und Haltung zu zeigen, zeigt in beeindruckender Weise GEA, die den vom

Münchner Management Kolloquium ausgelobten Preis für Innovation und Nachhaltigkeit gewinnen konnten. Auf die Frage, wie man das bei einem Konzern mit 18.000 Mitarbeitern und hunderten Abteilungen macht, antwortet CEO Stefan Klebert gegenüber dem Focus-Magazin: „Wir arbeiten an allen Ecken und Enden und verfolgen dabei einen klaren Projektmanagementansatz. Der Plan ist unterteilt in Scope 1, 2 und 3. Scope 1 und 2 sind die Emissionen, die wir durch unsere Fabriken und Büros selbst verursachen. Scope 3 umfasst die Lieferketten und die Emissionen unserer Produkte über ihre Lebenszeit. Da geht es auf der einen Seite darum, welchen CO_2-Fußabdruck ein Kilo Stahl oder eine Elektroniksteuerung, die in unseren Fabriken landet, bereits hinterlassen hat. Auf der anderen Seite geht es um die Emissionen, die unsere Produkte später beim Kunden verursachen."[53]

Und gerade diese Betrachtung der Effizienz und Ressourcenschonung der eigenen Produkte beim Kunden hat zu einem dynamischen Wandel des gesamten Unternehmens GEA geführt, das sich für seine Kunden mehr und mehr zu einem „Transformation Enabler" entwickelt und diese in die Situation versetzt, ihren eigenen ESG-Kriterien gerecht werden zu können. Das macht die Produkte des Anlagenbauers für seine Kunden enorm attraktiv. Klebert: „Wir sind zum Beispiel der weltweit führende Hersteller von Sprühtrocknern. Das sind Geräte, mit denen sich Milch zu Milchpulver umwandeln lässt, was den Transport erleichtert. Wir haben jetzt eine Technologie entwickelt, bei der diese Trockner mit einer Luft-Wärmekopplung betrieben werden. Das senkt den Energieverbrauch signifikant. Unsere Kunden müssen sich dafür nicht umstellen, sparen aber 20 bis 30 Prozent Energie."

Neben der konsequenten Entwicklung von energiesparenden Fertigungsmaschinen für die Kunden beschäftigt sich das Unternehmen mit vielen Lösungen, die Kunden auch in anderen Bereichen in die Lage versetzt, das eigene Handeln nachhaltiger und effizienter zu gestalten, denn „Produktions- und Fertigungsprozesse erfordern zwangsläufig die Nutzung von Energie und natürlichen Ressourcen. Als globaler Anbieter von Verarbeitungslösungen für viele Branchen kann GEA seinen Kunden maßgeblich dabei helfen, effizienter und nachhaltiger zu produzieren."

GEA ist auch aktiv in der Entwicklung und Produktion von alternativen Proteinen zur Herstellung von nachhaltigen Lebensmitteln, die weniger auf Fleisch als auf vegetarische Nährstoffe setzen. Es beliefert seine Kunden mit

Anlagen zur Produktion dieser Fleischalternativen. „Wir haben mittlerweile das Bewusstsein", so Klebert, „dass ein Engagement für Nachhaltigkeit nicht bedeutet, dass man Profitabilität aufs Spiel setzt. Langfristig werden nur die Firmen wachsen können, die sich dort engagieren."

Aber es sind nicht nur die Produkte der einzelnen Sparten, auch bei den eigenen Anlagen setzt das Unternehmen konsequent auf klimaneutrale Komponenten und Lösungen. So werden bei GEA in Deutschland alle Dienstwagen auf Elektrofahrzeuge umgestellt und alle Produktionsstätten auf LED-Beleuchtungen umgerüstet, was deutlich Energie spart. In Polen entsteht ein neuer CO_2-neutraler Standort, an dem der komplette Energieverbrauch durch Solarzellen und ein angeschlossenes Blockheizkraftwerk gedeckt wird.

Das Interessante an GEA ist, dass das Unternehmen zwei Aspekte vereint: eine historisch starke Stakeholder-Orientierung und die jüngere Entscheidung, Nachhaltigkeit zum zentralen Schlüsselmoment seiner Wertschöpfung zu machen. Ob bei der Abfallvermeidung, der Einsparung von Wasser in der Lebensmittelproduktion, der Entwicklung von Anlagen zur Vermeidung von Müll oder zur Schonung anderer Ressourcen: GEA hat die ESG-Kriterien in seine geschäftliche Strategie integriert und flankiert dies durch eine digitalisierte und strukturierte Datenerfassung, die es den verantwortlichen Teams möglich macht, die Prozesse zu überprüfen und zu überwachen.

Auch Porsche hat Nachhaltigkeitsziele und Haltung in die Corporate Identity und Marken-DNA integriert. Der Autobauer hat die Ziele seiner „Vision 2030" bewusst an vier Stakeholder-Dimensionen orientiert: Kunden, Gesellschaft, Mitarbeiter und Investoren. Der Vision folgend, hat das Unternehmen ambitionierte Ziele und den Anspruch, in der Markenwahrnehmung weltweit auf Rang eins zu stehen und seine Kunden in besonderem Maße zu begeistern.

Ausgerechnet Porsche: Das Beispiel ist interessant, weil es zeigt, wie ein Unternehmen, dessen Beitrag zur Nachhaltigkeit auf den ersten Blick kritisch gesehen werden kann, durch eine Integration der Nachhaltigkeitsziele einen tiefgreifenden Strukturwandel vollzieht, ohne diesen am Verzicht der Menschen festzumachen.

Eine angebotsseitige Transformation, welche die Käufer und Nutzer zu umweltschonenderen Produkten führt, ohne deren grundsätzliche Konsumleidenschaft zu ändern oder den Verzicht in den Mittelpunkt zu stellen, ist besonders attraktiv, denn hieran lassen sich die Möglichkeiten und Chancen der Transformation und Resilienz der Wirtschaft besser ablesen als an unproblematischen Wirtschaftsgütern, deren Transformationsdruck erheblich geringer und als Herausforderung viel kleiner ist. Schließlich ist dem Klimawandel durch einen angebotsseitigen, weitreichenden Strukturwandel anstelle von Verboten und Verzicht ungleich wirksamer zu begegnen. So kann man den vielen Menschen, die erst Schritt für Schritt in weiten Teilen der Welt das Existenzminimum hinter sich lassen, nicht vorschreiben, auf ein Auto zu verzichten. Die Angebote müssen sich vielmehr ändern: Statt den Menschen beispielsweise Kreuzfahrten zu verbieten, sollten Reedereien dafür sorgen, dass Schiffe durch alternative Antriebe CO_2-neutral werden.

Die Vision des Unternehmens Porsche besinnt sich auf seinen Markenkern und schreibt den Gedanken von Gründer Ferry Porsche fort: „Die Marke für Menschen, die ihren Träumen folgen." Diese Vision „schließt die Mitarbeiter ausdrücklich ein", sagt CEO Oliver Blume: „Porsche steht für Freiheit und Unabhängigkeit – und den inneren Antrieb, Ziele zu erreichen. Bis heute hat sich daran nichts geändert: Wir wollen die Lebensträume unserer Kunden erfüllen."[54]

Und die Nachhaltigkeit? Dazu Blume gegenüber dem ndion-Magazin: „Im Jahr 2030 soll Porsche bilanziell CO_2-neutral sein, über die gesamte Wertschöpfungskette hinweg. Vorrangig werden wir CO_2-Emissionen vermeiden. Wo dies nicht möglich ist, reduzieren wir – kontinuierlich und konsequent. (...) Wir sind damit Pionier nachhaltiger Mobilität – und übernehmen in der Automobilindustrie eine Vorreiterrolle."[55] Über 80 % der Fahrzeuge sollen dann, so Porsche, elektrisch – voll oder hybrid – angetrieben werden, für den Rest setze man auf E-Fuels.

In den Augen von Porsche hat der synthetische Kraftstoff das Potenzial, nahezu CO_2-neutral zu sein. Gerade wenn dieses Festhalten an der Verbrennertechnologie auch durch seine politische Ausnahmestellung – man erinnere sich an das Engagement der FDP, diese Regelung europaweit zuzulassen – durchaus streitbar ist, so steht sie doch für einen gesellschaftlich notwendigen Diskurs, welcher der Industrie Möglichkeiten gibt, freie Entscheidungen auf dem Zielkorridor eines angebotsseitigen Strukturwandels gehen zu können, ohne Vorgaben der Politik folgen zu müssen, die letztlich nicht die beste Lösung darstellen müssen. Denkt man beispielsweise an die Förderung der Biokraftstoffe oder andere planwirtschaftlich anmutende Entscheidungen in der Vergangenheit, dann empfiehlt es sich, in die Frage, *wie* die guten Ziele erreicht werden sollten, nicht zu stark einzugreifen. Insbesondere vor dem Hintergrund einer konsequenten Stakeholder-Orientierung des „Transformationsprogramms 2030"[56] ergibt die Hintertüre der E-Fuels durchaus Sinn – als Kompromiss zwischen den Bedürfnissen der Kunden und denen der Gesellschaft, der viel mit der DNA des Unternehmens zu tun hat.

Betrachtet man die Stakeholder-Orientierung bei Porsche, so ist diese konsequent an den spezifischen Bedürfnissen und Erwartungen der einzelnen Gruppen (Kunden, Gesellschaft, Mitarbeiter und Investoren) ausgerichtet und wertet diese gleichberechtigt. Bei der so entstehenden „Matrix der Ansprüche" wird sowohl der Outside-in- als auch der Inside-out-Perspektive gefolgt: Im Stakeholder-Segment wird das Ziel „höchste Kundenbegehrlichkeit" mit dem Spitzenplatz der Markenwahrnehmung und der Kundenbegeisterung angestrebt. Im Segment „Gesellschaft" gilt es, „Treiber für eine nachhaltige Welt" mit dem Ziel einer CO_2-neutralen Wertschöpfungskette und der Auszeichnung „Best-in-Class" im ESG-Rating zu werden. Die Vielschichtigkeit dieses Ansatzes wird deutlich, wenn der Unternehmensgrundsatz – ganz im Sinne des Unternehmensgründers – auch auf die Mitarbeiter, die dritte Stakeholder-Dimension angewendet wird: Unter der Zielmarke „herausragender Arbeitgeber" werden als Benchmark eine „Mitarbeiterfaszination" von über 85 % Zustimmung und eine Bewertung von Porsche als Arbeitgeber unter den Top 3 der Branche gesehen. Schließlich bezieht sich die Zielsetzung 2030 auch auf die Investoren: Hier lautet das Ziel eine Umsatzrendite von mindestens 15 % und eine Kapitalrendite von gleich oder mehr als 21 %.

Hervorzuheben sind hierbei vier Aspekte:

– Die Einbindung der Nachhaltigkeitsziele in eine markenübergreifende und stakeholderorientierte Gesamtmatrix, welche die Ansprüche in vier Dimensionen aufteilt und dabei die Alleinstellung und Corporate Identity des Unternehmens berücksichtigt und ESG-Zielsetzungen zu einem Element der markeneigenen Erfolgsfaktoren macht.
– Die ESG-Kriterien in ihrer Zieldefinition nicht nur zu einem Treiber der Marke oder seiner Kunden, sondern zu einem „Treiber für eine nachhaltige Welt" zu machen, also die ESG-Kriterien auf das gleiche Level zu heben wie die anderen Markenwerte.
– Die Nachhaltigkeit nicht zu einer Einschränkung zu erklären, sondern als Chance und zu einem gelebten Grundsatz, der mühelos an bestehende Werte anschließt, die den Grundstock für den Erfolg der Marke gelegt haben.

– Den Weg zum Ziel durch einen individuellen Ansatz zu eröffnen, indem man es schaffte, E-Fuels als gesetzliche Ausnahme politisch zu verankern – böse Zungen behaupten, ein porscheaffiner Finanzminister habe telefonisch in engem Kontakt gestanden, um den wichtigsten Stakeholdern, den Kunden der Marke, einen moralischen Ausweg und eine mehrdimensionale Zielperspektive zum Erreichen der Nachhaltigkeitsziele zu ermöglichen.

Wildemann berücksichtigte außer seiner Analyse zum Vorgehen der GEA AG und von Porsche über 60 andere Unternehmen, die ihren Fokus auf Nachhaltigkeit gelegt haben. Systematisch leitete er für einen Beitrag in der F.A.Z.[57] die folgenden vier Lehren aus der Transformation der Unternehmen ab:

„An erster Stelle gilt es", so Wildemann, „die wirtschaftlichen Potenziale der Nachhaltigkeit zu identifizieren und zu realisieren: geringere Kosten, neue Märkte, bessere Preise, leichterer Zugang zum Kapitalmarkt, positives Image. Dazu ist es – zweitens – erforderlich, die Kreativität und den Idealismus der Mitarbeiter für die Nachhaltigkeitsstrategie zu nutzen. Manche Unternehmen bieten ihren Beschäftigten gezielte Schulungen zu den Klimathemen, aber auch zu anderen Aspekten der Nachhaltigkeit an." Damit sind beispielsweise E-Learning-Serien zu Klimathemen und ein interner Ideenaustausch gemeint. Erfolgreich sei eine solche Personalpolitik jedoch nur, wenn das Unternehmen – drittens – ein klares Nachhaltigkeitsziel formuliere und eine Roadmap entwickele, um den Weg dorthin erkenn- und kontrollierbar zu machen. Hier sei, laut Wildemann, ein permanentes digitales Monitoring notwendig, denn „ohne Datenerfassung kein Controlling."

Die größte Anstrengung müsse jedoch außerhalb der Unternehmen stattfinden: „In Scope 1 und 2 sind Nachhaltigkeitsziele vergleichsweise einfach zu erreichen. Die eigentliche Herausforderung ist die Durchsetzung in Scope 3, also bei den Lieferanten und Kunden. Dazu müssen diese – die vierte Lektion – systematisch in die Nachhaltigkeitsstrategie eingebunden werden. Die rechtliche Basis dafür bilden das neue deutsche Lieferkettengesetz, der European Green Deal der EU und die Sustainable Development Goals der Vereinten Nationen."

Dies erfordere, teilweise gewohnte und bewährte Geschäftsmodelle umzustellen, um stabile und zuverlässige Lieferketten in den Ursprungsländern zu etablieren und die Produktionsbedingungen und die Umweltdaten absichern zu können. Wildemann weiß, dass hier Kontrolle und Unterstützung der Partner gleich wichtig sind: „Verantwortungsvolle Unternehmen senden eigene Mitarbeiter zu den Zulieferern, um sicherzustellen, dass die Vorgaben in Scope 3 erfüllt werden können. Es braucht in jedem Fall aber viel Überzeugungsarbeit und die Beschäftigung einschlägigen Personals, um die Lieferanten in den einzelnen Herkunftsländern zu sensibilisieren." Wildemann, der den Prozess weniger am Idealismus als vielmehr an seiner Effizienz bewertet, kommt dabei zu dem Schluss, dass Unternehmen, die sich konsequent der Herausforderung stellen und die Bedürfnisse ihrer Stakeholder integrieren, besser wirtschaften und klarer kommunizieren als Unternehmen, die zwar idealistisch agieren, aber es nicht schaffen, ihr Handeln unter handfesten marktwirtschaftlichen Kriterien umzusetzen.

Aber welche Rolle spielt innerhalb der Unternehmen der Wille, etwas Sinnstiftendes zu tun? Braucht es neben aller geschäftlichen Rationalität nicht auch ein Stück Idealismus und Purpose, um aus der Pflicht eine Kür zu machen?

„Es ist ganz entscheidend zu erkennen, dass es nicht nur um das Einhalten von Gesetzen geht. Die Sinnhaftigkeit des ganzen Prozesses und gemeinsam geteilte Überzeugungen und Werte innerhalb eines Unternehmens sind enorm wichtig, um die Motivation und den Ehrgeiz zu entwickeln, etwas zu machen, was andere noch nicht haben, also um Alleinstellungsmerkmale zu bilden. Das sehe ich bei vielen Unternehmen, die im Bereich der Nachhaltigkeit ganz vorne sind", so der umtriebige Wirtschaftswissenschaftler.

Dass sich dieses konsequente Vorgehen mit einem großen Spielraum für die Unternehmen verbindet, der vielfältige Möglichkeiten und Chancen eröffnet und zugleich einen nicht zu unterschätzenden Einfluss auf die „Licence to operate" und die Haltung der Firmen erzeugt, steht außer Frage – und macht klar, dass der Begriff der „Wertmodelle" auch identifizierbare Alleinstellung und Positionierung beinhaltet, die letztlich als Haltung dazu dient, gemeinsam mit den Stakeholdern Werte aufzubauen.

Der entscheidende Punkt, der aus den Nachhaltigkeitsthemen für die Unternehmenskommunikation resultiert, besteht darin, dass der Interessenausgleich und die Interaktion mit den Stakeholdern hier im Mittelpunkt stehen. Gerade bei einer konsequenten Organisation und Integration der Thematik in die gesamte Wertschöpfungskette ist es bedeutsam, dass Unternehmen mit ihren Stakeholdern in den Dialog treten, verstehen – das Beispiel Porsche zeigt dies –, welche Bedürfnisse sie haben, und diese dann mit den Markenwerten verbinden. Daraus ergeben sich individuelle Haltungen, die den individuellen Angang und auch den Idealismus der Unternehmen im Sinne einer ganzheitlichen Markenprojektion für die Zukunft aufnehmen und trotz der homogenen Zielsetzungen im ESG-Bereich zu ganz unterschiedlichen Profilierungen führen.

Wenn Wildemann die Beispiele in Bezug auf die Haltung betrachtet, sieht er diese immer auch im Zusammenhang mit dem Geschäft: „Strukturwandel bedeutet ja nicht das Befolgen von Verordnungen, sondern dass durch Innovation Strukturen und Angebote entstehen, um Veränderungen umzusetzen. Sie können als Unternehmen mit ihren Innovationen, die Antworten auf Veränderungen geben, ja einerseits Haltung zeigen, sie können daraus aber eben auch ein Geschäft machen. Wenn ich der erste bin, der diese Dinge hat, dann habe ich einen Wettbewerbsvorteil, das ist nicht zu unterschätzen. Das, ich sehe es bei GEA oder Tesa, Porsche genauso, ist eine ganz klare Entwicklung: Die ‚Licence to grow' über Innovationen in der Nachhaltigkeit lässt mich als Unternehmen einerseits Haltung zeigen, es bedeutet aber genauso, erfolgreich meine Märkte zu bespielen."

Welche Wirkkraft Unternehmen durch eine Haltung zeigen können, die zum Ausdruck bringt, dass sie Veränderungen meistern und zu einem Teil ihres eigenen Werdens machen, wird auch an einem anderen Beispiel ablesbar. Das Unternehmen Rügenwalder Mühle hat seine mutige Überzeugung und sein Geschäft miteinander verbunden und wurde durch einen Kulturwandel Vorreiter einer ganzen Branche.

„Rügenwalder ist ein ideales Beispiel für das, was wir mit Haltung als Ausdruck des Meisterns von Veränderung meinen", so Leu. „Dem Unternehmen gelang es nicht nur, Kriterien, die seinen Stakeholdern zunehmend wichtiger wurden – also eine Alternative zu CO_2-intensiver Tierhaltung und den Wunsch der Menschen, ihren Genuss nicht als das Resultat einer ‚ungerechten Massentierhaltung' begreifen zu müssen –, zu berücksichtigen, sondern integrierte die Veränderung in das eigene Werden, indem das Unternehmen heute ein anderes als vor 15 Jahren ist." An diesem Beispiel wird deutlich, was mit der Wirksamkeit einer in diesem Sinne gelebten Haltung gemeint ist: Auch wenn das Unternehmen mit dem Markenzeichen der roten Mühle intensiv mit Werbung arbeitet, so ist der allein stehende und weitaus durchsetzungsstärkere kommunikative Impuls die realisierte Veränderung und der Umbau der Marke durch eine explizite Berücksichtigung von Stakeholder-Interessen. „Hier wird", sagt Wildemann, „das Motto ‚Gemeinsam stark' gut illustriert. Der große Erfolg dieser Transformation, die übrigens sowohl die

Klimabilanz der Verbraucher, also deren persönlichen Footprint, als auch den der Hersteller optimiert, zeigt, dass Wachstum über Nachhaltigkeit und die Berücksichtigung der Stakeholder-Interessen zu einem Interessensausgleich führen. Zu diesem Kulturwandel, das muss man sagen, gehörte Mut – und der hat sich hier ausgezahlt", urteilt Wildemann.

Doch das Beispiel liefert noch weitere Anhaltspunkte einer überzeugenden Haltung: Denn Haltung ist immer dann in der Kommunikation als Narrativ durchsetzungsstark, wenn es aus der Identität des Unternehmens heraus als Veränderung und Entwicklung der bestehenden Persönlichkeit wahrgenommen wird und auch die Aspekte „Substanz" und „Integrität" berücksichtigt. Als *Substanz* ist hier die Kompetenz des Unternehmens zu sehen, in der Lage zu sein, qualitativ hochwertige und schmackhafte Produkte zu entwickeln und zu vermarkten, die einen breiten Geschmack treffen. *Integrität* bedeutet in diesem Zusammenhang, dass das Unternehmen dies im Einklang und nicht im Widerspruch mit der in der Vergangenheit postulierten Identität tut. Es gibt keinen Bruch, etwa indem man das *Alte* verdammen würde, was bei Rügenwalder durch die Tatsache, dass man auch weiterhin fleischbasierte Produkte parallel unter dem gleichen Logo vermarktet, als gelungen betrachtet werden kann.

Die Geschichte um das Unternehmen, das zwischenzeitlich aufgekauft wurde, ist umso erstaunlicher, als dass es bereits seit Langem Hersteller gibt, die fleischlose Wurstprodukte herstellen, die etwa im Segment der Reformhäuser, aber auch in Biomärkten vertreten sind. Der Erfolg von Rügenwalder resultiert aber gerade daraus, dass man sich von Beginn der Transformation an weiterhin als Wursthersteller zeigte, der seit 2014 fleischlose Wurst herstellt, also das Gegenmodell zum eigenen Produkt anbietet, was von den Verbrauchern als „Nachricht" gewertet wurde. Rügenwalder konnte erfolgreich sein, weil es eine Segmentveränderung – vom Fleisch-Saulus zum Fleischlos-Paulus – durch seine Haltung sichtbar kommunizieren konnte: in diesem Fall des Nebeneinanders beider Möglichkeiten. Dieses starke Commitment und die damit verbundene Kommunikationskraft erreichen konventionelle und seit Jahren bestehende Marken wie die fleischlosen Reform-Aufstrich- und Belaghersteller „Tartex" nicht, da sie schon seit 50 Jahren Hersteller von veganen Wurst-Substituten sind und daher keine Veränderungen meistern. Dies zeigt, dass Haltung nicht als moralische Kategorie funktioniert, sondern Ausdruck dessen ist, wie ein Unternehmen Veränderungen begegnet und sich und seine

Produkte entwickelt. Dazu gehört auch, in welcher Weise es die Stakeholder berücksichtigt, dabei wahrgenommen wird und davon profitiert. Rügenwalder wuchs in den letzten zehn Jahren um mehr als 30 % mit seinen fleischlosen Produkten, während der übrige Markt im Durchschnitt bei 5 % stagnierte. Das Capital-Magazin konstatiert folgerichtig: „Rügenwalder hat es geschafft, die Pflanzenwurst aus der Öko-Ecke zu holen, ein Erfolg, mit dem kaum einer gerechnet hatte."[58]

„Wichtig ist in diesem Zusammenhang aber vor allem eines: Es muss eine Substanz geben, die real ist. Die Phase des Greenwashings, also des ‚Nur-so-tun', als ob man da was macht, die ist längst vorbei. Wenn man heute kein substanzielles Programm hat, welches die Nachhaltigkeit logisch und auch vor dem Hintergrund der Stakeholder-Interessen begründen kann, dann ist das unglaubwürdig, sehr gefährlich und sofort imageschädigend", warnt Wildemann. Das bedeutet auch, dass das Hantieren mit Labeln und scheinbaren Lösungsvorschlägen letztlich nach hinten losgehen kann. Dies ist gerade in der Industrie, in der Rügenwalder Mühle unterwegs ist, vielfach versucht worden, indem man goldene Labels und Scheinzertifikate auf Fleisch- und Wurstpackungen druckte, um die Grundbefindlichkeit der Stakeholder gnädiger zu stimmen. Letztlich zeigt Rügenwalder, dass, wie es Wildemann sagt, die „Licence to grow" ohne Nachhaltigkeit kaum mehr zu bekommen ist.

Wolfgang Bauer war lange Zeit CEO des Baustoffriesen Dyckerhoff AG und berät heute aus seiner Frankfurter Kanzlei neben Unternehmen für Kunststoffrecycling auch die Stahl- und Gussindustrie – und weiß um die Schwierigkeiten und Chancen, Nachhaltigkeit in Geschäftsmodelle zu implementieren. „Haltung bedeutet für mich, komplexe Herausforderungen mit der Eigenständigkeit unternehmerischen Handelns zu verbinden. Wenn ich an die Stakeholder der Baustoff- oder Stahlindustrie denke und die enormen Herausforderungen, die sich durch die ESG-Vorgaben für diese Branchen ergeben, frage ich mich, ob wir hier auf dem richtigen Weg sind. Einerseits müssen wir alle mit den Emissionen runter, aber andererseits dürfen wir Industriebereiche, auf die wir als Gesellschaft angewiesen sind, nicht zerstören oder glauben, alles ließe sich mit Subventionen regeln. Haltung bedeutet für mich, mit klugem Kopf und kühlem Verstand Wege zu finden, die unsere Schlüsselindustrien nicht aushöhlen oder ihre nicht substituierbaren Produkte unbezahlbar machen, sondern Wege zu gehen, die Übergänge sichern und nicht in blindem Aktionismus oder planwirtschaftlich anmutenden Vorgaben enden."

Zwar bestehe die technische Möglichkeit, CO_2 abzuspalten und zu verpressen, aber dies würde beispielsweise Baustoffe, die besonders in der Kritik stehen, stark verteuern. „Ob wir über Automobile, Baustoffe oder Stahl sprechen: Nur wenn die Wertschöpfung auch in Zukunft in Europa stattfindet, haben wir direkte Einflussmöglichkeiten." Von Strafzöllen hält Bauer nichts, sie sind für ihn vielmehr ein Anzeichen einer fehlenden europäischen Strategie. Für ihn steckt die Lösung der unbestrittenen Problematik, dass in anderen Teilen der Erde die Energie- und Umweltkosten eine geringere Rolle als in der EU spielen und somit zu erheblichen Nachteilen führen, in einer globalen konzertierten Aktion. Deshalb greift er die Idee von Olaf Scholz auf, der Ende 2022 vorgeschlagen hatte, dass ein multinationales Abkommen geschlossen werden müsse, um zu sehen, wie die Klimaproblematik grenzübergreifend wirklich in den Griff zu bekommen sei. „Wir müssen schauen, was tatsächlich wirkt, ohne unsere Industrien und ihre Innovationsfähigkeit nachhaltig zu schädigen, was unsere Resilienz und letztlich unsere Freiheit gefährdet." Bauer sieht die Gesellschaft und viele Unternehmen schon heute auf dem richtigen Weg, aber es bedarf mehr. „Die vielen klimaschonenden Innovationen sind wichtig und wertvoll, aber wir brauchen Augenmaß und Wirksamkeit. Der Klimaklub müsste als eine erste Maßnahme die Nutzung von Kohle international beenden. Das bedeutet, dass wir nach neuen Energieträgern forschen, erneuerbare Energien weiter ausbauen und unter Umständen die Kernkraft reaktivieren müssen."

Kündigt sich hier ein Umdenken nach einer Dekade grüner Wirtschaftspolitik an? „Nein", sagt Bauer, „es bedeutet vielmehr, dass die Umwelt- und Wirtschaftspolitik effizienter, realistischer und strategischer sein muss und gerade in der EU das mögliche Tempo der einzelnen Industriezweige stärker berücksichtigen sollte. Wir dürfen es uns als Gesellschaft nicht nehmen lassen, nach der besten Lösung zu suchen – und dabei die Wertschöpfung nicht in ferne Länder auslagern. Was haben wir davon, wenn 90 % der elektrischen Autos in zehn Jahren aus China kommen, weil es in der EU nicht gelingt, entsprechende bezahlbare Kapazitäten – beispielsweise in der Batterieproduktion – aufzubauen?"

Bauer ist nicht alleine mit dieser Einschätzung. Auch der Philosoph Markus Gabriel, laut SPIEGEL „einer der meistdiskutierten deutschen Philosophen der Gegenwart", fordert liberale Kräfte und Augenmaß zugunsten eines neuen moralischen Wirtschaftens. Er kritisiert dirigistische Maßnahmen, die die wirtschaftliche Freiheit beschneiden: „Der Staat muss einsehen, dass er keine Wirtschaft machen und auch nicht die Klimafrage lösen kann. Das müssen die Unternehmen selber schaffen." Gabriel fordert einen stärkeren Dialog: „Ein echter wirtschaftspolitischer Diskurs findet in Deutschland nicht statt. Wir leben in einem liberalen und demokratischen Rechtsstaat, aber die großen Probleme unserer Zeit delegieren wir lieber an die Politik, und wenn es schief geht, fragen wir uns: Was machen die falsch?"[59]

Fragt man Wolfgang Bauer nach einer Haltung, die ihn beeindruckt hat, berichtet der gelernte Wirtschaftsingenieur, der seine Karriere bei KPMG begann, von BMW: „Zu Beginn der Elektrifizierungswelle gingen breite Teile der Autoindustrie davon aus, dass man zwei separate Produktionslinien aufbauen müsse: hier elektrisch, da Verbrenner – denn jede Antriebsart würde in einer Übergangsphase eine eigene Karosserie erfordern, bevor man dann alles auf die Elektrifizierung konzentriere und sich vom Verbrenner verabschiede. Der CEO von BMW wurde damals belächelt, da er dem Unternehmen die weitere Entwicklung offenhielt. BMW hat gegen den Trend auf mehrere Säulen gesetzt, die letztlich aber, und das war der Unterschied, immer die gleiche Karosserie verwenden: Benziner, Diesel, Hybrid und vollelektrisch stehen den Kunden bereits zur Verfügung, Wasserstoff ist noch in der Pilotphase. Das war eine eigenständige Haltung, die sich heute als strategisch gute Entscheidung erwiesen hat."

Haltung ganzheitlich erkennbar werden lassen – Design und Gestaltung als Strategie

Wie Design und Unternehmensauftritt den Widerspruch zwischen äußerer Gestalt und inneren Werten auflösen und zum Hebel eines neuen Verständnisses von Kommunikation und Wertschöpfung werden

Der Paradigmenwechsel des Begriffs der Öffentlichkeit, die gewandelte Bedeutung der Stakeholder und die neue Gewichtung ihrer Interessen, raus aus der ESG-Ecke in die Mitte des Unternehmens, haben auch zu einem neuen Verständnis von Corporate Identity und Corporate Design geführt. Das ursprüngliche Verständnis einer Designlösung, welche sich in ihrer Ausrichtung an der Corporate Identity eines Unternehmens orientierte, die den Nukleus jedweder strategischen Handlung, Abbildung und Botschaft des Unternehmens zentral bestimmte, wird zunehmend von einem dialogischen Ansatz abgelöst, der die Interessen und Ansprüche der Stakeholder bereits früher in das Zentrum der Corporate Identity integriert.

Gute Gestaltung wurde schon immer vom Inneren eines Unternehmens gedacht und präsentierte im von außen wahrnehmbaren Markenbild, der Brand Experience, an allen Touchpoints der Marke ein möglichst homogenes Erlebnis mit dem Ziel, Kunden auf ihrer Markenreise immer einheitlich auftretend und möglichst gradlinig zu begleiten. Durch die konzeptionelle Verbindung zum Markenkern war ein gutes Design eines Unternehmens nie eine Verpackung oder Kulisse, die am Ende des Prozesses quasi als Fassade hinzugefügt wurde, sondern ein integraler Bestandteil und Ausdruck der Identität. Peter Vetter, einer der prominenten Schweizer Gestalter, denkt hier an das Goethe-Zitat: „Denn was innen, das ist außen." Und beschreibt damit ein Qualitätskriterium.

Der Wandel in Unternehmen, weg vom Schwerpunkt einer Shareholder-, hin zu einer Stakeholder-Orientierung, hat mit dem Paradigmenwechsel des Begriffs von Öffentlichkeit und Kommunikation auch im Bereich der Corporate-Identity- und Corporate-Design-Entwicklung zu vielen Veränderungen geführt. Durch die Integration der Stakeholder-Werte in den Kern der DNA wächst dem Design eine andere Rolle zu als in der Vergangenheit. Vetter bringt es mit seiner Aussage, dass Corporate Design und Corporate Identity heute „fluider funktionieren" und sich von dem klassischen Innen-/Außen-Verhältnis zunehmend gelöst haben, auf den Punkt. Auch wenn in der Vergangenheit durchaus konzeptionell gearbeitet wurde und die Ergebnisse Früchte eines integralen Prozesses waren, wurde Design mehr im Kontext der Markenführung als Teil der Strategie eines Unternehmens und weniger als ein Teil der strategischen Unternehmenssteuerung selbst gesehen. Dazu sagt Leu: „So, wie die strategische Kommunikation als zentrales Managementelement erkannt worden ist und heute entweder in einer eigenen im Vorstand implementierten Funktion integriert ist – oder fast schon wie selbstverständlich zu den direkten Aufgabenbereichen des CEO gehört –, so wird in Zukunft auch das Design immer mehr integraler Bestandteil der strategischen Unternehmensführung und als Teil der Stakeholder-Theorie immer mehr Ausdruck der zwischen Unternehmen und Stakeholdern geteilten Werte sein."

Das hat viel damit zu tun, dass Design heute immer weniger für das Erscheinen als vielmehr für das „Sein" von Unternehmen steht. Der bekannte deutsche Produktdesigner Dieter Rams formulierte zehn Thesen für gutes Design und erkannte dabei: „Gutes Design ist so wenig Design wie möglich."[60] Rams verband damit die Forderung, das Wesentliche in den Fokus zu stellen. Heute will gutes Design nicht mehr Eindruck machen, sondern den Widerspruch zwischen dem Äußeren und dem Inneren aufheben und in seinem Erscheinen Werte zusammenführen. Man könnte auch sagen, dass Design heute die Outside-in-Perspektive der Stakeholder mit der Inside-out-Perspektive des Unternehmens verbindet, denn nachhaltige Geschäftsmodelle bauen zunehmend auf wertebasierten Haltungen und Zielen auf, welche die Ansprüche der Stakeholder aufnehmen, um im Dialog langfristig Beziehungskapital aufbauen zu können.

Das Unternehmen stellt in dieser Beziehung als Teil und Ausdruck seiner Haltung seine Produkte und Leistungen in den Dienst einer gemeinsamen, geteilten Wertebasis und verbindet diese zugleich mit einem Markenversprechen, das eine Antwort auf diesen gemeinsamen Anspruch ist. Aus einem „YOU AND ME" wird im neuen Verständnis von integraler Unternehmenskommunikation und Markenführung heute ein „WE".

Der Stakeholder-Dialog und die daraus abgeleitete Materialität und Gewichtung werden zu einem immer zentraleren Punkt, der zunehmend Grundlage und Ausgangspunkt für Innovationen und Wachstum wird. Damit sich Unternehmen mit einer wertebasierten Haltung in diesem Kontext erfolgreich positionieren können, gilt es, Anspruch und Wirklichkeit zu prüfen, den Kern der Unternehmenswerte zu fokussieren, diesen gegebenenfalls zu revitalisieren oder veränderten Bedingungen und Zielen anzupassen.

Dem Design kommt dabei eine entscheidende Rolle zu. Es ist in diesem Prozess strategisches Steuerungselement statt nur simples Visualisierungstool und maßgeblich am Ausdruck der Haltung, Substanz und Integrität von Unternehmen sowie an der Transformation von Produkten beteiligt. Design ist daher als ganzheitlicher Weg, Dinge zu gestalten, zu begreifen. „Design ist zu einem zentralen Element der Strategie geworden, und zwar nicht als visueller Ausdruck der Strategie, sondern als Entwicklungselement der Strategie selber", sagt Professor Dr. Klaus Klemp, Managing Director der rams foundation, der daher auch die Verwendung des Wortes „Design" kritisch sieht: „Der bessere Begriff wäre der Begriff der Gestaltung." Während im Englischen „Design" beispielsweise auch die technische Entwicklung eines Produktes beschreibt, ist die Verwendung des Begriffs im Deutschen weniger umfassend und meint meistens die Gestaltung der Form.

Wenn wir Haltung als das Meistern von Veränderungen und das Integrieren dieser Veränderung in das eigene Werden definieren, dann ist die Parallele zu gutem Design, dass es Ausdruck eben dieses Meisterns wird und in seiner Gestaltung eine Entwicklung sichtbar werden lässt. Gute Gestaltung ist eine Antwort auf die Bedürfnisse und Ansprüche der Stakeholder, um diesen etwas zu geben, um ihrerseits Veränderungen beantworten zu können.

Das bedeutet aus Sicht der Firmen, im Dialog zwischen dem Wesen des Unternehmens und seiner Umwelt eine optimale Antwort auf die Veränderungen und Herausforderungen zu finden, die eine dialektische und verbindende Lösung zwischen den Unternehmenswerten und den Werten der Umwelt darstellt. Wenn dies gelingt, dann ist Design nicht mehr eine gestaltete und modisch austauschbare Hülle, sondern Ausdruck einer Haltung und nimmt als solche eine unverwechselbare und sich selbst erklärende Gestalt an, die wir als etwas Ganzes erfassen und uns eine Identität vermittelt. Diesen Idealzustand fasst Rams in seiner Aussage „Gutes Design ist so wenig Design wie möglich" zusammen.

Doch Design entsteht nicht von alleine, sondern ist ein intensiver und arbeitsreicher Prozess, der aus dem Zuhören und Nachfragen, Verstehen und Weiterdenken, Entwickeln und Ausprobieren, Irren und Verbessern, dem Wissen und der Erfahrung, der Klugheit und Logik und der kunstfertigen Formgebung besteht – und neben all dem von zwei wichtigen Voraussetzungen abhängig ist: Der erste Aspekt ist die Freiheit und der zweite Aspekt ist die Berücksichtigung der Stakeholder, also jener, für die die Gestaltung gedacht ist und deren Ansprüche und Werte Teil des Prozesses sind.

Da Design, genauso wie die Kommunikation, mehr und mehr zu einem integralen Managementprozess wird und bereits zu einem der entscheidenden Teile der Unternehmens- und Produktentwicklung geworden ist, wird die Methodik der Designentwicklung immer wichtiger, um die Arbeitsweise der

Designer auf die Entwicklung und Lösungen komplexer Herausforderungen zu übertragen. Dieser Prozess wird „Design Thinking" genannt und dient heute als Managementansatz dazu, Produkte zu entwickeln, ganze Geschäftsmodelle neu zu denken und aus der Perspektive der Nutzer und Stakeholder Innovationen abzuleiten, kurz: Es ist eine universelle und erfolgreiche Methode, um Probleme zu lösen.

Design Thinking fördert die kollaborative Kreativität – oftmals mit sehr unkonventionellen Wegen in interdisziplinären Teams. Der Prozess besteht in der Regel aus sieben Phasen: dem Verstehen, dem Beobachten, der Hypothese, dem Entwickeln von Ideen, der Entwicklung von Prototypen, dem Testen und schließlich der Synthese und Lösung.

Tatsächlich ist der Design-Thinking-Prozess dem Vorgehen der Designer abgeschaut, denn die Initiatoren hatten erkannt, dass die Arbeitsweise von Gestaltern durch die Integration vieler verschiedener Gesichtspunkte und das freie Vorgehen und Testen eine phänomenale Möglichkeit darstellt, eine Lösung für ein Problem zu finden. Auch der Designer Peter Vetter weiß, dass der erste Schritt des Designprozesses die Frage beantworten muss, worin genau die Problemstellung einer Aufgabe liegt. „Wenn wir das Problem präzise definieren können, definieren wir zugleich auch ein Stück weit die Lösung", sagt der Schweizer, der bei Zintzmeyer & Lux (später Interbrand), bei Vignelli Associates, bei Coande und als Dozent an der Zürcher Hochschule der Künste gearbeitet und sein Wissen weitergegeben hat. Er sieht im Design Thinking einen guten Weg, warnt aber vor der Annahme, zu glauben, dass der Stakeholder die Lösung wisse. „Natürlich ist es wichtig zu wissen, was die Zielgruppe fühlt und erwartet", sagt Vetter, die Arbeit können sie den Gestaltern jedoch nicht abnehmen.

Die Stakeholder einzubeziehen, sei aber in jedem Fall richtig und wichtig, denn: „Man sieht viel zu viele Botschaften, die rein aus der Sicht von Unternehmen konzipiert sind und nicht auf die Bedürfnisse der Rezipienten und Stakeholder eingehen. Die Innensicht überwiegt gegenüber dem Verstehen von Umfeld und Zielgruppe. Im Gegensatz dazu werden oft und vor allem in den USA die potenziellen Botschaften und kommunikativen Maßnahmen getestet. Meistens führt das dann dazu, dass man es allen recht machen will, und letztlich gleichen sich die Lösungen und werden zu nachahmenden Konzepten, die wenig Originalität und Eigenständigkeit vermitteln. Wer meint, dadurch alle problemlos erreichen zu können, ist auf der falschen Fährte, weil die notwendige Differenzierung nicht mehr gewährleistet ist."

Damit spricht Vetter den elementaren Punkt an, dass der Design-Thinking-Prozess davon lebt, einen strategischen Prozess strukturieren und steuern zu können – aber den kreativen Part der Designer nicht ersetzen kann. Er ist ein Werkzeug, welches letztlich von der Güte und Abwägung, vom Instinkt und Talent der beteiligten gestaltenden Personen lebt und Testphasen oder szenische Hypothesen als Hilfsmittel nutzt. Der eigentliche Kern des Gestaltens kann jedoch nicht ersetzt werden und die Herausforderung, aus all den Einflüssen innerhalb des Prozesses etwas Kraftvolles, Innovatives und Eigenständiges zu entwickeln, das wirksam ist und zu einer echten, einen Unterschied darstellenden Lösung führt, bleibt bestehen.

Klemp kann dies bestätigen. Er verwaltet den persönlichen Vorlass von Dieter Rams, der bei Braun Designikonen schuf, die den weltweiten Ruhm des Unternehmens begründeten, und maßgeblich das Design heutiger Apple-Produkte inspirierte. Rams' Entwürfe sind heute überall auf der Welt in den Museen zu finden, etwa in der Dauerausstellung des MoMa in New York. „Dieter Rams hat den Weltruhm von Braun mitbegründet, indem er Gestaltungen erschuf, die Maßstäbe im Industriedesign setzten. Als man nach ihm bei Braun damit begann, Produkte maßgeblich über Testreihen zu gestalten, verwandelte sich Braun in eine verwechselbare Allerweltsmarke, die Trends anderer Marken nacheiferte", resümiert Klemp.

Man müsse bedenken, so der Designer Vetter: „Ansprüche sind keine Ideen und keine Lösungen, sie beschreiben eher eine Situation, ein Bedürfnis oder ein Problem. Als Steve Jobs einmal gefragt wurde, ob und wie Apple seine Produkte testet, hat er anscheinend geantwortet, Apple würde seine Produkte nicht testen. Er sei der Auffassung, dass ein Hersteller wissen müsse, was seine Kunden brauchen, und nicht umgekehrt. Meinen Sie, Philipp Reis hat irgendeine Marktbefragung durchgeführt, bevor er das Telefon erfunden hat?"

Vetter stellt eine Frage in den Raum: „Stellen Sie sich die Situation 1984 vor, als das Design- und Branding-Konzept von Apple entschieden wurde. Da war die Idee, für ein absolutes High-Tech-Produkt doch tatsächlich den Namen ‚Apfel' zu verwenden, als Logo einen Apfel abzubilden – dazu mit verheißungsvollem Anbiss, Assoziation: Paradies – weil Isaac Newton mal einer auf den Kopf gefallen war und er so die Gravitationslehre entdeckt hatte! Man kann sich lebhaft vorstellen, was die Verantwortlichen eines konventionellen Unternehmens dazu gesagt hätten. Ähnliches gilt für das Konzept des französischen Telekommunikationsanbieters Orange oder für Nike, als sich das Unternehmen entschieden hat, die Wortmarke zu eliminieren und durch den Claim ‚Just do it' zu ersetzen." Was verbindet diese berühmten Markenkonzepte? Vetter erklärt: „All diese besonders erfolgreichen Konzepte sind auch besonders mutige Lösungen. Sie sind unkonventionell, widersprechen sämtlichen Lehrbuchprinzipien und bergen deshalb Risiken in sich. Design ist dann ein strategisches Werkzeug, wenn es Probleme innovativ lösen kann. Strategien sind wiederum dann produktiv, wenn sie durch Inhalte charakterisiert werden, denn alleine die Inhalte bilden die Grundlage für innovative Konzeptionen. Diese Wechselwirkung zwischen Inhalt und Form führt in den besten Ausprägungen zu nachhaltiger Kommunikation. Und wenn Kommunikation eigenständig, nachhaltig und innovativ ist, dann vermittelt sie kraftvolle strategische Inhalte. In diesem Sinne stellt Design immer auch ein strategisches Werkzeug dar."

Leu, der nicht nur als Gestalter weltweit tätig war, sondern auch als Consultant geeignete Agenturen im Auftrag führender Unternehmen suchte, weiß, wie wichtig es ist, dass Unternehmen hier Unterstützung annehmen und Spezialisten zu Rate ziehen, um ihnen die wirklich kreativen Partner zur Seite zu stellen. „Sehr oft ist dieser Prozess das Ergebnis von Pitches, die ein intensives Eingehen auf die Besonderheiten und Einmaligkeiten eines Unternehmens verhindern." Leu kritisiert dabei die Oberflächlichkeit und geringe Eindringungstiefe, die oftmals schon in den einschränkenden Briefings der Unternehmen angelegt sind und nur wenig authentische Lösungen hervorbringen. „Es ist, als ob zwei Partner sich nur oberflächlich, nur ganz kurz kennenlernen wollen – oder müssen." Stattdessen fordert Leu, dass es zu langfristigen und vertrauensvollen Partnerschaften auf Augenhöhe kommen muss. Topunternehmen brauchen als Berater der Kommunikationsspitze in direktem Kontakt mit dem CEO wirklich gute Leute, die solch einer Aufgabe gewachsen sind, jedoch: „Die findet man nur auf qualifizierte Empfehlung." Leu resümiert: „Solange in den Unternehmen nicht eine Person mit profunden und polyglotten Kenntnissen und Erfahrungen an der unmittelbaren Seite des CEO für die Sichtbarmachung des Unternehmens voll verantwortlich ist, wird es nur teilweise befriedigende Lösungen geben."

Beispiele solcher Gestalterpersönlichkeiten sind Menschen wie Otl Aicher oder in neuerer Zeit Raphael Brinkert, die auch maßgeblich für die Kommunikation der Haltungsprofile und Philosophien ihrer Klienten verantwortlich zeichnen und als direkte Unterstützung der Chefkommunikatoren und im engen Kontakt mit Vorständen – oder Kanzlerkandidaten – maßgeblich den Erfolg von Unternehmen und Organisationen prägen.

Es braucht Persönlichkeiten und ganzheitliche Kompetenz. Daher kann man diese wichtige Position nicht durch das probeweise Erfüllen einer Pitchaufgabe besetzen. „Man würde ja auch keinen Stabschef über das Absolvieren einer Assessment-Aufgabe ins Amt holen. Hier braucht man ein Gespür für die richtigen Leute, und dieses Gespür haben viele Unternehmen nicht im eigenen Haus", sagt Leu und verweist damit auf gute Berater, die qualifizierte Kandidaten ins Spiel bringen, welche der komplexen Aufgabe gewachsen sind.

Ein gutes Beispiel für einen haltungsstarken Corporate-Design-Relaunch, bei dem die Interessen der Stakeholder in den Mittelpunkt der Unternehmens-DNA integriert und die scheinbaren Widersprüche der Marke zur Übereinstimmung mit sich selbst gebracht wurden, kommt im Corporate Design der genossenschaftlichen R+V Versicherung zum Ausdruck, in dem der Aspekt „Haltung zu beziehen" eine wichtige Rolle spielt. Gemeinsam mit ServicePlan und Metadesign Düsseldorf realisierte die Marketingabteilung einen komplexen Neustart der Markenführung.

Mit seinem Claim „Du bist nicht allein" zeige das Unternehmen, so Anja Stolz, Chief Marketing Officer der R+V Versicherung, „klare Kante gegen Egoismus".[61] Stolz glaubt, „dass es für Unternehmen heute immer wichtiger ist, Haltung zu zeigen". Mit dem kompletten Relaunch, der gezielt ureigene Markenwerte revitalisiert und neu kontextualisiert, und einem daraus abgeleiteten Corporate Design stellte sich die Versicherung aus Markensicht komplett neu auf und besann sich dabei auf ihre genossenschaftlichen Wurzeln. Kurz vor dem 100. Geburtstag ihres geistigen Vaters Friedrich Wilhelm Raiffeisen wurde sein bekanntestes Zitat prägnant in den Mittelpunkt des Corporate-Identity-Switchs gebracht: „Was einer nicht allein schafft, das schaffen viele."

Vertriebschef Jens Hasselbächer erläutert dazu: „Starke Marken mit Haltung ziehen neue Kunden an und binden die bestehenden ans Unternehmen. Deshalb haben wir eine klare, konsistente, scharfe Positionierung für R+V entwickelt. Wir wollen selbstbewusster im Markt auftreten und unsere Bekanntheit weiter steigern."[62]

Die R+V Versicherung integrierte in ihrem Marken- und Identity-Relaunch die Werte und Interessen ihrer Stakeholder, indem sie einerseits einen ergebnisoffenen, unverstellten Blick auf ihre ursprünglichen Markenkernwerte und Corporate Identity richtete und sich mit ihrer genossenschaftlichen Herkunft und deren heutiger Relevanz auseinandersetzte. Andererseits wurden die geänderten Wertvorstellungen ihrer wichtigsten Kundengruppe, der Generation Z, berücksichtigt, die sich die Frage stellt, ob eine Versicherung überhaupt noch die richtige Antwort auf die persönliche Zukunftsvorsorge darstellt, wenn materielle Sicherheit und Wohlstand nicht mehr als primäres Ziel gesehen werden.

„Wir haben überlegt, für was wir stehen als Unternehmen. Was steckt tatsächlich in unserer DNA, was ist unsere Haltung, was ist unsere Position in der Gesellschaft? Auf dieser Basis haben wir eine komplett neue Idee entwickelt: gegen den Egoismus und für die Gemeinschaft", so Stolz.

Aus einer Trennung von Unternehmen und Stakeholdern wurde durch diesen Relaunch in vielerlei Hinsicht eine Integration. Aus einem „Wir und Ihr", also einem Äußeren und einem Inneren des Unternehmens, wurde stattdessen nun ein klares „Wir", das in der Ausformulierung die Relevanz zum Individuum mit einem klaren „Du" zum Ausdruck bringt. Die Stakeholder wurden so durch den Slogan „Du bist nicht allein" Teil einer Gemeinschaft, die Stärke, Solidarität und Schutz bietet, und das ist nichts anderes als das genossenschaftliche Prinzip, welches Kernidentität der R+V Versicherung ist.

Durch diese Rückbesinnung auf die Kernwerte des Unternehmens und das Akzeptieren der eigenen Unterscheidbarkeit von den glatten, großen internationalen Versicherungskonzernen konnte die Identity von ihren scheinbaren Widersprüchen befreit, stattdessen mit diesen versöhnt und zur Übereinstimmung gebracht werden. Zugleich, und das ist das Entscheidende, konnte eine grundlegende Übereinstimmung mit den Bedürfnissen der jüngeren Kernzielgruppen gefunden werden. So wurden in der dialektischen Lösungssuche gemeinsame Werte des Unternehmens und der Stakeholder identifiziert und berücksichtigt, weshalb dieses Beispiel den Nutzen einer gezielten Integration von Stakeholder-Interessen in den Mittelpunkt der Corporate Identity so gut veranschaulicht.

Dass ausgerechnet MetaDesign das Unternehmen konzeptionell und strategisch in diesem Prozess in die richtige Richtung führte, ist kein Zufall, spielt doch der Faktor der Kommunikation und des konzeptionellen Design Thinking eine zunehmend wichtige Rolle in der Positionierung von Unternehmen in einer Zeit der digitalen Hypertransparenz. R+V ist ein gutes Beispiel für ein haltungsbasiertes Narrativ, welches die Werte der Bedürfnisse der Menschen in den Mittelpunkt einer Neuausrichtung der Corporate Identity setzt und damit einen glaubwürdigen Akzent bildet, der es schafft, die ursprünglichen Kernwerte der Organisation glaubwürdig zu revitalisieren und mit dem Interesse der Stakeholder auf einen gemeinsamen Nenner zu bringen.

Gute Designagenturen neigen dazu, das Wesentliche im Kern von Identity-Prozessen treffsicherer zu identifizieren als Werbespezialisten, da sie die Identität von Marken und Unternehmen mit den Bedürfnissen der Zielgruppen und Stakeholder qualitativ abgleichen und in ein sich bedingendes Verhältnis setzen.

Warum das so ist, erklärt Sascha Lötscher von einer der besten Schweizer Designagenturen, Gottschalk+Ash Int'l in Zürich: „Das ist vielleicht ein bisschen das Problem der Marketing-Denke, die die Werbung oftmals dominiert: Sie fragen das Pferd, was es will. Das Pferd will Zucker – und sie geben, wonach es verlangt. Eigentlich wäre eine Karotte besser." Gerade indem sich Design-Agenturen mit dem tieferen Wesen der Identity auf Unternehmens- und Stakeholder-Seite auseinandersetzen und nicht den kurzfristigen Erfolg anstreben, haben sie zwar mehr Mühe, finden aber oft einen selbstverständlichen, richtigen Weg.

Lötscher: „Ein wahnsinnig unterschätztes Wort in der Kommunikation ist in meinen Augen ‚Angemessenheit'. Kommunikation kann ein Unternehmen mit in die Zukunft ziehen und den Weg weisen, wenn sie berücksichtigt, woher ein Unternehmen kommt und wohin es will. Wie ein Magnet, der vor dem Unternehmen ist, nicht dahinter. Angemessene Kommunikation bedeutet für mich, sich mit Märkten, Sinn, Zweck, Alleinstellung und Kultur der Unternehmen vertieft auseinanderzusetzen, aufeinander abgestimmte Ziele zu verfolgen. Es ist Kommunikation auf Maß geschneidert."

Bei der Umsetzung des R+V-Auftritts wurden nicht nur die Werte und Widersprüche der Versicherung selber erkundet, auch den Stakeholdern wurde zugehört. Man war ein „Listening Leader", um gemeinsam Wertebenen zu identifizieren und einen Dialog zu schaffen, um Kommunikation nicht mehr zu instrumentalisieren, sondern um tatsächlich zu kommunizieren – um letztlich wirklich etwas zu erfahren, was das Unternehmen besser macht. Finden Unternehmen diesen Schlüssel, wirkt dies oft befreiend, weil erstarrte Lippenbekenntnisse der Unternehmenswerte plötzlich lebendig werden und eine Einheit mit den Zielen des Unternehmens bilden können. Zu solchen Prozessen gehört neben Logik auch Mut: Gerade wenn es um Lösungen geht, die nah an den Bedürfnissen der Stakeholder orientiert sind, bedeutet dies nicht, dass man daraus einfach ein Markenversprechen ableiten sollte oder bloß seine Stakeholder fragen muss. Um eigenständige Lösungen zu finden, müssen Unternehmen couragiert vorangehen und den Lead in der Markenführung beherzt in die Hand nehmen. Die amerikanische PR-Agentur Ketchum formuliert dieses Vorgehen für authentische Markenführung folgendermaßen: „Folgen Sie dem Ruf nach kulturorientierter Kreativität und übernehmen Sie Ihre Rolle bei der Gestaltung von Trends. Keine Bewegung ist jemals entstanden, indem man dem Beispiel eines anderen folgte. Führen Sie mit Authentizität. Lassen Sie sich von Ihren Befürwortern und Kritikern gleichermaßen inspirieren, um sicherzustellen, dass Ihre Marke dem entspricht, was für sie möglich ist."

Stellt man Anja Stolz von der R+V Versicherung die Frage, inwieweit sich die Versicherung in ihrem Handeln nun tatsächlich von anderen Anbietern abhebt oder ob hier nicht nur gute Agenturen einen idealisierten Stakeholder-Bezug und Purpose gesucht und gefunden haben, zeigt sich die Leiterin des Marketing im Interview mit Horizont und turi2.tv überzeugt, dass das Konzept die Wahrheit des Unternehmens und der Erfahrung seiner Stakeholder widerspiegelt: „Ich glaube, in vielen Unternehmen wird nach einem Purpose, einem höheren Zweck gesucht. Die R+V hat seit über 100 Jahren den genossenschaftlichen Gedanken in ihrer DNA. Wir treten jetzt nur selbstbewusster mit dem hervor, was wir schon seit 150 Jahren versprechen. Dabei verknüpfen wir dieses Versprechen mit einem Mehrwert, der genossenschaftlichen Mitgliedschaft unserer Kunden." Im Gespräch mit Horizont bekräftigt Stolz auf die Frage, warum viele sogenannte Purpose-Kampagnen nicht funktionieren: „Es kann keine Haltungskampagne geben. Es kann auch kein Green Marketing geben. Entweder ich habe eine Haltung, ich bin nachhaltig, ich bin divers aufgestellt – und dann kann ich es auch kommunizieren. Aber nicht umgekehrt. Das ist aber der Fehler, den viele machen. Sie verwechseln Marketing mit Werbung."[63]

Wenn Stolz hier von einem 150-jährigen Versprechen spricht, dann spielt sie auf ein Phänomen an, das auch Jürgen Barthel, ehemaliger langjähriger Leiter Corporate Design bei Siemens, kennt: einen Prozess, der zur Lösung von Kommunikationsaufgaben angewendet werden kann, indem man auf die Suche geht und sich auf ursprüngliche Unternehmenswerte rückbesinnt, diese wiederentdeckt, kontextualisiert und schließlich nutzt, um Markenleitbilder zu revitalisieren, grundlegende Haltungen zu entwickeln und die Basis für die Wertekommunikation in der digitalen Postmoderne zu fundieren.

Wie man seine Stakeholder integriert und dabei einen Designprozess initialisiert, der einen eigenständigen Weg geht, zeigt auch ein Projekt des Dualen Systems Deutschland, in welchem das Mülltrennungs-Unternehmen in seinem Nachhaltigkeits- und Geschäftsbericht in seiner Funktion als „Corporate Citizen" dargestellt werden sollte. Dabei entschied man sich zu einem frühen Zeitpunkt dafür, auf eine Designagentur und eine international führende PR-Agentur zu setzen.

Die Designagentur entwickelte mehrere stakeholderzentrierte Konzeptionen und identifizierte zu einem frühen Zeitpunkt ein Problem in der Rezeption der bisherigen Veröffentlichungen des Kunden: Die Online- und Offline-Aktivitäten wurden als zu werblich und PR-lastig wahrgenommen. Somit entschloss man sich, für den Kreis der Adressaten des Reportings, welcher in vier Kerngruppen definiert wurde (Gesellschafter, Öffentlichkeit, Mitarbeiter und politische Entscheidungsträger), ein bewusst reduziertes und minimalistisches Konzept umzusetzen, in welchem als Testimonials die Anwender des Abfallvermeidungs-Systems, also die Bürger, auftreten sollten. Um diese zu definieren, wurde mithilfe der PR-Agentur und des Unternehmens eine Matrix entwickelt, nach der in einem offenen Prozess 15 Testimonials ausgesucht wurden, die sich in unterschiedlichsten Initiativen am öffentlichen Leben beteiligten, die aber nicht in einem spezifischen Verhältnis zum Dualen System standen.

Für ein zweitägiges Treffen wurde ein Haus mit mehreren Etagen in der Altstadt einer deutschen Stadt gemietet, in welchem es einen offenen und unmoderierten Austausch gab zwischen den Vertretern des Dualen Systems und den 15 Bürgern, die in unterschiedlichen Konstellationen ins Gespräch kamen. Ein weiterer Teil des Nachhaltigkeitsberichts war zudem eine Runde von Experten, die sich mit Unternehmensvertretern, Gesellschaftern, Kunden und Multiplikatoren wie Philosophen, Speakern, Forschern und Publizisten an einem anderen Tag zu einer moderierten Talkrunde trafen und ergebnisoffen über die Funktion und den Wert der Lösungen des Dualen Systems debattierten.

Betrachtet man die Integration und Berücksichtigung der Stakeholder und Bürger in dem Konzept des Berichts – mit ihren offenen Fragen sowie der Beantwortung dieser Fragen durch die Expertenrunde aus Unternehmensvertretern, Vertretern der Öffentlichkeit, von NGOs und Lizenznehmern des

Dualen Systems –, so entstand in diesem Projekt eine Blaupause für eine stakeholderorientierte Kommunikation im Zeitalter der digitalen Postmoderne. Für das Duale System hatte diese Berichtskonzeption den großen Vorteil, dass sie durch die Berücksichtigung der echten und nicht konstruierten Stakeholder-Stimmen, die ja aus realen Treffen zwischen Bürgern und Unternehmensvertretern stammten, eine große Nahbarkeit und Authentizität vermittelte.

Ein anderes Beispiel zeigt, dass eine Designkonzeption oftmals von der entscheidenden Frage abhängt, ob und an welcher Stelle Unternehmen die Positionen ihrer Stakeholder berücksichtigen. Das Medizin- und Sicherheitstechnik-Unternehmen Dräger beauftragte eine Designagentur damit, einen Unternehmensbericht zum 125-jährigen Unternehmensjubiläum zu gestalten. Eine ganze Reihe historischer Bilder und Aufnahmen wurde übermittelt, verbunden mit dem Briefing und der Frage, wie das Konzept anzupacken sei. Es gab eine erste Idee, Vergangenheit und Zukunft über Bilder von früher und Bilder aus der Gegenwart – oder vielleicht sogar der Zukunft? – in eine Beziehung zu setzen.

Die Frage war, wie aus dem Gegensatz zwischen den ursprünglich vorgeschlagenen zwei Bildwelten – dem *Gestern* und dem *Heute* – eine Gemeinsamkeit entwickelt werden könnte, welche klarmacht, dass es einen Wert gibt, der das Unternehmen auch in die *Zukunft* tragen wird. Diese Frage markiert den in diesem Buch an einigen Stellen thematisierten Aspekt, dass eine wichtige Herausforderung des Design- und Kommunikationsprozesses das Herausfinden des zugrunde liegenden Problems der Aufgabenstellung darstellt. Die Agentur arbeitete in interdisziplinären Teams, in welchen zunächst jeder Designer, Programmierer, Texter und Konzeptioner nach dem White-Paper-Prinzip vorgingen. Vetter beschreibt diese Vorgehensweise folgendermaßen: „Am Anfang nehmen wir uns das verabschiedete Rebriefing und entwickeln eine Lösung, quasi auf einem weißen Blatt, und lassen alles weg, was uns einschränken würde. Wir denken in alle Richtungen und machen auf diesem weißen Blatt alles möglich, was das identifizierte Problem auflösen könnte. Erst später fragen wir uns dann, was uns eigentlich daran hindert, es genauso umzusetzen – und oftmals sind wir dann bei einer ganz anderen Lösung als ursprünglich angenommen, denn gute Lösungen brauchen neben dem Inhalt und der Strategie immer auch die Innovation, und die braucht einen freien, unbegrenzten Ansatz."

Im Falle der Aufgabenstellung für Dräger war die Frage, was das Element sei, das die Vergangenheit mit der Zukunft verbindet und Dräger ausmacht. Was war ein solch zeitunabhängiger Moment, fragte sich ein Team und entwickelte die Idee eines zeitlosen Raums. Sie basierte darauf, dass der Mensch eine Spanne von 2–3 Sekunden als die Gegenwart empfindet, in der es keine Vergangenheit und keine Zukunft gibt. Der Plan entstand, etwas über Augenblicke zu machen, die entscheidend waren in den letzten 125 Jahren und die entscheidend sein werden in den nächsten 125 Jahren. Diese Idee passte gut, da die Geräte von Dräger dazu eingesetzt werden, Leben zu retten, zu schützen und zu bewahren. Dräger stellt Lösungen für die entscheidenden Momente her, in denen es um Leben und Tod geht, wenn jemand gerettet, beatmet, wiederbelebt wird oder als zu früh geborenes Baby die ersten Tage im Inkubator überleben will. Es sollte um diese Momente gehen, in denen es völlig egal ist, ob sie 1895, 1996 oder 2023 stattgefunden haben. Es waren diese entscheidenden Augenblicke, in denen Dräger Menschenleben retten konnte – quasi überzeitliche Momente, deren Relevanz auch in Zukunft die Relevanz des Unternehmens ausmachen würden.

Aber die Idee war noch nicht zu Ende entwickelt. Der nächste Schritt beschäftigte sich damit, wie und wo diese Momente abbildbar sein könnten. Nach einigen Gesprächen kristallisierte sich heraus, dass man nicht Mitarbeiter oder Patienten zeigen wollte, sondern die eigentlichen Kunden von Dräger: die Anästhesisten, Chirurgen, Minenretter und Feuerwehrleute, welche die Lösungen des Medizin- und Sicherheitstechnik-Unternehmens einsetzen. Es entstanden Porträts in der ganzen Welt, bei denen die Testimonials aufgefordert wurden, die Augen zu schließen und an einen Moment zu denken, der im Zusammenhang mit den Geräten von Dräger stand und ihren beruflichen Weg verändert oder sie geprägt hat. Das Foto- und das Redaktionsteam flogen nach London, Schweden und die USA und erklärten den Testimonials die Aufgabenstellung. Es war verblüffend: In den knappen Zeitfenstern, welche die Chefärzte und sonstigen Kapazitäten hatten, schlossen sie die Augen und dachten tatsächlich an prägende Situationen, die ihnen sofort in den Sinn zu kommen schienen. Es waren genau diese Momente, von denen es egal war, wann sie sich abgespielt hatten, da sie eine überzeitliche Relevanz hatten.

Diese vielbeschäftigten Menschen nutzten ihre Fotoshootings und reflektierten wirklich über Momente, die sie bewegt hatten und bis heute bewegen, in denen sie einen Unterschied hatten machen können. Als die Aufnahmen zurück in der Unternehmenszentrale auf dem sprichwörtlichen Tisch lagen, waren alle ergriffen. Das war genau der Ausdruck, der die 125 Jahre zusammenfasste. Die Geschichten dazu erfüllten genau das, worum es ging.

Jimi Vinchini, Minenretter aus den USA, hatte auf dem Bild, das er noch während des Shootings in North Carolina auf der Kamera des Fotografen Heiko Schaffrath ausgewählt hatte, die Hände gefaltet. In der Agentur ging man die weiteren Aufnahmen von ihm durch und überlegte, ob das Bild mit den gefalteten Händen vielleicht zu religiös wirkte, und schlug zwei andere Motive vor, auf denen er auch die Augen geschlossen hatte. Die Antwort von Jimi war klar: Er schrieb auf den Vorschlag, dass er gesagt bekommen habe, er solle an einen entscheidenden Moment denken, der mit Dräger zusammenhinge und der sein Leben geprägt habe. Es müsse dieses Bild sein, sonst müsse er seine Beteiligung an dem Projekt zurücknehmen. Er habe auf diesem Bild, in diesem Moment, für die Kumpel gebetet, welche von den Minenrettern, den sogenannten „Drägermen", nicht mehr lebend hatten geborgen werden können. Das saß. Man war bewegt, und genau dieses Bild wurde in die Kampagne aufgenommen: Der betende Jimi Vinchini aus Vermont, der mit diesem Bild ein Testimonial über das Leben und die Momente abgab, auf die es im Leben ankommt, die uns verändern und einen Unterschied machen.

Die Beispiele zeigen aus Sicht der Firmen, wie im Dialog zwischen dem Unternehmen und seinen Stakeholdern eine Antwort auf deren Veränderungen und Herausforderungen gefunden wird, die zugleich eine dialektische und verbindende Lösung zwischen den Unternehmenswerten und den Werten der Stakeholder darstellt. Die Beispiele legen auch dar, dass Design dann nicht mehr eine fabrizierte und modisch austauschbare PR-Hülle darstellt, sondern vielmehr Ausdruck einer Haltung wird und so eine unverwechselbare und sich selbst erklärende Gestalt annehmen kann – einer Haltung, welche die Stakeholder des Unternehmens integriert und eine Wertebasis schafft, die Anspruchsgruppen und Unternehmen verbindet.

Haltung und wertbasierte Unternehmensführung – Wertkonflikte lösen

Welche Rolle heute wertbasierte Haltungen spielen, um Unternehmen und ihre Kommunikation über Konjunktur-, Industrie- und Technologiezyklen hinweg zu entwickeln

Wenn Haltung Ausdruck der Kultur eines Unternehmens ist, so lohnt sich ein Blick auf Peter Drucker, einen der Vordenker der modernen Managementlehre, der in diesem Zusammenhang mit seinem berühmten Satz „Culture eats strategy for breakfast" verdeutlichte, dass die Kultur einer Organisation ein stärkerer Treiber für ihren nachhaltigen Erfolg ist, als es Visionen, Ziele, Strategien oder Prozesse jemals sein können. Daher ist die Frage, wie Unternehmen Veränderungen und Ansprüche in ihre Kultur integrieren, eine entscheidende Fragestellung, wenn wir erklären wollen, was „Haltung" eigentlich ist und warum diese so stark sein kann – oder aber, im schlechten Fall, so schwach und schwächend sein kann, immer dann, wenn sie ihrem eigenen Anspruch nicht gerecht wird und sich als bloße Worte, aber nicht als Werte entpuppt.

„Bei der täglichen Umsetzung, dem Leben von Werten", schreibt Dr. Claudia Beutmann in ihrem Buch „Unternehmenswerte und Kommunikation", „kommt den Führungskräften eines Unternehmens auf Grund ihrer Vorbildfunktion eine besondere Bedeutung zu. Letztlich müssen Werte intern wie extern nachdrücklich kommuniziert, erklärt und glaubhaft dokumentiert werden. Das heißt, dass sie im Idealfall für alle Gruppierungen deckungsgleich sind und sich ihre konsequente Anwendung im Unternehmensalltag durch nachprüfbares Handeln niederschlägt." Das Aus- und Vorleben der Werte durch die unternehmerische Führungsetage, aber auch durch das mittlere und untere Management – und letztlich jeden einzelnen Mitarbeiter – spielen daher eine elementare Rolle, wenn kommunizierte Unternehmenswerte als authentisch und glaubwürdig wahrgenommen werden sollen. „Schließlich", ergänzt der Publizist Alexander Pschera, „ist Kommunikation nicht etwas, das Handeln mit Worten begleitet. Sondern Kommunikation ist das Handeln selbst." Somit ist, nach Beutmann, „unter Rekurs auf Werte eine idealerweise große Schnittfläche zwischen dem gesamten Unternehmensverhalten und dem kommunikativen Handeln der Unternehmung von Nöten – ganz im Sinne des Mottos: Es kann nur kommuniziert werden, was auch getan wird."

Dennoch wird der Unternehmensalltag in vielen Organisationen von grundlegenden Zielkonflikten zwischen ökonomisch rationalem und ethisch wünschenswertem Handeln geprägt. Beutmann beschreibt „das Spannungsfeld zwischen gelebter Organisationsrealität und öffentlich dokumentierten Wertaussagen" als den „wichtigsten potentiellen Konfliktbereich, der sowohl in der wissenschaftlichen Auseinandersetzung als auch im praktischen Umgang mit Unternehmenswerten immer wieder thematisiert und diskutiert wird". Die Kommunikationswissenschaftlerin schlussfolgert daraus: „Das wertebezogene Selbstbild von Unternehmen sollte also möglichst mit dem extern geprägten, attribuierten Fremdbild übereinstimmen, da sonst das öffentliche Ansehen Schaden nehmen kann."

Dabei sollte nicht außer Acht gelassen werden, dass sich Wertekonflikte heute nicht nur an diesem Auseinanderklaffen von verkündeten und gelebten Werten festmachen, sondern auch, und dieser Aspekt wird immer wichtiger, an der Frage, ob die gelebten Werte auch den Erwartungen der Stakeholder eines Unternehmens entsprechen und wie das Unternehmen mit diesem Konflikt umgeht. „Es kann also sein, dass ein Unternehmen durchaus das lebt, was es in seiner Kommunikation verkündet, aber das bedeutet nicht, dass damit auch die Erwartungen der Anspruchsgruppen erfüllt werden", sagt Leu.

Heute spielen die Erwartungen der Stakeholder gerade im Bereich der Unternehmenskommunikation eine entscheidende Rolle. Haltung zeigen steht für Unternehmen immer auch in einem direkten Bezug zu ihren Stakeholdern. So haben die sich verändernden Kommunikationsprozesse in unserer Gesellschaft durch den Paradigmenwechsel des klassischen Begriffs von Öffentlichkeit einen nicht zu vernachlässigenden Einfluss auf Unternehmenswerte. Denn ähnlich wie bei Individuen lässt sich die Wertentstehung im Unternehmenskontext immer weniger losgelöst von externen Einflüssen erklären. Vielmehr muss bei der Betrachtung berücksichtigt werden, dass sich die Anspruchshaltung gegenüber Unternehmen „zusehends in Richtung einer Integration von ökologischen, sozialen, kulturellen und moralischen Wertmaßstäben (...) entwickelt", so die Soziologin Gabriele Buss.[64] Im Zuge dessen erwarten Bezugsgruppen heute von ihnen viel stärker als früher eine ausgeprägte Sensorik für den gesellschaftlichen Wertekanon. Nur so können Unternehmen veränderte Wertsetzungen außerhalb des eigenen normativen Horizonts überhaupt wahr- und ernst nehmen. Denn, ob sie es wollen oder nicht: Sie stehen gerade durch die hypertransparente Digitalisierung unter Beobachtung der Öffentlichkeit. Daher gilt, dass Organisationen Erwartungen, Werte, Normen und Standards ihrer Anspruchsgruppen berücksichtigen und an diese adaptieren müssen, um Reputation zu erlangen und aufrechterhalten zu können.

Aber bedeutet „Haltung" nicht auch, entgegen einer allgemeinen Erwartungshaltung an eigenen Überzeugungen festzuhalten? Philipp Wüschner spricht in diesem Zusammenhang von Wertkonflikten, die aufgelöst werden müssen: „Haltung bedeutet zwar, Charakter zu zeigen und aus der eigenen Identität heraus eine Antwort auf die Veränderung zu geben. Haltung bedeutet aber eben auch, durch dieses Charakterzeigen die Veränderung zu meistern und zu einem Teil der weiteren Entwicklung dieser Identität zu machen. Wir reden hier von den Anforderungen der Stakeholder, also relevanten Veränderungen, zu denen Unternehmen eine Position finden müssen, um nicht an diesen zu scheitern. Das bedeutet, eine Lösung zu finden, welche die eigenen Werte integriert, mit der Veränderung verbindet, um diese zu einem Teil des Werdens eines Unternehmens zu machen."

Dass die Abhängigkeit von der Erwartungshaltung der Gesellschaft und der Stakeholder zu Wertekonflikten innerhalb der Unternehmen führt, zeigt eine aktuelle Studie der „Wertekommission", einer Initiative von Führungskräften der Wirtschaft und der TU München, die einen zunehmenden Druck der Erwartungen von Stakeholdern auf die Mitarbeiter und das Management von Unternehmen erkennbar werden lässt.

Die Initiative befragt seit mehr als 20 Jahren in Zusammenarbeit mit Forschungsinstituten deutscher Hochschulen jährlich über 400 repräsentativ ausgewählte Führungskräfte aus dem niedrigen, mittleren und höheren Management der größten deutschen Unternehmen zum Thema der wertorientierten Unternehmensführung und gibt Auskunft über Haltung und die damit verbundenen Ziele und Konflikte.

Zu den am häufigsten genannten Konfliktsituationen zählten 2023 der Studie zufolge die Positionen von Führungskräften in Bezug auf die Interessen interner Stakeholder, nämlich der eigenen Mitarbeiter (je 13,1 %).[65] Hier wird gerade vom unteren und mittleren Management eine „Sandwich-Position" zwischen den intern an sie herangetragenen Forderungen bzw. Werteerwartungen und den eigenen Vorgesetzten beklagt. Sie beschreiben damit den Wertekonflikt, gleichzeitig mit Forderungen und Erwartungen von ihren Führungskräften sowie von ihren eigenen Mitarbeitern konfrontiert zu sein. Das bedeutet, dass sich der Druck, Erwartungen und Werte zu berücksichtigen, auch im Inneren der Unternehmen bildet.

Ein weiterer Wertekonflikt, mit denen Führungskräfte konfrontiert werden, entsteht durch die Forderungen *externer* Stakeholder: In der Kategorie Interessen externer Gruppen *versus* denen des eigenen Unternehmens ergibt sich für die Führungskräfte die spannende Frage, wessen Interessen sie – in einer spezifischen Situation – primär verpflichtet sind: den internen Interessen oder den Interessen der Öffentlichkeit, der NGOs oder – in einem übertragenen Sinne – den Interessen der Natur? Dieser Wertekonflikt löste insbesondere Spannungen zwischen den Werten „Universalismus" und „Konformität" aus, also den Interessen der Öffentlichkeit und denen des Unternehmens selbst. Dazu die Studie der Wertekommission: „Betrachtet man die (...) wichtigsten Konfliktthemen, kann die Interpretation abgeleitet werden, dass die Führungskräfte damit ringen, welche die maßgebende Bezugsgruppe für ihre Entscheidungen und ihr Handeln ist: Ist es das Unternehmen bzw. der Vorgesetzte? Sind es die direkten Mitarbeiterinnen und Mitarbeiter? Sind es Stakeholder außerhalb des Unternehmens? Kurz: Für wen trage ich Verantwortung?"

Ein anderer Schwerpunkt, der die Autoren interessierte, war der Aspekt „moralischer Mut bei Führungskräften", ein klarer Indikator für die Haltung innerhalb, aber auch außerhalb des Unternehmens. Dabei kommt die Studie zu dem Schluss, dass der moralische Mut der Vorgesetzten, also der Vorbildcharakter des Topmanagements, „maßgeblich für das ethische Verhalten in Organisationen" verantwortlich ist. Für die Studie bezogen sich die Autoren auf fünf Facetten des unternehmerischen moralischen Muts, welche von den renommierten amerikanischen Psychologen Prof. Leslie E. Sekerka, Prof. Richard P. Bagozzi und Prof. Richard Charnigo im Journal of Business Ethics veröffentlicht wurden. Diese Aspekte des moralischen Muts lauten:

– moralische Handlungsbereitschaft,
– Berücksichtigung der Wertevielfalt,
– Aushalten von Gefahren,
– moralische Proaktivität,
– moralische Ziele.

Die Studie der Wertekommission stellt fest: „Die geringste Ausprägung wurde in der Facette ‚Aushalten von Gefahren' beim Statement ‚Ich handle moralisch, auch wenn mich das bei meinen Vorgesetzten in eine unangenehme Lage bringt' ermittelt (56,9 %). (...) Im positiven Sinne kann dies als Loyalität und Verpflichtung gegenüber den Vorgesetzten interpretiert werden. Eine kritischere Analyse könnte hier auf den fehlenden Mut hinweisen, ethisches Handeln auch gegenüber Personen mit höherem Status zu vertreten."

Der zentrale Befund lautet: „Die Mehrheit der Führungskräfte in Deutschland beschreibt sich selbst als moralisch couragiert. Am geringsten ist der moralische Mut jedoch, wenn er die Führungskraft bei seinem Vorgesetzten in eine unangenehme Situation bringt." Dieser Punkt unterstreicht das Gewicht der obersten Führungsebene als Vorbilder.

Dabei spielt neben der Frage, inwieweit Stakeholder-Positionen bei der Wertebildung einbezogen werden, eine genauso wichtige Rolle, wie Unternehmen ihre Leitbilder intern leben und postulieren. Von oben vorgegebene Wertvorstellungen, die das mittlere Management in besagte „Sandwich-Position" bringen, statt ihm ein Empowerment zu vermitteln, auch in moralischen Fragen Haltung zu zeigen, oder eine Diskrepanz zwischen den formulierten und den von Mitarbeitern wahrgenommenen Werten sind Belege für ein „topdown" definiertes Wertegefüge, das nicht von allen Teilen eines Unternehmens getragen wird. Damit verbunden ist die Vernachlässigung des Werts der Handlungsspielräume, wodurch eine Organisation daran gehindert wird, ihr volles Potenzial entfalten zu können.

Andrea Neumann von ALTANA weiß über das Implementieren von Werten: „Wir haben unsere Unternehmenswerte ‚bottom-up' evaluiert, interpretiert und gewichtet, und dann ‚top-down' kommuniziert. Wir überprüfen unsere Werte regelmäßig durch Mitarbeiterumfragen und steuern nach, reden miteinander." Bei der Etablierung eines werteorientierten Leitbilds gibt es laut Neumann zwei wesentliche Erfolgsfaktoren: die beschriebene Einbindung der Mitarbeiterinnen und Mitarbeiter aller Hierarchiestufen und die Vorbildfunktion der Vorgesetzten, die die Werte im Führungsalltag leben, vor allem auch dann, wenn es schwierig wird. „Ein Leitbild ist ein lebendiges und gleichzeitig fragiles Konstrukt. Und es ist niemals Selbstzweck, sondern die Grundlage für eine unternehmerische Tätigkeit mit dem Ziel, nachhaltig Wert für interne und externe Stakeholder und die Gesellschaft insgesamt zu schaffen. Umso wichtiger ist es, die Umsetzung und Interpretation der Werte und Leitplanken immer wieder zu hinterfragen. Genau hier kommt dem Handlungsspielraum jedes und jeder Einzelnen eine besondere Bedeutung zu. Denn gerade die konstruktiv-kritische Auseinandersetzung bringt eine Organisation voran."

So holte die ALTANA-Unternehmenskommunikation beispielsweise zwei Jahre nach Einführung des Leitbilds vor laufender Kamera die Meinung von Mitarbeiterinnen und Mitarbeitern rund um die Welt ein: Was verbinden sie mittlerweile mit dem Leitbild? Was davon bewegt sie in ihrem Alltag? Und was soll verbessert werden? Ein Drehbuch gab es nicht. Jeder sollte frei seine Meinung äußern und tat es auch, teilweise überraschend ehrlich. Kritische

Anmerkungen waren ausdrücklich erwünscht. Im Ergebnis entstand ein Film, der noch einmal in den Worten der Kolleginnen und Kollegen auf den Punkt brachte, was die Menschen bei ALTANA bei aller Vielfalt miteinander verbindet. Gleichzeitig bot das Filmprojekt selbst diverse Anlässe für Dialog zum Leitbild, in den sich Mitarbeiterinnen und Mitarbeiter aus allen Unternehmensbereichen einbringen konnten.

Zusammenfassend kann man feststellen, dass das Verhältnis zwischen dem gelebten Wertekanon und der erwarteten Wertorientierung eine zunehmend große Rolle spielt, welche die Problematik der klassischen Diskrepanz zwischen postulierten und gelebten Unternehmenswerten in den Hintergrund treten lässt und Wertkonflikte innerhalb der Unternehmen zunehmend prägt. Denn war es früher eine zentralistische, aus dem Unternehmen heraus gedachte und oftmals top-down festgelegte Inside-out-Werteperspektive, wird heute in der Frage, welchen Werten Unternehmen folgen, zunehmend eine Outside-in-Perspektive wichtig, in der die Erwartungen der Stakeholder an Bedeutung gewinnen.

So wurde beispielsweise bei der Erweiterung der neuen digitalen Unternehmensmarke von Boehringer Ingelheim, einem der weltweit führenden forschenden Pharmaunternehmen, der Aspekt der Stakeholder-Orientierung in den Kern der Markenbotschaft „Life Forward" implementiert. Das familiengeführte Unternehmen entwickelte aus dem wertbezogenen Kontext der Botschaft „Von Generationen – Für Generationen" die Überlegung, welche Werte des Unternehmens die wichtigsten sind, um auf die Stakeholder zuzugehen und diese zu teilen. Dabei war die offensichtliche Idee, eine Wertprojektion der zukünftigen Stakeholder, also der Anspruchsgruppen von morgen, zu berücksichtigen, um damit die Stakeholder von heute abzuholen. Diese langfristige Perspektive ist klar vom Generationenkonzept des familiengeführten Unternehmens abgeleitet und kennzeichnet ein Denken in Dekaden.

Sie spiegelt sich auch in den Fragen des „Life Forward"-Konzepts wider:

- „Wenn uns zukünftige Generationen fragen, wie wir den größten Herausforderungen unserer Zeit begegnet sind, was werden wir antworten?
- Werden wir uns vor allem rechtfertigen müssen? Oder werden wir davon berichten können, was wir mit Mut und Vorstellungskraft alles erreicht haben?
- Wie wir zu Lösungen beigetragen haben, die Millionen Menschen ein gesünderes Leben ermöglichen?

– Dass der Zugang zu medizinischer Versorgung nicht mehr allein davon abhängt, in welche Umstände man hineingeboren wird?
– Werden wir berichten können, dass Gesundheitssysteme die drohende Gefahr antimikrobieller Resistenzen ebenso wie die Zunahme psychischer Probleme und die mit alternden Gesellschaften verbundene Last bewältigen konnten?
– Dass wir daran mitgewirkt haben, Pandemien zu verhindern, indem wir neu auftretende und ansteckende Krankheiten bei Tieren bekämpfen?"
– Wie durch uns Erkrankungen von Haustieren, Pferden und Nutztieren erfolgreich behandelt oder – noch besser – verhindert werden konnten?
– Dass es uns gelungen ist, Krankheiten bei Tieren gar nicht erst entstehen zu lassen?"

Dabei geht es um den größten entscheidenden Beitrag zum Wohlergehen von internen wie externen Stakeholdern: „Wir haben eine Verantwortung als Unternehmen, diese Herausforderungen anzunehmen", schreibt Médard Schoenmaeckers, Boehringer Ingelheim Head of Corporate Affairs, dazu auf der Unternehmenswebsite.[66] Als Antwort auf diese Fragen stellt das Unternehmen seinen unumstößlichen Optimismus und seine Werte in den Mittelpunkt, die es auch in Zukunft mit seinen Stakeholdern teilen will. „Wir blicken bei allem, was wir tun, zuversichtlich in die Zukunft, weil wir sie zum Besseren gestalten und beeinflussen können und andere dazu inspirieren möchten, sich uns anzuschließen", so Schoenmaeckers weiter. „Wir verfügen über fast 140 Jahre Erfahrung im Umgang mit den Herausforderungen des Gesundheitswesens. Aus der dabei gewonnenen Widerstandsfähigkeit schöpfen wir unsere Zuversicht und das Vertrauen, dass wir es für die Generationen nach uns besser machen können."

Der Anspruch der neuen Unternehmensmarke wird so formuliert: „Es geht hier nicht nur um ein verändertes Erscheinungsbild, sondern um unseren Entschluss, in der Gesellschaft sichtbarer zu werden und selbstbewusst auf all unsere Stakeholder zuzugehen. Neue Mitarbeitende, zukünftige Partner, die Politik, medizinische Fachkräfte und tatsächlich all diejenigen, die uns noch nicht kennen – sie alle sollen künftig unsere Geschichte kennen."

Dieses Beispiel zeigt: Es setzt sich in immer mehr Bereichen, auch außerhalb der ESG-Themen, die Einsicht durch, dass Unternehmen heute zunehmend darauf angewiesen sind, eine stakeholderorientierte „Licence to operate" zu integrieren, um erfolgreich eine Wertkommunikation mit ihren Stakeholdern managen zu können. Zu diesem Schluss kommt auch Claudia Beutmann, wenn sie fordert, die Stakeholder-Materialität von Seiten der Unternehmen bewusst aus der ESG-Ecke zu holen, denn damit könne „das bis dato eher enge Verständnis vom organisationsinternen Werturnsprung erweitert werden um Aspekte der externen Legitimation".[67]

Wenn auch der Bosch-Unternehmenskommunikator Christof Ehrhart feststellt, dass gerade das Thema Nachhaltigkeit einen wichtigen Ansatz für den Dialog mit allen Stakeholder-Gruppen bietet, lohnt sich ein Blick auf die sogenannte doppelte Wesentlichkeitsanalyse, die heute verpflichtender Teil der ESRS-Berichterstattung von Unternehmen ist und deren Hauptanliegen in der Einbindung interner und externer Stakeholder besteht. Dabei legt das Unternehmen alle wesentlichen Informationen über Auswirkungen, Risiken und Chancen in Bezug auf Umwelt-, Sozial- und Belange der Unternehmensführung offen.

Gerade die aktive Einbeziehung von Mitarbeitern und externen Interessengruppen, zu denen zum Beispiel auch die Kunden und die allgemeine Öffentlichkeit, aber auch NGOs gehören, schafft nicht nur ein tieferes Bewusstsein für ESG-Themen, sondern mobilisiert auch das Wissen und die Kompetenzen innerhalb des Unternehmens, um gemeinsam mit den Stakeholdern eine Wertebasis zu entwickeln und umzusetzen. Dieser integrative Ansatz macht das Unternehmen bei seinen Anspruchsgruppen bekannter, stärkt auf diese Weise das Verständnis für die Interessen der verschiedenen Gruppen und fördert durch erhöhte Transparenz und Partizipation die Glaubwürdigkeit des Unternehmens.

Überträgt man dieses Konzept der Stakeholder-Integration auf die Unternehmenskommunikation, und genau das fordert die Kommunikationswissenschaftlerin Beutmann, bedeutet dies eine Abwägung beider Perspektiven – die der Stakeholder und die des Unternehmens. Es muss ein Dialog geschaffen werden, der einerseits die Bedürfnisse und Werte der Anspruchsgruppen integriert und andererseits Wertekonflikte versöhnt. Im weiteren Verlauf muss eine Kommunikation stattfinden, die dialektische Lösungen begründen kann, die in neuen Geschäftsmodellen sichtbar wird und Unternehmen hilft, sich in den dynamischen Märkten einer Stakeholder Economy besser zu orientieren.

Unternehmen, welche die Sicht ihrer Stakeholder in eine wertorientierte Unternehmensführung integrieren, agieren in vielerlei Beziehung nachhaltiger als solche, die Kommunikation lediglich dazu nutzen, eine Verbindung zu den Stakeholdern aufzubauen, um Imageschäden zu vermeiden. Noch einmal Claudia Beutmann: „Entgegen sonst üblicher ‚Pufferstrategien', die eine aktive Umweltbeeinflussung anstreben oder Organisationen gar von ihrer Außenwelt isolieren, steht in diesem Verhältnis eine Brückenfunktion im Vordergrund." Der dialogische Aufbau einer direkten „Brücke" zu den Werten und Ansprüchen der Stakeholder eines Unternehmens und, das ist heute zunehmend von Bedeutung, im B2B-Bereich auch zu den Kunden der Kunden bietet eine lebendige Verbindung zu Mitarbeitern, Kunden und Gesellschaft durch Dialog, Teilhabe und soziale Bindung. Sie schafft zugleich auch die Grundlage zu einer nachhaltigen Veränderung der Unternehmensstrategie und der Entwicklung von Dienstleistungen und Produkten.

Durch diesen Blickwinkel auf die eigenen Werte lassen sich Wertekonflikte innerhalb und außerhalb von Unternehmen versöhnen sowie langfristiges und nachhaltiges Wirtschaften und Wachsen über Technologie- und Wirtschaftszyklen hinweg steuern. Dieser generelle Ansatz bietet viele Vorteile, die sich nicht nur in der Kommunikation der Unternehmen niederschlagen und Dialogfähigkeit und Innovationskraft in einem neuen Licht erscheinen lassen, er beeinflusst auch mehr und mehr Firmen-Investments und Gründungen.

Auf einer Mikroebene hat dies zur Folge, dass viele Start-ups entstehen, deren Businessplan und Innovationsansatz genau auf der beschriebenen Stakeholder-Orientierung fußen und daraus eine Lösung mittels ihres Geschäftsmodells ableiten: junge Unternehmen, die die Aspekte von Legitimation und Stakeholder-Bezogenheit zum Treiber ihrer gesamten Geschäftsmodelle machen.

Auf einer Makroebene finden sich Unternehmen und Investoren, die industrielles Vermögen renditeorientiert und wertbasiert über Konjunktur-, Industrie- und Technologiezyklen hinweg entwickeln wollen und erkannt haben, dass sie mit strategischen Investments in nachhaltige Geschäftsmodelle, die zugleich positiv auf Wirtschaft, Gesellschaft und Umwelt wirken, langfristig erfolgreicher sind. Das hat unterschiedliche Gründe, von denen die drei stärksten in der Einschätzung bestehen, dass Unternehmen mit einer Nachhaltigkeitsstrategie innovationsstärker sind, die heutigen Talente – und die von morgen – ziehen und binden sowie für ihre Lösungen höhere Preise verlangen können. Dadurch sind sie für Investoren attraktiver und können selbst mehr Investitionen in die Entwicklung weiterführender Innovationen tätigen.

Neben institutionellen Investoren oder börsennotierten Kapitalgesellschaften findet sich oft familiengeprägtes Unternehmertum mit einem Wertefundament, das in Dekaden statt Quartalen denkt, im Kontext solcher wertebasierten Investments wieder und zeigt, wie sich mit nachhaltigen und stakeholderorientierten Geschäftsmodellen langfristig erfolgreich sein lässt. Stakeholder-Orientierung muss also nicht in jedem Fall heißen, dass Unternehmen sich mit Umwelttechnologien profilieren und Produkte herstellen, die anderen helfen, z. B. klimaneutral zu agieren. Es können auch Werte wie Teilhabe und Generationengerechtigkeit sein – oder die Frage, wie man die entscheidenden Werte seiner Produkte in einen für die Kunden und Stakeholder relevanten Kontext überführt wie beispielsweise Hilti, die ihre professionellen Schlagbohrmaschinen nur noch verleihen, um einen kreislaufwirtschaftlichen Umgang mit den eingesetzten Materialien zu realisieren. Oder wie die Telekom, die ganz bewusst durch Haltung und Verantwortung einen Kontrapunkt zu Spaltung und Hetze setzt.

Ob BMW, Boehringer Ingelheim, Henkel, Robert Bosch, Beiersdorf, Merck, Liebherr oder Bertelsmann: All diese Unternehmen verbindet Expertise, Haltung und das Ziel, Unternehmenswerte langfristig zu steigern und einen engen Dialog mit seinen Stakeholdern zu fördern. So schreibt das Handelsblatt über Bosch, das weltweit zu den zehn größten Familienunternehmen gehört: „Bosch verkörpert all das, wofür deutsche Unternehmen stehen: Technologische Exzellenz mit nachhaltiger Unternehmensführung und klarem Blick auf die nächsten Generationen." Fragt man nach den weiteren entscheidenden Eigenschaften solcher Unternehmen, so werden oft eine von Vertrauen und Wertschätzung geprägte Führungskultur und die Bedeutung von Führungskräfte- und Gestaltungsfreiraum als Schlüssel für krisenfeste Unternehmensentwicklungen genannt.

Wie sich die geänderten Erwartungen und Werte von Stakeholdern mit der Kultur und den Werten eines Unternehmens verbinden lassen und wie ein Unternehmen auf die Veränderung mit einer Haltung reagiert, die eben diese Veränderung in die eigene Corporate Identity integriert, also eine dialektische, wertbasierte Lösung entwickelt, zeigt die Marke Rolex. Die Luxusuhrmacher mussten sich mit der Veränderung der Gesellschaft in Bezug auf ihre prestigeträchtigen Produkte auseinandersetzen. Ihre Antwort auf die Eingangsfrage nach Anpassung oder eigenem Weg macht deutlich, wie Integration von Veränderung in die eigene Kultur gelingen kann:

Rolex erkannte früh, dass sich die Werte der nachwachsenden Käufergenerationen nicht mehr an Besitz und Sicherheit durch Wohlstand orientieren, und steuerte gegen, indem es den Begriff der „Excellence" in seiner Corporate Identity identifizierte, revitalisierte und durch eine neue Kontextualisierung als „Generationen-Teilhabe" über gezieltes Storytelling initiierte: Die Besten der Generation X – Architekten, Filmemacher, Musiker, bildende Künstler – geben ihr Wissen, medial dokumentiert, als Mentoren an die besten Talente der Generation Z weiter. Geschickt wurden individuelle Begabung und Talent in den Mittelpunkt der Kommunikation gestellt. Die Luxusuhr wurde zum Zeichen der Exzellenz des Einzelnen und es gelang ein Transfer bestehender Marken- und Unternehmenswerte in einen neuen Kontext mit dem Angebot der Teilhabe. Aus materiellem Besitz wurde ideelle Teilhabe und intellektuelles Kapital, deren Ausdruck eine hochwertige Luxusuhr war. Durch zusätzliche gezielte Platzierung der Chronografen bei Micro-Influencern wie zum Beispiel Eric Scholz wurde den Rolex-Uhren die revitalisierte Funktion als Statussymbol der eigenen Leistung verliehen, sodass sie heute als individuelles Statussymbol der eigenen Exzellenz bei unter 20-Jährigen Interesse wecken.

Haltung im Stakeholder-Dialog – vom Verkünden zum Kommunizieren

Wie im digitalen Kosmos Integration und soziale Bindung zu Stakeholdern und Kunden für Unternehmen zum Schlüssel ihres Beziehungskapitals werden

13

Der Philosoph Philipp Wüschner hat in einem Interview auf die Frage, was Haltung mit Zurückhaltung zu tun hat, geantwortet, dass in der Antike Haltung als das Kontrollieren von Emotionen verstanden wurde. Diese Vorstellung scheint so gar nicht in unsere heutige Zeit zu passen, in der uns in den sozialen Netzwerken überall ständig Haltungen begegnen, welche eher Ausdruck starker Emotionalisierung und Identifizierung sind als von Zurückhaltung und dem Kontrollieren von Emotionen. Sie scheinen genau das Gegenteil dessen darzustellen: Je emotionaler es wird, umso haltungsstärker wirken die Kommentare, sodass Haltungen und Emotionen kaum auseinanderzuhalten sind, sich viel eher gegenseitig zu bedingen scheinen. Sobald es um Haltungen geht, wird es emotional. Wer sich mit Social Media auseinandersetzt, weiß, dass das gesamte Geschäftsmodell der sozialen Netzwerke vielmehr auf dem Entfachen als auf dem Kontrollieren von Emotionen zu beruhen scheint, auf dem Freisetzen von starken Gefühlen, die sich oftmals hochschaukeln und in manchen Fällen sogar jeden Bezug zur Realität verlieren lassen und Menschen dazu bringen können, sich nicht nur online zu äußern, sondern auch Handlungen zu begehen, die Ausdruck ihrer Wut, ihrer kaum mehr zu beherrschenden Emotionalität sind.

Die Einzigen, so scheint es, die in diesem Spiel Emotionen noch zu kontrollieren scheinen, sind die sozialen Netzwerke selbst, die es verstanden haben, die Echokammern und Algorithmen so zu steuern, dass gerade über die gezielte Steigerung der Emotionalität die Verweildauer in den Netzwerken verlängert, die Bedeutung und Abhängigkeit für den Einzelnen gesteigert und der Umsatz über gezielte Werbung und den Verkauf der ausgelesenen Profile an Werbekunden vergrößert wird.

Wie passt das zur ursprünglichen Bedeutung des Begriffs der Haltung in der Antike, in welcher das Einnehmen einer Haltung, also das Finden einer Position zu etwas, als Ausdruck der Beherrschung seiner Emotion verstanden wurde? Gerade um zu verstehen, wie Unternehmen in diesem Umfeld Haltungen gewinnen und teilen können, gilt es, die Mechanismen der digitalen Medien zu verstehen und zu analysieren, was Haltung einerseits mit der Entwicklung und dem Werden von Organisationen und andererseits mit dem Entfachen oder Kontrollieren von Emotionen zu tun hat – und welche Rolle dabei die Stakeholder und der Dialog mit diesen spielen, denn durch den beschriebenen kausalen Bezug wird klar: Unternehmen sind hochgradig von der Einstellung der Gesellschaft und ihrer Stakeholder abhängig und fragen sich zu Recht, wie sie dieses Verhältnis in den Zeiten der digitalen Hypertransparenz gestalten und steuern können und welche Rolle dabei Emotionen spielen.

Aber beginnen wir noch einmal in den Untiefen der sozialen Netzwerke. Jeder, der aktiv in sozialen Netzwerken unterwegs ist, kennt das: Emotionen über scheinbar haltungsstarke Meinungsäußerungen schaukeln sich hoch und innerhalb kurzer Dialoge in den Kommentaren sind sie zu handfestem Streit ausgewachsen. Es gibt selten eine Versöhnung, stattdessen landen die Diskutanten zielsicher, von cleveren Algorithmen gelenkt, in Echokammern ihrer eigenen Vorurteile, wo sie die Argumente der Gegenseite nicht mehr zu hören bekommen und weiter emotionalisiert werden.

Dass aber gerade das Zuhören und Aufnehmen von Positionen der Gegenseite ein wichtiger Teil der eigenen Haltung ist und die Stimmen derer, die womöglich nicht mit der eigenen Meinung übereinstimmen, unabdingbar sind, um sich selbst zu entwickeln, zeigt ein Blick auf die neuere Kommunikationsforschung. Für Unternehmen sind die Stakeholder von großer Bedeutung, wenn sie zu ihrer Haltung finden wollen. Neue Kommunikationsmodelle wie etwa das der Kommunikationswissenschaftlerin Claudia Beutmann zur wertorientierten Unternehmenskommunikation legen nah, dass das Thema der Materialität mit den Stakeholdern eines Unternehmens, also dem Wahrnehmen und Begreifen der für den Unternehmenserfolg wichtigen Anliegen der Anspruchsgruppen, der Dreh- und Angelpunkt ist, wenn Unternehmen Haltungen finden wollen.

Doch was bedeutet „Haltung" in diesem Kontext und was hat diese mit den Stakeholdern und deren Erwartungen zu tun? Sollten Unternehmen nicht quasi „aus sich" heraus Grundsätze des Handelns entwickeln und aus diesen ihre Haltung ableiten? „Ja und nein", weiß Wüschner, der über das Thema intensiv forscht. „Natürlich entwickeln Unternehmen aus ihrer Kultur heraus Haltungen, die auf der Wahrnehmung gesellschaftlicher Strömungen und ihrer eigenen Werte und Identität beruhen, aber Haltungen haben immer auch etwas mit der Frage zu tun, wie Unternehmen den Affekten, welche die Außenwelt setzt, begegnen."

Um sich der Frage zu nähern, lohnt sich ein Blick auf den Kern von Unternehmen, die Corporate Identity. Ging man in der Vergangenheit in der Mehrzahl der wissenschaftlichen Betrachtungen davon aus, dass Corporate Identity innerhalb von Unternehmen durch Aktivitäten und Überzeugungen beeinflusst wird, die auf allgemeinen kulturellen Annahmen und Werten basieren und durch diese gerechtfertigt sind, so kommt man heute mehr und mehr zu der Überzeugung, dass Unternehmen, ähnlich wie einzelne Individuen, in einem viel aktiveren Spannungsfeld zur Gesellschaft stehen, als bisher angenommen wurde. Beutmann kommt in ihrer Arbeit zu dem Schluss, dass sich aufgrund dieser Wahrnehmungsänderung auch die Aufgabe des Managements in Bezug auf die Corporate Identity gewandelt hat: „Das strategische Anliegen des Managements ist nicht mehr die Wahrung einer festen Identität, sondern die Fähigkeit, eine flexible Identität angesichts sich verändernder Außenbilder zu verwalten und auszubalancieren. Ähnlich wie auf individueller Ebene, wo Menschen von Natur aus soziale Wesen sind, deren Leben sich um Kommunikation, Beziehungen und die Öffentlichkeit dreht, ist somit das unternehmerische Selbstverständnis – bei aller notwendigen Fokussierung auf die Organisations- bzw. Mesoebene – stets im Kontext von spezifischen (z. B. politischen, wirtschaftlichen, kulturellen oder regionalen) Rahmenbedingungen und Interaktionen als eine Art ‚composite identity' (Ting-Toomey 2009: 492) zu interpretieren (...)."

Dass dabei das Unternehmen mit einem Individuum verglichen wird, spielt auch im Hinblick auf die sozialen Medien eine wichtige Rolle: Dort findet die Kommunikation zwischen den Stakeholdern und dem Unternehmen oftmals in einem 1:1-Verhältnis statt, was die These des Soziologen George H. Mead, eines Vertreters des „symbolischen Interaktionismus", unterstreicht. Beutmann stellt fest: „Laut Mead entsteht das Bewusstsein eines Menschen von sich selbst über einen Umweg, und zwar über eine permanente Kommunikation, einen Austausch zwischen sich und anderen. Erst indem sich eine Person mit den Augen eines anderen sieht, erlangt sie Erkenntnisse über sich selbst. (...) Identitätsbildung wird zum komplexen sozialen Prozess." Dabei geht es aber nicht um eine Unterordnung, sondern um eine vermittelnde Fähigkeit, also darum, „dass sich eine Person weder gegenüber den Erwartungen anderer verschließt, noch sich ihnen völlig unterordnet. Das Bewusstsein über das eigene Selbst ist daher rückgekoppelt mit Wahrnehmungen zu Anforderungen und Ansprüchen aus der Außenwelt. Aus dieser einzigartigen Kombination zwischen der eigenen unverwechselbaren Biografie (‚Ich'/‚I') und den Reaktionen des Menschen auf das Umfeld (‚Ich'/‚me') entsteht schließlich das exzeptionelle ‚self' als Gleichgewicht zwischen Individuum und Gesellschaft."

Beutmann überträgt in ihrer Arbeit dieses Modell der Identitätsbildung auf die Mesoebene von Organisationen und Unternehmen. Sie schließt daraus, dass die Corporate Identity eines Unternehmens in einem ständigen Austausch- und Abgleichprozess mit den Umweltbedingungen und ihren für das Unternehmen relevanten Repräsentanten – den Stakeholdern – steht. Als Resultat davon setzt sich das Unternehmen kontinuierlich mit deren Ansprüchen und Positionen auseinander und begreift sich so als ein „Scharnier" zwischen der „personalen Identität des Unternehmens", seiner Geschichte, seiner individuellen Unternehmensbiografie *und* seiner sozialen Identität – also dem Ausdruck der „verinnerlichten Erwartungen" des Umfeldes sowie den Reaktionen darauf.

Die Kommunikationswissenschaftlerin zieht daraus den Schluss: „Im Ergebnis lässt sich eine Unternehmensidentität nicht losgelöst von kulturellen, politischen und wirtschaftlichen Entwicklungen oder Veränderungen in den normativen Ansprüchen der Gesellschaft betrachten, denn sie entsteht mittels eines Verschmelzungsprozesses von ‚historisch gefärbter Eigenidentität und der Adaption eines aktuellen gesellschaftlichen Wert- und Kulturrahmens'." Somit stellt sie klar, dass die Corporate Identity von Unternehmen mitnichten unabhängig von den Stakeholdern und der Umwelt betrachtet werden kann, sondern stattdessen in einem direkten Austauschverhältnis steht.

Folgt man dieser Betrachtung in Beutmanns Dissertation, so ist die Identität eines Unternehmens stets in einen größeren Kontext aus komplexen Interaktionen innerhalb eines Stakeholder-Netzwerks integriert (vgl. Schmid/Lyczek 2008: 104 f.; Scott/Lane 2000: 43). Die Werte von Unternehmen, die sich aus ihrer Corporate Identity ableiten, werden auf diese Weise zugleich zu organisatorischen Legitimationsstiftern, die unter Berücksichtigung und Abgleich zwischen den Ansprüchen der Stakeholder und dem unternehmerischen Handeln in gesellschaftliche Strukturen eingebettet werden. Das bedeutet laut der Wissenschaftlerin, dass Unternehmen zweck- und zielorientierte Gebilde sind, die sich aber immer auf größere soziale Kontexte beziehen und keineswegs als „sozial isolierte, abgeschlossene Gebilde" zu verstehen seien.

Wenn wir nun von der Bedeutung von Haltungen für Unternehmen sprechen, ist es wichtig, darüber Klarheit zu erlangen, aus welcher Perspektive die Kommunikation einer Organisation gedacht werden muss, um gesellschaftliche Legitimation sicherstellen zu können, und welche Rückwirkungen dies hat.

Gerade vor dem Hintergrund der gesellschaftlichen Einbettung und wechselseitigen Beziehungen von Unternehmen, die heute eben nicht mehr isoliert von den Ansprüchen der Gesellschaft gedacht werden können, ist eine schwerpunktmäßige Inside-out-Perspektive der Unternehmenskommunikation, welche die Interessen der Stakeholder durch gezielten Reputationsaufbau managen und lenken möchte, sicher nicht mehr der richtige Ansatz – auch wenn dies in der Praxis häufig noch die zentrale Strategie von Corporate Communications ist. Bereits 2002 forderte die Kommunikationsexpertin Gabriele Moll „eine reale Zwei-Wege-Kommunikation und nicht nur die Simulation einer solchen in der Kommunikation von Unternehmen mit ihren Stakeholdern".[68] Vielmehr müssen Unternehmen heute zunächst die Outside-in-Perspektive der Stakeholder wahrnehmen und verstehen, um diese in die Strategie des Unternehmens integrieren zu können, aus welcher dann wiederum entsprechende Botschaften abgeleitet werden können. Aufgrund dieser Entwicklung werden Unternehmen und Organisationen heute auch immer weniger als Mittel zum Zweck angesehen, sondern vielmehr als ein „Ausdruck und Spiegelbild gesellschaftlich legitimierter Anforderungen". Aktuelle Studien zeigen, dass die den Unternehmen zugebilligte Verantwortung zur Lösung gesamtgesellschaftlicher Probleme größer denn je ist und die Menschen Unternehmen ein größeres Vertrauen schenken als der Politik oder den Medien (Edelmann Trust Barometer 2023).

Natürlich besitzen Unternehmen die Entscheidungsfreiheit, welche Erwartungen sie für sich als relevant bewerten und wie sie diese Erwartungshaltungen in ihr Handeln integrieren. Im Verständnis einer ausgewogenen Materialität werden von den Stakeholdern an das Unternehmen herangetragene Ansprüche in ihrer Bedeutung und Relevanz mit den Zielen des Unternehmens abgeglichen, gewichtet und entsprechend der Bewertung des Unternehmens in das zur Identität des Unternehmens passende strategische Operieren integriert. Dies erfolgt immer mit dem Ziel, die gesellschaftliche Legitimation für das eigene Handeln zu erhalten, die Handlungsspielräume für die Ziele des Unternehmens zu öffnen und die Vertrauenswürdigkeit des Unternehmens aus der Sicht anderer aufrechtzuerhalten.

Das hat zwei wichtige Punkte zur Folge: Erstens heißt dies, dass die Bedeutung des Dialogs mit den Stakeholdern sowie die Gewichtung und Materialität ihrer Ansprüche weit über den reinen Nachhaltigkeitsbereich (CSR und ESG) und die möglicherweise durch Vorgaben wie Geschäfts- oder Unternehmensberichte gesetzlich vorgeschriebenen Informationspflichten hinausgeht und das gesamte Unternehmen und sein Handeln in allen Bereichen betrifft. Und zweitens, dass Unternehmen die transformatorische Dimension der sich ständig ändernden Anforderungen ihrer Umwelt, der sie somit ständig betreffenden Affekte, in einem ganz anderen Maße als gemeinhin üblich, inhaltlich und strategisch in ihre Werte und ihre Identität integrieren müssen. Das bedeutet, Haltung zu beziehen, um mit den Stakeholdern Werte teilen zu können, Bindung aufzubauen und die Legitimation für das Handeln zu erlangen.

Somit liegt auf der Hand, dass Unternehmen über die Fähigkeit verfügen müssen, auf allen Ebenen ihren Stakeholdern zuzuhören, um daraus Schlüsse in Bezug auf ihre eigene notwendige Veränderung sowie die Erwartungen ihrer Umwelt ziehen zu können. Christof Ehrhart, Leiter der weltweiten Unternehmenskommunikation bei Bosch, sieht dieses „empathische Zuhören" als Schlüssel zu einer postmodernen Unternehmenskommunikation, welche den Aufbau von dialogischen Beziehungen zu den „internen und externen" Stakeholdern in ihren Mittelpunkt stellt. In der „Beeinflussung der Wahrnehmung durch empathische Kommunikation" einerseits und ein „Stakeholder-Engagement durch empathische Interaktion" andererseits entstehe „Beziehungskapital" und so auch eine Neuausrichtung des Reputationsmanagements. „Eine Schlüsselrolle kann dabei gezielten Stakeholder-Befragungen zukommen, im Rahmen derer die Teilnehmer ihre Erwartungen und Anforderungen zu allen Dimensionen verantwortungsvoller Unternehmensführung zum Ausdruck bringen. Mit Hilfe einer daraus abgeleiteten Materialitätsanalyse kann verlässlich eingeschätzt werden, welche Themen für das Unternehmen wesentlich sind. Damit wird die Materialitätsanalyse (...) zu einem Instrument, mit dem die Erwartungen interner und externer Stakeholder zum Kompass für die langfristige strategische Positionierung des Unternehmens gemacht werden können."[69]

Genau im Sinne dieses „empathischen Zuhörens" ist in der aristotelischen Lehre Haltung als das Beherrschen von Emotionen zu verstehen: Die Theorie geht davon aus, dass wir Veränderungen nicht verhindern können. Sie finden kontinuierlich statt und erreichen jedes Individuum und jedes Unternehmen. Haltung bedeutet, überlegt und rational eine Veränderung in die eigene Entwicklung zu integrieren, sodass diese zu einem Teil der eigenen Identität werden kann – anstatt einer Veränderung also emotional zu begegnen und ihr durch eine Weigerung der Zubilligung ihres Einflusses auf die eigene Identität eine Macht zu verleihen, die nicht mehr in den Bereich einer eigenen Entwicklung fällt und den Affekt der Veränderung nicht beherrschbar macht.

Haltung ist aber mehr als nur die Veränderung selbst: Haltung ist das Integrieren der notwendigen Änderung in das Leben und die weitere Entwicklung. Somit empfinden wir jene Haltungen als besonders stark, die Veränderungen aufnehmen und daraus einen Schluss ziehen, der unsere bestehenden Werte mit den Veränderungen versöhnt.

Dabei ist es wichtig – und die Voraussetzung, um auf Veränderungen reagieren zu können –, die eigene bestehende Haltung „weich und offen zu halten", um auf die Veränderung eben nicht emotional zu reagieren. Stattdessen müssen Unternehmen die durch die Stakeholder angezeigten „Affekte" als etwas begreifen, was ein Unternehmen zunächst nicht ändern kann – denn die Ansprüche und Erwartungen sind existent –, und sich damit auseinandersetzen, wie es diesen Affekt zu einem Teil seines eigenen Werdens machen kann.

Diese Entwicklung, dieses „Werden" zu postulieren und zu zeigen, ist im eigentlichen Sinne das, was „Haltung zeigen" bedeutet: Es bedeutet Veränderungen zu meistern, und nicht sich ständig jeder emotionalen Bewegung anzuschließen und sich mit ihr eins zu machen, „auch, wenn es etwas Gutes ist" (wie Hanns Joachim Friedrichs, der legendäre Anchorman der Tagesthemen, sagte), sondern vielmehr Wandel aufzunehmen und in das eigene Werden zu integrieren. Dieser Umstand erklärt, warum Haltung, die in diesem Sinne gelebt wird, so wirkmächtig und faszinierend auf uns Menschen wirkt: Es sind keine emotionalen Reaktionen, die uns, wenn es um Haltung geht, berühren. Es sind Zeichen und Handlungen, die Zeugnisse einer eigenen Entwicklung, einer Identitätsbildung sind, die aufzeigen, wie diesen Affekten begegnet werden kann, wie sie einzuordnen sind und welche Werte uns dabei leiten. Es sind Handlungen, die Zeugnisse des Meisterns von Veränderungen sind, die uns erreichen und uns darüber in Kenntnis setzen, wie jemand mit Veränderung umgeht und diese in ein Verhältnis zu seiner Identität zu setzen weiß.

Wenn ein renommierter und erfolgreicher Münchner Fotograf eine Nachricht an seine Kunden verschickt, dass er ab jetzt auch Bilder komplett mit künstlicher Intelligenz erstellt, und dazu den Link zu einer eigenen Website packt, dann könnte man sagen, dass dies keine Haltung, sondern eine Information über ein neues Angebot ist. Das ist es unzweifelhaft – aber es ist viel mehr: Es ist Ausdruck seiner Haltung zu einer elementaren Veränderung des Bereichs der Fotografie und der Einstellung seiner Stakeholder zu dieser Entwicklung. Der Fotograf, dessen Schaffen durch KI durchaus infrage gestellt werden könnte, für den die technologische Entwicklung ein „Affekt" ist –

denn werden ihn seine Kunden in näherer Zukunft womöglich gar nicht mehr brauchen? –, setzt sich zu dieser elementaren Veränderung ins Verhältnis und teilt seinen Klienten mit, dass er in Zukunft mit seinem Copyright, seiner Qualität und seiner bildnerischen Kreativität gerne zur Verfügung steht, nur dass er ab jetzt auch Models, Hintergründe und komplette Settings künstlich erschafft und KI als Werkzeug verwenden wird. Dazu zeigt er eine Reihe von herausragenden Bildern, welche die Qualität der von ihm gewohnten Bilder haben und seinem Stil entsprechen, aber ganz offenbar mittels KI erstellt wurden.

Er schreibt dazu seinen Kunden: „Mit mehr als 20 Jahren Berufserfahrung in der Fotografie erweitere ich nun mein Portfolio um die Erstellung fotorealistischer Bilder mittels künstlicher Intelligenz (KI). Diese Erfahrung, kombiniert mit der neuen Technologie, erlaubt es mir, individuelle und hochrealistische Visualisierungen zu schaffen, die das Spektrum der traditionellen Fotografie erweitern und ergänzen. Ein entscheidender Vorteil liegt in der Flexibilität, in kurzer Zeit passende Lösungen für Ihren Kommunikationsbedarf zu erstellen, und mit erheblicher Zeit- und Kostenersparnis: Ausgaben für Modelle, Locations, Styling, Team und Beleuchtung entfallen komplett. Dadurch stellen KI-generierte Bilder eine effiziente Alternative oder Ergänzung zu traditionellen Fotoproduktionen dar, besonders für Projekte mit engen Zeit- und Budgetvorgaben." Zudem geht der Fotograf darauf ein, dass die Technologie noch in der Entwicklung steht: „Aktuell sind bereits weitreichende Gestaltungsmöglichkeiten verfügbar, auch wenn die Technologie noch nicht jede Idee zu 100 % umsetzen kann. Die schnelle Entwicklung der KI-Technik verspricht jedoch eine zunehmende Flexibilität in der visuellen Gestaltung."[70]

In diesem Moment hat der Fotograf eine Änderung in seine Entwicklung aufgenommen und bezieht zum technischen Fortschritt und der sich gerade ändernden Einstellung seiner Stakeholder eine Haltung, die darstellt, wie er diese Umwälzung in sein Handeln integriert und in Beziehung zu seinen Überzeugungen, Werten und, vor allem, zu seinem Qualitätsverständnis setzt. Er bezieht sich in seiner Mitteilung explizit auf bestimmte Aspekte, die für seine Stakeholder aus dem Bereich des Art Buying wichtig sind, und die Kostenstruktur, die besonders Design- und Werbeagenturen als potenzielle Auftraggeber interessiert, und schafft es, eine Veränderung in seine Arbeit zu integrieren. Das ist nur möglich, weil er, ein gefragter und erfolgreicher Fotograf, eine offenbar „weiche und offene" Haltung zur Fotografie hat und seine bisherige Haltung ändern kann, diese zum Teil seiner Entwicklung macht und zugleich seine Integrität wahrt. Er könnte, wie andere Fotografen es tun, auch über die neue Technologie schimpfen, diese als eine Verletzung seiner Arbeit und seines Ethos empfinden und darunter leiden, dass er in Zukunft vielleicht nicht mehr so oft gefragt und anscheinend durch Technologie ersetzt wird. Stattdessen macht er die KI zu seinem Werkzeug, quasi zu seiner neuen, zusätzlichen Kamera, die er weiterhin mit seiner Fachkraft und Kompetenz zu bedienen weiß, und führt seine Hauptkompetenz – seine Auffassung von Bildgestaltung, wegen der ihn Kunden buchen – mutig in eine neue Zeit.

Daher müssen wir zwischen Emotionen und Haltungen unterscheiden und verstehen, warum es so wichtig ist, die sich wandelnden und nicht direkt beeinflussbaren Ansprüche der Umgebung eines Unternehmens – oder in diesem Fall eines Fotografen – wahrzunehmen und zu verstehen, um diese in die eigene Entwicklung zu integrieren. Aus diesem Grund ist der Stakeholder-Dialog der Dreh- und Angelpunkt von dem, was wir mit „eine Haltung zu haben" meinen: nicht statisch, sondern in einer ständigen Entwicklung in Bezug auf Umwelt und Unternehmen und nicht von aktionistischen Statements und durch die Übernahme von Sekundärhaltungen motiviert, sondern aus einem feinen Gespür für die Veränderungen der Realität heraus.

„Folgt man gängigen Vorstellungen der Philosophie des Geistes", sagt Wüschner, „so sind Emotionen öffentlich zugängliche Repräsentationen einer sich entziehenden Empfindungsdimension. Haltungen sind mit solchen Repräsentationen nicht zu verwechseln. Sie (…) spalten den Affekt: Ein Teil von ihm wird unschädlich und zum Oberflächeneffekt gemacht, damit ein anderer in das eigene Werden invertiert werden kann. Der gewünschte Effekt von Haltung liegt also nicht in der Milderung der Effekte, sondern allein darin, das eigene Verhalten nicht zum Symptom einer Krankheit werden zu lassen." [71]

Überträgt man diese Aussagen auf die Unternehmenskommunikation und auf die Haltung von Unternehmen, so werden sie hochaktuell und kommen zu klaren Schlüssen, die sich auf weitere Bereiche übertragen lassen und auch die Frage beantworten, warum wir in unserer heutigen Zeit ständig mit der Forderung konfrontiert werden, Unternehmen müssen Haltung zeigen: Wir leben in extrem volatilen Zeiten, in denen sich innerhalb von wenigen Jahren alles zu verändern scheint. Die größten Veränderungsdimensionen sind sicherlich die Digitalisierung, das Entstehen des Internets und der künstlichen Intelligenz auf der einen Seite, die klare Limitierung unserer natürlichen Ressourcen und Lebensgrundlagen, kulminierend im Begriff des Klimawandels, sowie die sich zunehmend manifestierende geopolitische Destabilisierung und der Ausbruch kriegerischer Konflikte auf der anderen. Natürlich gibt es noch eine ganze Reihe anderer Entwicklungen, aber die aufgeführten Änderungscluster alleine reichen schon, dass Unternehmen jedweder Größe kontinuierlich mit grundlegenden Änderungen und „Affekten" ihrer Umgebung und den sich entwickelnden Erwartungen ihrer Stakeholder wie Kunden oder der Gesellschaft konfrontiert werden.

Haltung zu beziehen hat in diesem Kontext genau die Funktion, die Wüschner beschreibt: Sie bietet den auf die Unternehmen niederprasselnden Affekten eine Bühne und hilft den Unternehmen zugleich, die Veränderungen zu meistern. Wenn Unternehmen nicht zu einem konstruktiven und in ihr Werden implementierten Umgang mit den Veränderungsanforderungen kommen, also ihre Integrität nicht aufrechterhalten können, werden sie tatsächlich „krank". Sie erkranken an den nicht bewältigten und nicht in Einklang mit ihrem Werden und ihren Werten gebrachten Veränderungen und laufen ernsthaft Gefahr, an diesen letztlich zugrunde zu gehen und ihre Integrität aufzugeben.

Die Integration dieser temporären Affekte und Ereignisse stellt eine Verbindung zwischen der sich ändernden Umwelt und den tieferliegenden Werten der Corporate Identity her, welche wiederum die Grundlage des Handelns darstellt. Sichtbar wird dies nicht nur am Verhalten und der Entwicklung bestehender Unternehmen, sondern auch in Neugründungen, die mit einer spezifischen wertebezogenen Haltung auf den Markt kommen: Sie stellen oft Anstoßgeber etablierter, in ihren Haltungen verharrender Unternehmen dar und mischen als neue Teilnehmer Märkte auf, indem sie, aus der Wertegemeinschaft der Stakeholder gegründet, zunächst keine Kraft in eine Transformation bestehender Strukturen stecken müssen, sondern als Start-up den sich wandelnden Ansprüchen der Stakeholder unternehmerischen Ausdruck verleihen. Ein Café, welches heute in einem Trendviertel eröffnet, legt vollkommen andere Wertgrundlagen für die Kunden einer neuen Generation. Bestimmte soziale, politische und ökologische Aspekte sowie der Gedanke der Teilhabe gehören zum Geschäftsmodell und postulieren in der Neugründung eine bestimmte Haltung. Diese kann sich im gezielten Einsatz von deindustriellen Produkten, lokalen Bezug von Waren, aber auch in der individuellen Selbstverwirklichung und dem Vorleben einer spezifischen Einstellung der Gründer widerspiegeln und somit eine präzise zugeschnittene Identitätsbildung und Anschlussfähigkeit an das Publikum entwickeln. Auch bei diesem Vorgehen stehen die Konzentration auf die Ansprüche der Stakeholder und ein genaues Zuhören und Analysieren derselben am Beginn der Gründung. Es gibt eine ganze Reihe von Angeboten, welche die Stakeholder-Interessen und -Forderungen in der Gründung sehr präzise inkludieren und zum Teil einer Corporate Identity machen. Das bedeutet, dass die Neugründung wie aus dem Kreis der Stakeholder selbst entwickelt wirkt: Die Grenze zwischen „Unternehmen" und „Stakeholder" verschwindet und derjenige erhält den größten Zuspruch, der den Nerv der Werte am besten trifft und dabei seine Eigenständigkeit und eigene individuelle Identität dennoch nicht verleugnet. Je selbstständiger das Profil, umso besser. Dabei werden abgesehen von Umwelt- und Nachhaltigkeits-Haltungen auch qualitative Aspekte implementiert, welche die etablierte Industrie so nicht liefern kann. Es ist der Gap zwischen wandelnden Stakeholder-Werten und den eingefahrenen Konzepten etablierter großer Player, der sich auch durch den Paradigmenwechsel der Kommunikation zunehmend schneller auftut. Er eröffnet Neugründungen Chancen, welche die etablierten Akteure unter Druck setzen und die Bedeutung eines empathischen Stakeholder-Dialogs, wie ihn beispielsweise Christof Ehrhart fordert, unterstreichen.

Der Hotelkonzern 25hours hat vorgemacht, was es bedeutet, sich auf die Werte seiner Stakeholder zu konzentrieren, und herausbekommen, dass 500 vollkommen unterschiedliche Menschen, die eine Nacht im Hotel verbringen, nicht unbedingt mit 500 identischen Hotelzimmern konfrontiert werden müssen. Hier wurden veränderte Ansprüche einer neuen Generation von Hotelgästen in die Entwicklung einer ganzen Hotelidentität integriert, die diametral den größten anzunehmenden Gegensatz zu anderen Hotelketten darstellen und mit einzigartigen und den Standort reflektierenden Hotels den Gast als Individuum begreifen. „Denn warum eigentlich sollte ein Hotel einer Kette 67-mal in einem Land identisch aussehen?", scheinen sich die Gründer überlegt zu haben. Klassische Wertattribute treffen auf punkige Elemente der Individualität, ohne kokett zu wirken. Jeder Mensch wohnt schließlich auch zuhause völlig unterschiedlich. So entstand die Idee, zahllose unterschiedliche, individuelle und mit einem originellen lokalen Bezug zugeschnittene Zimmer zu gestalten und an die Individualität der Gäste anzuschließen. Das Frühstücksbüfett ersetzt Masse durch Klasse. Nicht zehn der billigsten Schnittkäse aus der 1.000er Packung vom Großhandel, dafür ein Rad echten Schweizer Hartkäse, einen echten Schinken, von dem mit der roten Mailänder Schneidemaschine hauchdünn gehobelt wird, und einen echten Barista, der Siebträger-Kaffee vom Feinsten produziert statt Plörre aus dem Vollautomaten, sowie frisch gepressten Saft statt mit Wasser aufgegossenes Konzentrat – dafür aber schlicht nur ein Drittel an Produkten. Kurz: Qualität statt Quantität, ein Integrität und Individualität bewahrendes Konzept. Und das ist das Neue: auf Seiten des Hotels *und* auf Seiten der Gäste. Beide Seiten wahren diese Werte, so wird das Hotel bestens bewertet.

Prinzipiell sind stakeholderzentrierte Unternehmen jene, die in Zukunft erfolgreicher sein werden als jene, die ihren Kunden beibringen, wie sie sich zu fügen haben. Der Preis wird nicht der maßgebliche Faktor für Erfolg sein, sondern die Frage, wie man das eine mit dem anderen verbinden kann. Denn wer hier keine Gemeinsamkeiten oder dialektischen Lösungen aufbauen kann, trifft irgendwann nicht mehr die Bedürfnisse und wird von Anbietern ersetzt, die näher an den Stakeholdern sind. So gründen sich beispielsweise heute zahlreiche alternative Unternehmen und Marken, die die Bedürfnisse und Veränderungen der Werte der Stakeholder großer Marken nutzen und beginnen, mit Nischenprodukten deren Geschäftsmodelle zu bearbeiten und Lösungen anzubieten, die mit geänderten wert- und haltungsbasierten Grundlagen und speziell auf die gewandelten Bedürfnisse der Verbraucher abgestimmten Qualitäten ganze Märkte beeinflussen. Rügenwalder Mühle mit vegetarischen Angeboten seiner Wurstsortimente oder die mit Datteln gesüßten Leckereien der Influencerin Eileen Pesarini „Lini's Bites" sind dafür Beispiele. Auch die großen Unternehmen wie Coca-Cola oder Mars können davon ein Lied singen. Während der Softdrinkhersteller versucht, zunehmend zuckerfreie Limonaden anzubieten und sein lokales Engagement weltweit in den Fokus rückt, hat Mars neben den Schokoriegeln heute ein fast bedeutenderes Standbein im Bereich anderer Lebensmittel und Tiernahrung. Auch die Strategie von Paul Polman ist ein gutes Beispiel, wie ein mit Veränderungen konfrontierter Konzern eine Lösung sucht, indem man den „Net-Zero"-Ansatz entwickelte und eine klare Haltung zur Nachhaltigkeit postulierte – und heute in vielen Bereichen der Hygiene und bei Consumer-Care-Produkten Vorreiter in Sachen Verpackungsvermeidung und Schonung der Ressourcen geworden ist.

„Man muss sich im Klaren sein", so Wildemann, „dass Transformation und Veränderungen einer der wichtigsten Treiber sind, die dazu führen, dass

Unternehmen wertbasierte Haltung zunehmend in ihre Strategien einbeziehen, um von ihren Stakeholdern eine ‚Licence to grow' zu bekommen. Denn die gesellschaftlichen Veränderungen sind für Unternehmen etwas, woran sie nichts ändern können."

Um zu verstehen, wie dies gemeint ist, führen wir uns folgendes Bild vor Augen. Die Stakeholder sind der Indikator für das, was in der Antike mit dem „Schicksal" bezeichnet wurde: etwas, was das Unternehmen nicht abwenden oder direkt beeinflussen kann. Es ist den Ansprüchen, Beurteilungen und Veränderungen ausgesetzt, ob sie dem Unternehmen gefallen oder nicht. Was soll es auch machen? Es kann in der Regel nicht seine Mitarbeiter austauschen, es kann den Markt, in dem es sich bewegt, nicht wechseln, es kann meistens auch nicht die Politik ändern, noch weniger seine Kunden, genauso wenig wie die NGOs oder die Gesellschaft selbst, auch die Umwelt setzt heute klare Grenzen. Also was bringt eine wütende Betonindustrie? Und was schafft ein Baustoffhersteller, der stattdessen die Entwicklung in sein Handeln integriert und einen Weg geht, der zu einer eigenständigen Transformation und Lösung des Konflikts führt? Der eine wird krank, wenn er aus seiner Emotionalität nicht herausfindet und den Wandel nicht in seine Entwicklung integriert. Der andere handelt und macht das Problem zu seiner Entwicklung und setzt Zeichen.

Unternehmen sind, das ist klar, in vielerlei Beziehung *gezwungen*, sich mit gegebenen Entwicklungen und Affekten auseinanderzusetzen. Sie treffen das Unternehmen. Haltung zu zeigen, bedeutet in einer solchen Situation nichts anderes, als den Affekt zum Teil des eigenen Werdens zu machen. Das bedeutet, den Affekt wahrzunehmen, ihn zu verstehen, in ein Verhältnis zu den eigenen Werten und Überzeugungen zu setzen und in seiner Konsequenz in die weitere Entwicklung des Unternehmens zu implementieren, um gestärkt aus der Situation hervorzugehen.

Daher sind die Zeichen, die ein solches „Werden" in seiner entscheidenden Konsequenz zum Ausdruck bringen, das, was wir im eigentlichen Sinne „Haltung" nennen. Wenn die unvermeidlichen Anforderungen dessen, was uns oder dem Unternehmen geschieht, eben nicht zu einer oberflächlichen emotionalen Reaktion führen, sondern zu einem Teil der Identität werden, dann ist dies wirkmächtiger Ausdruck der eigenen Position, die zeigt, dass sie in der Auseinandersetzung mit den Veränderungen ihre Integrität wahrt.

So schreibt Wüschner: „Haltungen haben mit Krisen und ihrer Meisterung zu tun. Aber das bedeutet gerade nicht die Krise zu verhindern. (…) Es ist das

Haltungsrepertoire des Menschen, (...) wodurch er gegen die Veränderung die Integrität seiner Persönlichkeit wiederherstellt. (...) Die Frage ist demnach nicht, ob uns die Wucht der Ereignisse überrollt oder ob wir angesichts des Ereignisses kühl bleiben, sondern inwieweit wir das, was uns zustößt, mit einem Werden beantworten können." Um zu erklären, was er meint, fügt der Philosoph ein sehr einfaches, aber umso klareres Bild hinzu, dass vielleicht jeder Mensch schon einmal erlebt hat: „Einer Kränkung mit Liebeskummer und Rachebedürfnis zu begegnen, ist eine mögliche Reaktion – und doch zeigt sich in ihr die Macht des Verletzenden selbst, die immer noch und immer weiter wirkt. (...) Dem produktiv entgegen zu wirken, nicht es einfach nur auszuhalten, ist das Anliegen der aristotelischen Ethik. (...) eine Haltung dient dazu, einem Affekt zu seinem momentanen Recht zu verhelfen, um ihn dann weiterziehen zu lassen und selbst unbeschadet zu bleiben. Das heißt nicht der Liebe zu entsagen, sondern als Freund allererst liebesfähig werden."

Emotionen, die sich als Haltungen tarnen, aber letztlich zu keiner Lösung führen: Genau dies ist der Effekt, der als starke Nebenwirkung an sozialen Netzwerken zu kritisieren ist. Der Mensch hat einen Instinkt für jene Haltungen, welche die Entwicklung des Einzelnen als Reaktion der Umwelt anzeigen, in welcher der Mensch auch lebt. Er neigt dazu, dem, der den Weg der Lösung und Entwicklung geht, in der Gruppe zu folgen. Eine andere Kraft ist auch im Menschen angelegt, es ist die Kraft der Wut und des Hasses. Diese Emotionen gibt es und in Gruppen kann es unter bestimmten Bedingungen zu einem Moment kommen, in dem alles in eine kollektive Wut umkippt. Dies hat eine starke Wirkung auf die Beteiligten und es signalisiert den Menschen, die sich in solchen Gruppen befinden, dass sie, um überleben zu können, gegen jemanden in den Kampf ziehen müssen. Es sind animalische Reflexe und in unser Stammhirn tief eingebrannte, stereotype Reizantworten, die in grauer Vorzeit das Überleben von Horden vermeintlich sichern konnten, weil sie die anderen, ob berechtigt oder nicht, totgeschlagen haben.

Generell gilt, dass wir in der Digitalisierung und der Wirkung des Internets mit einer ganzen Menge von Reflexen und Emotionen zur Gruppen- und Meinungsbildung konfrontiert werden, die es einzuordnen gilt. Oftmals sind es niedere Instinkte, welche Emotionen hier stärker als die Zeugnisse von Entwicklung werden lassen und dazu führen können, dass Menschen losziehen und, aufgeheizt in sozialen Echogruppen, ihrer Wut Taten folgen lassen. Wo es nicht so weit kommt, und das ist zum Glück in den meisten Fällen der Fall, erfolgt aber durch die Emotionalisierung etwas anderes, etwas, was viel öfter passiert: Menschen entwickeln sich nicht weiter, werden emotional krank und finden aus den Echokammern der Emotionalisierung ohne Hilfe keinen konstruktiven Ausweg zu einer wirklichen Lösung der aufgebrachten Probleme, da die sozialen Netzwerke einerseits zwar Wut zu fördern im Stande sind, aber nicht mit der gleichen Kraft persönliche konstruktive Entwicklung anzustoßen.

„Wenn ich heute einen Paradigmenwechsel sehe", so Thomas Gauly, „dann den, dass auf der einen Seite durch die digitale Kommunikation enorme Freiräume und Entwicklungsmöglichkeiten entstehen und auf der anderen Seite immer mehr persönliche Begegnungen verloren gehen, was zu sozialer Verarmung, Desinformation und politischer Spaltung führen kann. Es ist daher eine vorrangige Aufgabe für alle Kommunikationsverantwortlichen in Politik, Gesellschaft und Wirtschaft, dafür Sorge zu tragen, einer Entpersonalisierung der Kommunikation entgegen zu wirken. Konkret bedeutet dies: Soviel Zeit wie möglich in den persönlichen Austausch zu investieren, dies gilt für Unternehmen gleichermaßen wie für den politischen Diskurs. Daneben muss so viel wie nötig in digitale Formate investiert werden, zum Beispiel, um den Bürokratieabbau voranzubringen, schnellere Zugänge zu Behörden sowie zu Leistungen der öffentlichen Hand zu ermöglichen oder schnelleren und sichereren Datenaustausch."

Das bedeutet aber auch, dass das aktionistische und instrumentalisierende „Haltung zeigen" von manchen Organisationen und Unternehmen – Stichwort Charity – isoliert nicht funktioniert. Ein solches Verhalten mag der Ausdruck einer spezifischen Absicht sein, um das Image oder die Reputation zu beeinflussen, bedeutet aber nicht, dass ein Unternehmen eine Haltung zeigt. Denn Haltung ist immer auch ganzheitlicher Ausdruck von Entwicklung und nicht auf Teilbereiche zu isolieren. So ist beispielsweise die Tatsache, dass die Bildzeitung einmal im Jahr Prominente zur „Ein Herz für Kinder"-Gala aufbietet, allem Anschein nach mehr publizistisches Kalkül und Reputationspflege als Ausdruck eines empathischen Stakeholder-Dialogs. Der Teilbereich Charity, der seit Axel Springer *himself* so sehr zur Bildzeitung gehört wie Ronald McDonald zu McDonald's, kann die Absicht des Unternehmens, Wohlergehen über die Menschheit zu bringen, alleine nicht glaubwürdig vertreten. Vor dem Hintergrund der postmodernen digitalen Hypertransparenz ist es zunehmend problematisch und mindert die Möglichkeiten der Akteure erheblich, Wertsetzungen lediglich auf Teilbereiche seines Handelns durchzusetzen und zu manifestieren. Der Philosoph Wüschner merkt an, dass Emotionen in den Vorstellungen der Philosophie des Geistes „öffentlich zugängliche Repräsentationen einer sich entziehenden Empfindungsdimension" darstellen. Als gezielte Freisetzung, immer gedeckt von einer – unbestreitbar – „guten Sache", sind diese Emotionen aber bezogen auf das Beispiel singulärer Wohltätigkeitsereignisse am Ende doch mehr ein Instrument des Reputationsmanagements des Absenders als ein überzeugendes Beispiel einer ganzheitlichen Haltung. Im Gegensatz dazu erweckt die Veranstaltung „Bild 100" viel eher den Eindruck, den identitären Markenkern des Unternehmens in eine relevante Beziehung zu den Werten der Stakeholder zu setzen, indem sie beispielsweise 2024 einen größten gemeinsamen Nenner zu formulieren im Stande war, der die wichtigsten Persönlichkeiten aus verschiedenen Gesellschaftsbereichen vereinte. Unter dem Zitat „Seid Menschen!" der Holocaust-Überlebenden Margot Friedländer wurde hier eine Positionierung im Sinne des Meisterns von Veränderung zum Ausdruck gebracht, die den bei solchen Veranstaltungen aufkommenden Verdacht des Reputationsmanagements überschreiben konnte.

Was früher noch zu gelingen schien – vor dem Paradigmenwechsel des Begriffs der Öffentlichkeit –, stößt heute zunehmend an Grenzen. Der Roman „Noch wach?" von Benjamin von Stuckrad-Barre ist insofern in diesem Zusammenhang zu erwähnen, als dass er als einer der ersten „Stakeholder"-Romane der deutschen Nachkriegsgeschichte gelten darf, der mittels eines literarischen „Ichs" quasi in Echtzeit aus der Innensicht eines Stakeholders ein fiktives Unternehmen und seine doch anscheinend recht wirklichkeitsnah konstruierten Führungspersonen literarisch beschreibt und klarmacht, was mit digitaler Hypertransparenz gemeint ist.

Betrachten wir Haltungen, die Ausdruck einer eigenen Entwicklung, eines identitären Werdens sind, so wird klar, dass wir hier nicht von PR-Maßnahmen sprechen, sondern von etwas anderem, etwas, das in der Lage ist, Menschen auf einer tieferen Ebene zu erreichen, und weitaus wirksamer ist als Werbung und schöner Schein. Dies ist gerade vor dem Hintergrund der zunehmenden Wirkungslosigkeit klassischer PR-Maßnahmen und angesichts des Trends, stattdessen zeitgemäße, aber austauschbare Purpose-Bekenntnisse zu postulieren, wichtig zu verstehen.

Haltung hingegen, die Ausdruck eines „Werdens" ist, wird von den Rezipienten erkannt. So sind es oft kleine Gesten, die Großes bewegen, als Ausdruck der inneren Konsequenz einer frei gewählten Überzeugung. Und zwar nie nur aufgrund äußerer Anforderungen oder des Zwangs, nicht anders reagieren zu können, sondern immer aufgrund frei gewählter Wege und Werte, die aus der eigenen Überzeugung erwachsen und Ausdruck der Rezeption der äußeren Umstände und des daraus abgeleiteten persönlichen Schlusses sind.

Die kleinen Gesten, die Großes anstoßen können, kennen wir – wenn Menschen Courage zeigen und mit geradem Rücken für ihre und die Werte anderer eintreten, selbst wenn sie dabei Nachteile für sich selbst in Kauf nehmen: Ein Mann beugt seine Knie und läutet die Entspannung zwischen Ost und West ein, eine schwarze Frau bleibt auf einem Sitzplatz im Bus sitzen und löst die Bürgerrechtsbewegung der afroamerikanischen Menschen in den USA aus, ein Mann schöpft mit einer Schale Wasser aus dem Meer und lässt es verdunsten und löst damit den friedlichen Widerstand gegen eine übermächtige Kolonialmacht aus, ein ehemaliger politischer Gefangener reicht dem Präsidenten des Landes, welches ihn sein halbes Leben eingesperrt hat, die Hand und schafft Versöhnung für das ganze gespaltene Land, ein Mädchen geht nicht zur Schule und stellt sich mit einem Pappschild vor das Parlamentsgebäude und löst eine weltweite Bewegung von jungen Menschen aus. Wir alle kennen die Geschichten, die Beispiele von kleinen Gesten sind, die Ausdruck von Haltung als Reaktion auf die Veränderung der Welt sind. All diese Gesten sind keine Emotionen, sondern Ausdruck des Werdens – eines Werdens, welches größer wurde als die Menschen, die in diesen Momenten ihre Haltung zum Ausdruck brachten.

Der Griff nach den Sternen – die Zukunft der Unternehmenskommunikation

Ein Blick in die Unternehmenskommunikation von morgen

14

Haltung, Substanz und Integrität werden die Zukunft der Unternehmenskommunikation prägen. Da Unternehmen immer weniger in der Lage sein werden, ihre Kommunikation gegenüber ihren immer selbstbewusster auftretenden Stakeholdern durch klassische PR erfolgreich steuern zu können, müssen sie ihre Kommunikation ganzheitlich ausrichten und es schaffen, mit ihren Stakeholdern Werte zu teilen, um Relevanz zu erzeugen.

01

Gelebte innere Werte werden zunehmend wichtiger, um die Unternehmenswerte im Gesamten zu prägen. Der achtsame Umgang miteinander sagt dabei mehr als langatmige Handlungsmuster und Wertefibeln: Die Worte „Danke", „Bitte" und „Entschuldigung" sind eine einfache Formel und stehen als Grundprinzip dafür, wie wir wahrgenommen werden.

02

Kommunikation wird immer mehr zum Resonanzboden der Stakeholder-Erwartungen und muss gesellschaftliche Positionen und Fragestellungen aufnehmen und artikulieren. Unternehmen müssen als Ausdruck des Meisterns von Veränderung Haltung und klare Kante zeigen, um mit ihren Stakeholdern in Zukunft Werte zu teilen.

03

Kommunikation wird integraler Bestandteil der Strategie und wird immer weniger versuchen, instrumentalisierend etwas vorzugeben, was das Unternehmen nicht ist, sondern vielmehr zum Kommunikator und integralen, wandlungsstarken und agilen Vermittler dessen, was das Unternehmen in seinem tiefsten Kern anstrebt. Dabei wird die Kommunikation der Zukunft empathisch, haltungs- und handlungsstark, responsiv und authentisch sein.

04

In Zukunft werden Unternehmen es als Wert ansehen, ihre Widersprüche zu erkennen, diese an- und aufzunehmen und mit den Interessen und Werten ihrer Stakeholder in Einklang zu bringen. Indem Unternehmen Wertekonflikte mittels ihrer Alleinstellung und Innovationsfähigkeit dialektisch auflösen, erlangen sie nicht nur signifikante Vorteile gegenüber ihren Mitbewerbern, sondern beeinflussen durch ihre Lösungsangebote das Kaufverhalten ihrer Kunden.

05
Kommunikation wird zunehmend Ausdruck von Veränderungen und durchläuft dabei sowohl Phasen von Optimierung – ständiges Verbessern und Lernen – als auch Phasen der fundamentalen Umwälzung und Disruption. Das bedeutet für die zukünftige Kommunikation, Haltungen zu finden, die es ihr ermöglichen, auch in den disruptiven Phasen improvisieren zu können, um unvorhersehbare Veränderung zu meistern.

06
Haltung zu zeigen, bedeutet, zu führen und es zugleich nicht jedem recht machen zu können. Unternehmen werden aufgrund ihrer Positionierung zunehmend in Dilemmata geraten und diese ihren unterschiedlichen Anspruchsgruppen erklären müssen. Je besser es ihnen gelingt, diese Entscheidungen allen Stakeholdern zu vermitteln, umso erfolgreicher werden sie kommunizieren.

07
In Zukunft wird es immer wichtiger, eine Balance zwischen den technologischen und emotionalen Möglichkeiten und Herausforderungen zu finden. Das bedeutet, einerseits technische Möglichkeiten zu nutzen und andererseits Empathie und Haltung damit zu verbinden.

08
Kommunikation wird zunehmend ganzheitlich und interdisziplinär arbeiten müssen und sowohl die Unterschiede zwischen außen und innen als auch zwischen Unternehmensmarken und Mitarbeiterkommunikation abbauen, vereinheitlichen und unter ein gemeinsames Narrativ stellen – ein Schlüssel für eine konsistente Wahrnehmung im hypertransparenten Internet.

09
Kommunikation wird in Zukunft Orte des Austauschs, des Dialogs und der Entwicklung der Stakeholder und des Unternehmens schaffen – ohne das Ziel zu verfolgen, Meinungen zu beeinflussen oder zu verändern, und ohne sich in seiner Kommunikationskraft über die Dialogpartner zu stellen. Kommunikation wird Zeitkapseln und Foren bieten, da Unternehmen zunehmend erkennen werden, dass Kommunikation über sie besser bei ihnen stattfindet als woanders. Denn hier werden die Marktvorteile von morgen geboren.

10
Die Stakeholder-Kommunikation wird zunehmend aus der ESG-Ecke herausgeholt und zum entscheidenden Faktor, um den Interessenausgleich mit den Anspruchsgruppen auf dem Weg der Interaktion und des Dialogs umzusetzen. Dabei erfahren Unternehmen, welche Grundbefindlichkeit die Menschen und Märkte bewegen, welche Werte und Ziele sie verfolgen und wie Unternehmen es schaffen, durch Empathie Resonanz zu erzeugen.

11
Die Führung von Kommunikation braucht mehr Mut, Vision und Veränderungswillen als jemals zuvor. Kommunikation wird in Zukunft direkt neben dem CEO aufgehängt. Das innerste kommunikative Führungstrio wird aus dem CEO, dem CMO, dem CCO und einem oder zwei starken Kreativen bestehen und so zum Enabler der weiteren Unternehmensfunktionen. Das wird komplexe Ansprüche an das Leadership des gesamten Kommunikationsfeldes stellen. So werden neben der strukturellen Organisation personelle, strategisch-politische und kulturelle Aspekte zunehmend relevanter.

12
Das Stärken und Vermitteln der eigenen Unternehmenskultur und Identität werden durch die Veränderung der Arbeitswelt und nicht zuletzt mit dem Eintritt der Generation Z zu einer zunehmend wichtigen Aufgabe. Um dabei intern die Botschaften des Unternehmens leben zu können und das Potenzial aller Mitarbeiter optimal zur Entfaltung zu bringen, wird es wichtiger, intern einen offenen und auf Handlungsspielräumen basierenden Dialog zu führen, der Mitarbeitern hilft, nicht in Wertekonflikte und Sandwichpositionen zwischen den Ansprüchen der externen Stakeholder und der Unternehmensführung zu geraten, sondern sich einzubringen und sich zu identifizieren. Das bedeutet, die Werte und das Leitbild in Zukunft verstärkt top-down zu entwickeln, bottom-up zu diskutieren, um authentisch nach innen und außen geteilt zu werden.

13
Purpose und Sinnhaftigkeit werden in Zukunft immer wichtiger. Sie richten sich aber nicht an dem aus, wie Unternehmen ihre Kommunikation steuern oder welchen Satz sie unter ihr Logo schreiben, sondern letztlich daran, wie

sinnvoll ihre Produkte und Leistungen sind. Unternehmen, die sinnvolle Produkte herstellen und denen es gelingt, Werte mit ihren Stakeholdern zu teilen und dabei ein gutes Preis-Leistungs-Verhältnis zu realisieren, werden in Zukunft die geringsten Probleme mit der Steuerung ihrer Kommunikation haben.

14
In Zukunft wird es zunehmend wichtiger, dass Unternehmen ihren Stakeholdern zuhören und es schaffen, das Teilen von gemeinsamen Werten mit ihren Alleinstellungsmerkmalen und ihrer Innovationsfähigkeit zu verbinden, um aus dem Wandel und der Antwort auf die drängenden Veränderungen der Gesellschaft ein Geschäft zu machen.

Anhang:

Bodo Rieger: Das Januskopfproblem in der C.-I.-Praxis

―――――――

Der Mensch ist das Lebewesen, das fragt. Das einzige, das sich selbst befragt. Fragen begründet die Existenz des Menschlichen, die Entwicklung menschlicher Werte. Die „Wer bin ich"-Frage nach seiner Identität, die „Was kann ich"-Frage nach seiner Individualität und die „Was soll ich"-Frage nach seiner Existenz.

Fragen kennzeichnen die Entwicklung der Menschen vom Natur- zum Kulturwesen, das in der Menschengruppe die Antworten sucht, die es in seiner Außen- und Innennatur zunächst noch nicht finden kann. Dabei erlebt der Mensch einerseits das Glücksgefühl erfolgreicher sozialer Anpassung und andererseits Angst und Unsicherheit, wenn die gesuchte Übereinstimmung nicht glückt. So gerät er in die Ambivalenz einer Situation, entweder Anpassung bis zur Selbstverleugnung und Unterwerfung zu betreiben, oder aber den Weg der Selbstakzeptanz zu gehen und damit soziale Ausgrenzung zu riskieren.

Der Mensch als das Wesen, das zunächst über den Weg zum anderen seine Übereinstimmung sucht. Solange der Heranwachsende in der Identifikation mit seiner Eltern- und Freundesgruppe lebt, ruht seine Identität in dieser Identifikation. Spätestens in der Pubertät wird jedoch diese Harmonie so gründlich gestört, daß der eine sein Leben lang seine vermeintliche Isolation nicht überwindet und nicht aufhört, sich nach der paradiesischen Geborgenheit in der Fremd-Identifikation zurückzusehen. Er wird dazu neigen, sein Verlustgefühl aus mangelnder Selbsterfahrung zu unterdrücken aus Angst, auch die Fremdakzeptanz zu verlieren, so daß ihm kaum mehr übrigbleibt, als Übereinstimmung mit dem Außen vorzutäuschen, um so seine Unsicherheit zu tarnen.

Der andere findet den Mut zu sich selbst und stellt sich bewußt seinem Anderssein. Er findet seinen Wert in der Entscheidung zum Selbstsein und entwickelt so das, was wir Selbstbewußtsein nennen. Die bewußte Bereitschaft zur sozialen Identifikation und Konfrontation und den sich daraus ergebenden Konflikten.

Das, was in jedem von uns bleibt, unabhängig davon, wie sehr oder wie wenig sozial angepaßt er nun ist, das ist jene Sehnsucht nach ursprünglicher Ganzheit. Entsprungen aus dem als Irritation erlebten Widerspruch zwischen Außen und Innen, vorgestellter und wahrgenommener Realität, Schein und Sein, Vergangenem und Zukünftigem, dem eigenen Selbst und dem der anderen.

―――――

* Originalfassung des Beitrags, der in gekürzter Form am 6. Juni 1989
in der F.A.Z. veröffentlicht wurde

Der Gott der dialektischen Einheit

Die alten europäischen Kulturen lösten solche Problematik auf, indem sie ihre Sehnsüchte visualisierten und ihr Ganzheitsverlangen in einer Gottheit symbolisierten. So z. B. im Janus, der römisch-italische Gott des Anfangs und Endes, des immer wieder neuen Beginns. Janus, der rätselhafte Gott mit den zwei Gesichtern, Gott der Türen und Tore im alten Rom, Gott des Ein- und Ausgangs. Mit dem einen Gesicht Stärke und Bestimmtheit nach außen und mit dem anderen Freundlichkeit und Weisheit nach innen vermittelnd.

Aus dieser Doppelbedeutung eines ursprünglich gemeinten „Sowohl als auch" scheint sich der Bedeutungswandel zum heutigen Janusverständnis herzuleiten. Aus Janus, dem Gott der Einheit in der Zweiheit, einer dichotomischen Gestalt, wird durch den monokausalen Wunsch nach Eindeutigkeit Gott der Zweideutigkeit, der das Bedürfnis nach „Entweder oder" nicht mehr befriedigt und aus Enttäuschung über diese mißlungene Identifikation zur „weder noch"-Konfiguration wird.

Flucht in die Selbstdarstellung

Janusköpfigkeit ist seither das letzte, was sich ein heutiger Mensch, insbesondere in der Position sozialer Verantwortung, nachsagen lassen möchte, vielleicht gerade deshalb, weil er nichts so sehr zu fürchten scheint wie den Vorwurf der Zweideutigkeit, der Widersprüchlichkeit.

Dieser Wunsch nach berechenbarer Eindeutigkeit scheint einer Tendenz der öffentlichen Meinung entgegenzukommen, die gerade durch das Verhalten sozial Verantwortlicher evoziert wird. Gerade der Mangel an Übereinstimmung von moralischem Anspruch und praktizierter Haltung weckt die Frage nach Eindeutigkeit in der Übereinstimmung, nach Integrität. Die Sehnsucht des Menschen nach Übereinstimmung mit Haltepunkten im sozialen Umfeld kann so weder durch personale Leitbilder voll befriedigt werden noch durch das moralische Ruhen in einem Sicherheitsnetz kultureller Geborgenheit. Einem Menschen, der sich in der Situation wiederfindet, kaum vertrauensbildende Identifikationen zu Personen oder zu Institutionen bilden zu können, bleibt noch die Wahl zwischen narzißtischer Selbstidentifikation oder fluchtähnlicher Ersatzidentifikation, wie sie eine erotisierte Konsum- und Freizeitwelt im Übermaß anbietet.

In einer solchen Konfliktsituation tendiert der Mensch zu Problemlösungen durch die Entwicklung personaler oder sozialer Strategien. Dabei erweist sich in der Wahl der Strategie das Maß an gelebter Integrität. Die Vision, die einer wählt, verrät, wer er ist. Selbstdarstellung als Mittel der Kompensation eigener Unsicherheit. Oder das korrespondierende Bild einer Übereinstimmung mit sich, die nichts zu verbergen oder zu verheimlichen hat. Dieser durch Kriterien wie Transparenz, Kongruenz und Akzeptanz definierte Weg (Rogers) kann als „offene Strategie" definiert werden im Gegensatz zur „verdeckten Strategie", dem Weg der Verschleierung und des Glattbügelns von Realität.

In der Wahl der Kommunikationsstrategie zeigt sich also der Charakter, die Übereinstimmung mit seinem Selbstverständnis – bei einer Person oder Gruppierungen von Personen im sozialen System.

Identifikation ist nicht käuflich
Die Frage nach der Übereinstimmung in einem Unternehmen ist deshalb eine komplexe Frage, weil das Unternehmen eine so hochkomplexe Angelegenheit ist. Deshalb sprechen wir auch von einem sozialen System und meinen damit eine Struktur von sozialen Gruppierungen, die in der Regel hierarchisch gegliedert ist. Übereinstimmung findet mithin auf verschiedenen Ebenen unterschiedlich statt, was an den Differenzen in der Mitarbeiter-Identifikation und -Integration feststellbar ist. Kleine Gruppen entwickeln als „Soziotope" eigene Kulturen, mit eigenem Wertebewußtsein. Übereinstimmung ist hier oft nur ein Akt freiwilliger Unterwerfung unter formale Zwänge, also einer Übereinstimmung mehr im Äußeren, weniger im Inneren, Anpassung ohne Motivation. Man identifiziert sich mit seinem Unternehmen als Arbeitgeber und seinem Kollegen als Partner im selben Boot. Stolz vorgeführtes Wir-Bewußtsein bleibt oftmals rhetorischer Gestus der oberen Etagen und Ränge, zu bewundern in aufwendigen Firmenbroschüren, Filmen und anderen Mitteln der Selbstdarstellung. Die offenkundigen Identifikations-Defizite werden mit periodischen Informationen und Hauszeitschriften (oftmals schichtspezifisch sortiert!), Schulung und Training angegangen. Was wird bewirkt? Bestenfalls Akzeptanz der sozialen Bemühungen des Arbeitgebers, die sehr bald als selbstverständlich angesehen werde. Das Gefühl bleibt kalt. Weil die Leute überfüttert und gleichgültig sind und nur noch auf soziale Sonderangebote reagieren? Wie kommt es dann, daß in manchen Firmen mit Begeisterung gearbeitet wird trotz schlechterer Bezahlung? Engagement ist der stumme Applaus der Motivation. Erhältlich, aber nicht käuflich. Voraussetzung ist eine besondere Unternehmenskultur, bei der vor allem die innere Übereinstimmung gepflegt wird, bevor man die äußere reflektiert. Hier fehlt es in vielen Fällen an spezifischen internen Kommunikations-Konzepten, die langfristig laufen, von den Mitarbeitern in der Gruppe mit den Kommunikations-Experten gestaltet, und getragen werden von dem gemeinsam akzeptierten Selbstverständnis eines „Wir sind wir, weil wir anders sind als die anderen (Unternehmen)". „Bei uns zählt noch der Mensch." Oder: „Bei uns gibt es ein angstfreies Klima." Oder: „Bei uns ist der Mitarbeiter wichtiger als jeder Kunde." Oder: „Bei uns gibt es keine Chefs, jeder ist verantwortlich." Oder: „Bei uns wird die Vision einer offenen Gesellschaft partizipativ praktiziert."

Dieser „gute Geist des Hauses", „esprit du corps", wächst durch geduldiges und bewußtes Bemühen um die drei eingangs zitierten menschlichen

Grundbedürfnisse: Persönliche Identifikation, individuelle Anerkennung und existenzielle Sicherung. Allerdings wird durch die bloße Anhäufung solcher Begriffe im Hochglanzgehäuse edel aufgemachter „Unternehmensgrundsätze" vermutlich wenig bewegt außer Geld für teures Papier. Die Firmen-Philosophie gehört in die Köpfe und Herzen der Mitarbeiter, nicht in die Schreibtischschubladen. Wer die Firmengeschichte und die gesprochenen wie gelebten Firmengrundsätze von Robert Bosch kennt („Lieber Geld verlieren als Vertrauen"), weiß, daß es auch anders geht, und zwar ausschließlich durch personale Identifikation. Im Idealfall verschmelzen Leitperson und Unternehmen zu einer Identifikations-Einheit. Voraussetzung ist, daß der Mensch nicht nur Kommunikant, sondern vor allem auch Kommunikator sein kann, daß nicht nur von oben nach unten, sondern gleichermaßen von unten nach oben kommuniziert wird. Das erfordert die Entwicklung eines kommunikativen Klimas, einer kommunikativen Haltung. „Kommunikation ist das bessere Verständnis von Mensch zu Mensch", heißt es bei Ernst Bloch. Das „bessere" Verständnis ist gemeint; der Komparativ zielt auf den Prozeß der Verständnisgewinnung, vermittelt durch soziale Interaktion, nicht durch einseitige soziale Berieselung oder Bestechung. Kommunikation als Einstellung und Haltung, als Ziel und als Wert. Gestaltet und gelebt nach dem Prinzip der „offenen Strategie".

Die Emnid-Studie zur Unternehmenskultur von 1988 besagt, daß die einheitliche Gestaltung der Firmengebäude wesentlich weniger wichtig sei als Umgangs- und Führungsstile sowie -Grundsätze, offene Informations- bzw. Kommunikations-Beziehungen und die Identifikation des Mitarbeiters. Dann kommt erst das sogenannte einheitliche Erscheinungsbild. Als Defizit wird die bewußte Gestaltung der Unternehmenskultur angesprochen, wobei „Kultur" nicht als ästhetisches Feigenblatt, sondern als Kultur-Sensibilität der Führungskräfte verstanden wird, z. B. durch das Einführen bestimmter Kommunikationsformen quer durch alle Hierarchieebenen. Entscheidend ist dabei die Integration aller Kulturmerkmale in ein exakt aufeinander abgestimmtes Werte- und Normengefüge. Das ist die deutliche Sprache der Unternehmensrealität als plausible Betätigung unserer Thesen.

CI, das Millionen-Mißverständnis

Dennoch: Für viele Unternehmen gilt offenbar immer noch der Primat von des Kaisers neuen Schneidern. CI, das Millionen-Mißverständnis, das sich hartnäckig behauptet, gefördert auch heute noch von Seminar- und Symposienanbietern, denen offensichtlich nicht nur der praktische Hintergrund fehlt. Um nur einige kennzeichnende Beispiele zu nennen: „CI als Strategie für integrierte Kommunikationsarbeit", „Durch CI das Unternehmen aus einem Guß erscheinen lassen", „CI ist im Ergebnis das Erscheinungsbild als Ganzheit", „CI als Prozeß der Meinungsbildung am Markt", etc.

– Mißverständnis No. 1: Einheitlichkeit wird verwechselt mit „Uniformität" im Erscheinungsbild (Corporate Design) und mit „Konformität" des Verhaltens (Corporate Behaviour). CI als Konfektion und Manipulation.
– Mißverständnis No. 2: CI als Vehikel der Meinungsbildung. Das ist Aufgabe der Corporate Communications.
– Mißverständnis No. 3: CI als Integrierte Kommunikation. Hier wurde Ursache mit Wirkung verwechselt. CI braucht die integrierte Kommunikation, als Instrument, um ganzheitlich operationalisiert werden zu können.
– Mißverständnis No. 4: CI steuert das Marktverhalten. Das ist Aufgabe des Marketing und der Marketing-Kommunikation. CI beeinflußt das Marketing über seine zentrale Steuerungsfunktion in der Unternehmens-Strategie. Marketing als eine Operationalisierung der CI.

Es überrascht nicht, wenn angesichts solcher Verwirrung Prof. Pümpin von CI als einer „gedanklichen Hilfskonstruktion" spricht für das „quantitativ nicht mehr Erfaßbare". Womit ein weiteres und diesmal elementares Mißverständnis angesprochen wird: Dominanz hätte demnach das Quantitative, ganz im Sinne der klassischen Wirtschaftswissenschaft, die davon ausging, daß das Wirtschaftssystem primär auf ökonomische Effektivität ausgerichtet sei und sui generis das Qualitative als ethische Normen-Verpflichtung erfülle.

CI zur Steuerung einer Vision

Wenn Identität „die in sich und in der Zeit als beständig erlebte Einheit der Person, des Selbst (des sozialen Systems) erlebt wird" (E. Erikson), dann gilt für die Unternehmensidentität: die Übereinstimmung des Denkens, Fühlens und Handelns mit dem definierten Selbstverständnis. Zur Entwicklung der geistigen Ressourcen als qualitative Basis der Effektivitätssteigerung. CI als Strategie zur Steuerung seiner Vision. CI als der Kern der Unternehmens-Philosophie. CI als die Leitlinie der Unternehmens-Kultur, als gelebtem und sichtbarem Wertesystem, das Ferment im Organismus eines Unternehmens, das seine Vitalität bestimmt.

CI ist Dialog in Permanenz

Voraussetzung für erfolgreiche CI-Arbeit ist das rechte CI-Verständnis, das CI nicht als Monolog, sondern als Dialog in Permanenz begreift im Entwicklungsprozeß mit sich und den anderen.

CI ist der entscheidende Prozeß der Selbstbefragung (zu dem auch die Fremdbefragung gehört), der nicht delegierbar ist und auch durch noch so attraktive Selbstdarstellung nicht ersetzt werden kann.

Um so mehr überrascht, wie viele, auch namhafte Unternehmen diese Arbeit damit beginnen, daß sie ein Corporate Design schneidern lassen, das nur nach Beliebigkeitskriterien verabschiedet werden kann, solange kein endgültiges CI-Konzept vorliegt. Der Lust an der bildnerischen Selbstbespiegelung nachzugeben, verlangt offensichtlich weniger Selbstüberwindung als die Beantwortung der Fragen: „Wer bin ich?" „Was will ich?" Und in der Konsequenz die Änderung des eigenen Verhaltens.

Ziel jeder CI-Arbeit kann nur die Einheit von Innen und Außen sein, das suchende Fragen nach der Übereinstimmung mit sich selbst, was eine sehr alte Weisheit ist („denn was innen, das ist auch außen", Goethe). Selbstdarstellung erfüllt dann ihre strategische Funktion, wenn sie glaubhaft wertvermittelnd wirkt.

Wertepluralismus oder das Ende aller Werte
Damit sind wir beim nächsten Problem, dem sogenannten „Wertepluralismus", ein Begriff, der, wörtlich genommen, den Fundus aller Werte anspricht, ohne Ansehung des hierarchischen Ranges und damit im ureigentlichen Sinne keinen singulären Wert mehr meint. Alle Werte zusammen und zugleich bedeuten jedoch soviel wie kein Wert, sind also nichts wert. Quantität hebt in diesem Fall Qualität auf. Dem sittlichen Begriff des Wertes ist stringente Verbindlichkeit immanent. Alle Werte zusammengenommen sind jedoch absolut unverbindlich, verpflichten zu nichts, was allzu offenkundig dem geheimen Wunschraster unserer hedonistisch eingefärbten Gesellschaft entgegenkommt mit ihren pluralen Lebensstilen, -formen und -welten.

Wertebildung ist ein Sozialmechanismus, der wirksam wird, um Ordnung in unser Wunsch- und Antriebsleben zu bringen. Das Bedürfnis nach dieser Art ist biogenetisch in jedem von uns als Disposition (nicht Determination) angelegt. Analog zur wechselnden Dynamik unserer Wünsche verändert sich die potentielle Relevanz unserer Werte als sittliches Controlling.

Drei prinzipielle Werttypen können wir unterscheiden:

- Die elementaren Menschheitswerte, kulturgrenzenüberschreitend und zumeist religiös begründet: Liebe, Freiheit, Wahrheit, Gerechtigkeit, Werte von höchster sinngebender Qualität.
- Die strategischen Werte, zweckgebunden, die unsere soziale Dynamik in der Spannung zwischen Ich und Wir regulieren helfen, z. B. Selbstverwirklichung versus Solidarität.
- Die instrumentellen, aktuell gebundenen Werte für den alltäglichen Gebrauch, in denen immer einer der Werte von der höheren Etage mitschwingt, so z. B. Offenheit/Wahrheit.

Kein Mensch, keine Gruppe, kein Unternehmen kann alle Werte gleichzeitig leben. Wir müssen Werte selektieren, d. h. bewerten, indem wir sie auf- oder abwerten und damit eine Wertedynamik akzeptieren, fälschlicherweise „Wertewandel" genannt, die Wertehierarchie entstehen und vergehen läßt. Hier liegt die zentrale Verantwortung aller Menschen, die subjektive wie objektive Gestaltungskräfte im großen wie im kleinen einsetzen. Noch nie in der Geschichte der Menschheit war die Verantwortung für die Werte-Identifikation von so existenzieller Bedeutung. Wir stehen tagtäglich in Wertekonflikt-Situationen. „Ökologische Vernunft" hat in der Familie häufig einen anderen Stellenwert als am Arbeitsplatz. Oft muß das geschäftliche Wertbewußtsein gegen das private entscheiden oder umgekehrt, je nachdem, welchen Rangplatz der Wert jeweils bekommt. Was im persönlichen Raum elementarer Wert ist, kann im geschäftlichen nur noch als strategischer Wert gelten, weil dort z.B. der Wert „ökonomische Effektivität" oder „Rationalität in der Produktqualität" oder „soziale Verantwortung" den höheren Rangplatz bekommt. So werden Werte nicht nur klassifiziert, sondern auch polarisiert. Mit dieser Spannung kann der Wertsensible als Privatperson oder Unternehmer nur leben, wenn er seine persönliche Verantwortung, sein eigenes Wertsystem für seine gestaltende Arbeit einbringt, in dem Risikobewußtsein, den einen Wert zugunsten eines anderen zu verletzen (unverletzliche Werte sind bedeutungslos). Eine Gewißheit der Übereinstimmung gibt es nicht. Das liegt im Widerspruchscharakter unserer Existenz begründet. („Identität ist der mit sich identische Widerspruch". „Etwas ist lebendig, wenn es den Widerspruch in sich trägt", Hegel.)

Der schöpferisch gestaltende Mensch ist dort mit seinem Latein am Ende, wo er sich einseitig der rein rational ausgerichteten Produktivität und Effektivität verschreibt, in der irrigen Annahme, es gäbe so etwas wie wertneutrale Zonen des Handelns. Auch für die Welt des Wirtschaftens gelten beide Dimensionen: die materialistische wie die immaterialistische, die Marktorientierung wie die Kulturorientierung, der Zweckbezug wie der Sinnbezug. Mehr denn je ist eine neue, eine humane Rationalität gefragt, die verantwortlich, konstruktiv und sensibel ist gegenüber dem Leben der verletzlichen Natur, die wir nicht mehr länger als Sache und verwertbare Ressource ansehen können, sondern als Teil der großen Einheit der Schöpfung, der wir angehören.

Der Gott der Alten, Janus, ist ein hoffnungsvolles Zeichen für Anfang und Ende, für die Chance eines schöpferischen Neubeginns. Das Symbol für die Idee der Einheit in der Zweiheit, die widersprüchliche Ganzheit, die dialektische Einheit.

Biografien

Wolfgang Bauer

Wolfgang Bauer, geb. 1959, wuchs auf dem Bauernhof seiner Eltern im Hunsrück auf. Er studierte an der Technischen Hochschule in Darmstadt Wirtschaftsingenieurwesen / Technische Fachrichtung Maschinenbau. 1985 trat er in die KPMG ein und arbeitete dort 15 Jahre als Steuerberater, Wirtschaftsprüfer und Partner. 2000 wurde er CFO der Dyckerhoff AG in Wiesbaden und führte ab 2014 das Unternehmen als CEO. Nach der Übernahme der Dyckerhoff AG durch die Buzzi S.p.A., Casale Monferrato, wurde er aufgrund der Bedeutung des Dyckerhoff-Konzerns für den Buzzi-Konzern im Gemeinschaftsunternehmen Mitglied im Board und 2008 Teil des Verwaltungsrats der Buzzi S.p.A. Seit 2014 ist er selbstständig und arbeitet aktuell in verschiedenen Beiräten und Aufsichtsräten. Er ist auch als Berater tätig, unter anderem bei der Sievert SE und der Hahn Kunststoffe GmbH.

Dr. Claudia Beutmann

Dr. Claudia Beutmann ist studierte Kommunikationswissenschaftlerin (B.A. an der Technischen Universität Dresden & M.A. an der Universität Leipzig) und hat an der Universität Hohenheim zur Rolle von Werten in der Unternehmenskommunikation promoviert. Unter Rückgriff auf den organisationssoziologischen Neo-Institutionalismus plädiert sie in ihrer Dissertation für einen breiteren Blickwinkel auf Organisationswerte: So entstehen Unternehmenswerte nicht nur als Kern bzw. Spiegel der eigenen Kultur und Identität, sondern oftmals auch mit Blick auf gesellschaftliche Erwartungshaltungen und aus Legitimitätsgründen. Hieraus entwickelt die Autorin eine Typologie, die den Zusammenhang zwischen grundlegenden Unternehmensorientierungen, Wertetypen und Kommunikationsverständnissen modelliert. Claudia Beutmann ist aktuell als Referatsleiterin Politik und Kommunikation bei einem Krankenkassenverband tätig. Voran gingen verschiedene Stationen als Referentin und Pressesprecherin im Gesundheitswesen und im Hochschulkontext.

Prof. Dr. Christof Ehrhart

Prof. Dr. Christof Ehrhart verantwortet weltweit Unternehmenskommunikation & Regierungsbeziehungen beim Technologie- und Dienstleistungsunternehmen Robert Bosch GmbH. Zuvor leitete er u. a. die Unternehmenskommunikation von Deutsche Post DHL Group, des Luft- und Raumfahrtkonzerns EADS (heute Airbus Group) und des Pharma-Unternehmens Schering AG. Der promovierte Politikwissenschaftler lehrt seit 2013 als Honorarprofessor Internationale Unternehmenskommunikation an der Universität Leipzig. Er ist Vorstandsmitglied bei econsense – Forum nachhaltige Entwicklung der deutschen Wirtschaft e. V. und Vorstandsvorsitzender der Günter-Thiele-Stiftung für Kommunikation und Management. Ehrhart ist Kolumnist des Fachmagazins >kommunikationsmanager und bloggt auf www.futureproofingpr.de. 2019 erschien sein Buch „Erfolgsfaktor PR – Impulse für die Unternehmenskommunikation" im Verlag Frankfurter Allgemeine Buch. Als bisher einziger deutscher CCO hat Ehrhart den renommierten Deutschen Image Award zweifach in verschiedenen Unternehmen erhalten (2017: Deutsche Post DHL Group, 2024: Robert Bosch).

Dr. Thomas Gauly

Thomas Gauly engagiert sich in gesellschaftlichen und politischen Kontexten, mit einem besonderen Interesse an Kultur, Religion, Wirtschaft und Politik. Er studierte Politikwissenschaft, Katholische Theologie mit Schwerpunkt Soziallehre sowie Mittlere und Neuere Geschichte und promovierte bei Karl Dietrich Bracher in Bonn. Später wurde er von Jonathan Steinberg als Visiting Lecturer an das Trinity Hall College in Cambridge berufen. Bundeskanzler Helmut Kohl berief Gauly nach der Wiedervereinigung zum Sekretär der Grundsatzprogrammkommission der CDU Deutschland und zum Vertreter der CDU bei der EVP in Brüssel. Anschließend war Gauly in der Wirtschaft tätig, unter anderem als Sprecher der Familie Herbert Quandt, Geschäftsführer der Herbert Quandt Stiftung und Generalbevollmächtigter der ALTANA AG. 2012 gründete er GAULY ADVISORS, eine führende Beratung für Strategie und Kommunikation. 2016 folgte die Gründung der Deutschlandstiftung Integration gGmbH (DSI), die heute mit über 1.400 Stipendiat:innen zu den größten ihrer Art in Europa zählt. Gauly engagiert sich u. a. im Vorstand der Freunde und Förderer der Goethe-Universität Frankfurt, im Kuratorium der Senckenberg Gesellschaft und beim Institute for Anthropology in Rom. Für seine Leistungen wurde Gauly u. a. mit dem Deutschen PR-Preis in Gold und dem Deutschen Image Award geehrt.

Prof. em. Dr. phil. Klaus Klemp

Geboren am 24. Juni 1954 in Dortmund; Studium Design (Dipl.-Des.), Kunstgeschichte und Geschichtswissenschaften (M.A.) in Dortmund, Münster und Marburg, promoviert bei Prof. Heinrich Klotz mit einer Arbeit zur Industriearchitektur der frühen Moderne; 1989 bis 2006 Leiter der Kulturabteilung der Stadt Frankfurt am Main sowie Leiter der städtischen Galerien im Karmeliterkloster und im Leinwandhaus; 1995 bis 2005 Mitglied im Präsidium des Rat für Formgebung. Seit 1998 Lehrbeauftragter an verschiedenen Hochschulen, seit 2008 Honorarprofessor an der Hochschule Rhein-Main in Wiesbaden. 2006 bis 2020 zunächst Ausstellungsleiter, dann stellv. Direktor und Kurator für Design am Museum Angewandte Kunst in Frankfurt am Main. Von 2014 bis 2020 ordentlicher Professor für Designtheorie und Designgeschichte an der Hochschule für Gestaltung HfG Offenbach. Geschäftsführender Vorstand der Dieter und Ingeborg Rams Stiftung; Gründungs- und Beiratsmitglied der Gesellschaft für Designgeschichte. Zahlreiche Ausstellungen und Publikationen zu Architektur, Design und Bildender Kunst.

Dr. Christoph Loos

Christoph Loos (geboren 1968) promovierte 1994 an der Schweizer Universität St. Gallen und war anschließend für die Boston Consulting Group in Deutschland und China tätig, bevor er im Jahr 2001 zum Bautechnologiekonzern Hilti kam. Nach Stationen in der Unternehmensentwicklung, im Strategischen Marketing und im Vertrieb übernahm er 2005 die Geschäftsführung der Marktorganisation Deutschland. Zwei Jahre später wurde er in die Konzernleitung des Liechtensteiner Traditionsunternehmens berufen, wo er zunächst für die Bereiche Finanzen, Personal, IT und Konzernentwicklung verantwortlich war. Vier Jahre später übernahm er den Bereich Emerging Markets sowie das globale Energie- und Industriegeschäft. Von 2014 bis 2022 war Christoph Loos CEO des Familienunternehmens. Nach neun Jahren an der Spitze der Hilti AG wurde er im Januar 2023 in den Verwaltungsrat berufen und zu dessen Präsidenten gewählt. Seit 2022 ist Christoph Loos zudem Vorsitzender des Aufsichtsrats der FUCHS SE in Mannheim (Deutschland). Der dreifache Familienvater lebt mit seiner Familie im liechtensteinischen Schaan.

Sascha Lötscher

Sascha Lötscher, visueller Gestalter, geboren 1973 in Schiers, Graubünden. Seit seinem 10. Lebensjahr wollte er Grafiker werden. Nach dem Abschluss des Handelsdiploms an der Kantonsschule Chur erfüllte er sich seinen Traum und absolvierte die Fachklasse für Grafik in St. Gallen. 1998 verbrachte er ein Austauschsemester an der Ohio State University. Nach dem Studium war er an der ETH Zürich tätig und dort 1999 in Zusammenarbeit mit Fritz Gottschalk für das Erscheinungsbild des Departements Architektur verantwortlich. 2002 wechselte er zu Gottschalk+Ash Int'l, seit 2003 ist er Partner. Gerade in der Reduktion, die dem Kanon der Typografie eigen ist, eröffnen sich ihm immer wieder neue Horizonte. Heute führt er gemeinsam mit seinem Partner, Mattia Conconi, das Schiff zu neuen Ufern. Sie beschäftigen sich einerseits mit den vielfältigen Fragestellungen im Bereich von Marken und andererseits mit Wegführung und Kommunikation im architektonischen und städtischen Raum.

Andrea Neumann

Andrea Neumann verfügt über mehr als 25 Jahre Erfahrung in der Unternehmenskommunikation. Ihr Weg führte sie durch Consumer- und B2B-Branchen in Agenturen und Unternehmen – vom Start-up bis zum börsennotierten Konzern. Seit Dezember 2012 ist sie Leiterin der Unternehmenskommunikation des internationalen Spezialchemiekonzerns ALTANA AG. Von 2007 bis 2012 leitete sie die Kommunikation und das Marketing des weltweit zweitgrößten Kreditversicherers Atradius in Deutschland, Mittel- und Osteuropa. Zuvor war sie für die internationale Medienarbeit der LANXESS AG verantwortlich. Darüber hinaus arbeitete sie für die Berliner Energieagentur, Sony Europe und Publicis Consultants in Paris. In ihren beruflichen Stationen steuerte Andrea Neumann unter anderem Veränderungskommunikation, beispielsweise nach großen Akquisitionen oder im Rahmen von CEO-Wechseln. Andrea Neumann studierte in Köln, Berlin und Nancy (Frankreich) und hält einen Master in „Strategischer Kommunikation und PR in Europe". Seit Kurzem ist sie neben ihrer Tätigkeit bei ALTANA auch als freiberufliche Kommunikationsberaterin aktiv.

Bodo Rieger

Bodo Rieger, Jahrgang 1930, in Berlin geboren, war in seinen ersten Berufsjahren Lehrer für Deutsch und deutsche Literatur. Sein umfängliches Interesse galt der deutschen Sprache. So erklärt sich sein Berufswechsel als Texter in die William Heumann Werbeagentur in Frankfurt am Main. Hier „sattelfest" als Texter und Konzeptioner geworden, wechselte er als Supervisor zu der amerikanischen Niederlassung der Werbeagentur BBDO. Hier erfand er die längste Wäscheleine für ein Waschmittel. Die nächste Berufsstation als Supervisor war die kreative Dependance der Werbeagentur H.K. McCann in Frankfurt, die in Königstein im Taunus einen kreativen Brain Trust betrieb. Von hier wurde er auf den „Königsstuhl der Deutschen Werbung" (Zitat Branchenmagazin W&V) als Marketingvorstand bei dem Reemtsma Cigarettenkonzern in Hamburg berufen. Rieger machte sich schließlich selbstständig und beriet namhafte deutsche Unternehmen im Bereich Corporate Identity und Corporate Design. Er veröffentlichte als Publizist und Markenstratege Aufsätze und Fachbeiträge u. a. im manager magazin und der Frankfurter Allgemeinen. Als Texter und kreativer Sparringspartner war er bis 1991 erfolgreicher Weggefährte des Studios Olaf Leu Design in Frankfurt am Main, welches zu den renomiertesten und meistausgezeichneten Designstudios der Republik zählte. Bodo Rieger starb am 1. Oktober 2000.

Peter Vetter

Peter Vetter, Designer, Partner von Coande (Communication and Design) und spezialisiert auf die strategische Beratung sowie die Marken- und Identitätsentwicklung für Unternehmen und Institutionen. Er hat seine umfangreichen Erfahrungen in Italien, Deutschland, den USA, Japan, China und der Schweiz gesammelt und war für Unternehmen wie BMW, ABB, Clifford Chance, IBM, Museum of Fine Arts

Houston, Zentrum Paul Klee oder die Stadt Rapperswil-Jona tätig. Er gewann zahlreiche internationale Preise, nahm an wichtigen Jurys und Konferenzen teil, organisierte Workshops und war Präsident des Schweizerischen Grafikerverbandes. Im Bereich der Ausbildung war er Teil der Peer Review der Schweizer Designhochschulen und Leiter der Visuellen Kommunikation an der Zürcher Hochschule der Künste. Er ist Senior Lecturer und Researcher an der Shenzhen International School of Design (SISD/HIT). Sein internationales Engagement umfasst Projekte in Italien, Deutschland, Frankreich, Marokko, Mosambik, Indien, Ägypten, Libanon und China. Er publiziert über Designgeschichte, Wirtschaft, Innovation und andere aktuelle Themen.
Website: https://www.coande.com/

Univ. Prof. Dr. Dr. h. c. mult. Horst Wildemann

Horst Wildemann studierte in Aachen und Köln Maschinenbau (Dipl.-Ing.) und Betriebswirtschaftslehre (Dipl.-Kfm.). Nach einer mehrjährigen praktischen Tätigkeit als Ingenieur in der Automobilindustrie promovierte er 1974 zum Dr. rer. pol., Auslandsaufenthalte am Internationalen Management Institut in Brüssel und an amerikanischen Universitäten schlossen sich an. 1980 habilitierte er (Dr. habil.) an der Universität zu Köln. Seit 1980 lehrt er als ordentlicher Professor für Betriebswirtschaftslehre an den Universitäten Bayreuth, Passau und seit 1989 an der Technischen Universität München. In 40 Büchern und über 800 Aufsätzen, die in engem Kontakt mit der Praxis entstanden sind, hat er neue Wege für die wirtschaftliche Gestaltung eines Unternehmens mit Zukunft aufgezeigt. Horst Wildemann leitet die 1992 von ihm gegründete Unternehmensberatung TCW, mit der er Unternehmen aus allen Branchen im Logistik-, Einkaufs- und Produktionsbereich betreut. Die Themen reichen von Cost Engineering, Modularisierung, KI-Anwendungen, Prozessreengineering bis hin zur Einkaufspotenzialanalyse. Seit 1990 veranstaltet er jährlich das Münchner Management Kolloquium an der TU München. Ihm wurden die Staatsmedaille des Freistaates Bayern, das Bundesverdienstkreuz 1. Klasse der Bundesrepublik Deutschland und die Ehrendoktorwürde der Universitäten Klagenfurt, Passau, Cottbus und Hamburg verliehen. Aufnahme in die Logistik Hall of Fame 2004. Bayerischer Verdienstorden 2006. Verleihung der Ehrennadel durch die Bundesvereinigung Logistik 2008.

Philipp Wüschner

Dr. Philipp Wüschner, geboren 1981, studierte Philosophie, kath. Theologie und Musikwissenschaften in Tübingen und Berlin und promovierte 2014 mit einer Arbeit zum Thema Haltung bei Aristoteles. Anschließend arbeitete er als wissenschaftlicher Mitarbeiter an der Freien Universität Berlin sowie als Lehrbeauftragter an der Universität der Künste – UdK Berlin und der Burg Giebichenstein in Halle und zuletzt an der Hochschule für Angewandte Wissenschaften Hamburg (HAW Hamburg). Zusammen mit Henrike Kohpeiß moderiert er seit 2022 den Gesprächsabend „Gefühle am Ende der Welt" im Roten Salon der Volksbühne Berlin. Philipp Wüschner beschäftigt sich als Philosoph, Schriftsteller und Übersetzer mit Theorien der Gefühle und Affekte, Ästhetik und Design sowie Macht und Autorität.

Quellenverzeichnis

Kapitel 01

1. Christof Ehrhart, Vortrag „Unternehmenskommunikation für die Postmoderne" auf dem Geschäftsberichts-Symposium des Center for Corporate Reporting in Zürich, 13. Juni 2019

2. Christof Ehrhart, „Erfolgsfaktor PR", Frankfurter Allgemeine Buch, 2019

3. https://wissenschaftkommuniziert.wordpress.com/2017/03/01/die-zeit-der-propaganda-ist-vorbei-sechs-thesen-zur-kommunikation-4-0/ (abgerufen am 30. Oktober 2024)

4. https://www.spiegel.de/wirtschaft/jpmorgan-chase-ceo-jamie-dimon-warnt-vor-risiken-a-5e3d3525-6870-4f4a-8b74-d859d2fd5dd7 (abgerufen am 30. Oktober 2024)

5. Philipp Wüschner, „Eine aristotelische Theorie der Haltung: Hexis und Euexia in der Antike", Meiner, 2016

Kapitel 02

6. Bodo Rieger, „Haltung im Spannungsfeld von Unternehmenskultur und Corporate Identity", Frankfurter Allgemeine Zeitung, 6. Juni 1989

7. https://www.mindyourlife.de/authentizitaet-und-authentisch-leben/ (abgerufen am 30. Oktober 2024)

Kapitel 03

8. https://www.deutschlandfunkkultur.de/ethik-und-zivilcourage-was-heisst-haltung-zeigen-100.html (abgerufen am 30. Oktober 2024)

9. https://www.turi2.de/community/mathematisch-formuliert-ist-ein-video-vom-aufwand-her-ein-tweet-hoch-zwei-martin-gansert-ueber-social-media-bei-bosch/ (abgerufen am 30. Oktober 2024)

Kapitel 04

10. Christof Ehrhart, „Erfolgsfaktor PR", Frankfurter Allgemeine Buch, 2019

11. In: Emilio Galli Zugaro und Clementina Galli Zugaro, „The Listening Leader – How to drive performance by using communicative leadership", FT Publishing International, 2017

12. Ebd.

13. Claudia Beutmann, „Unternehmenswerte und Kommunikation. Ein interdisziplinärer Ansatz der wertorientierten Unternehmenskommunikation", Dr. Kovac Verlag, 2017

14. Beyrow, Kiedaisch, Klett, „Corporate Identity & Corporate Design 4.0 – Das Kompendium", AV Edition GmbH, 2018

15. https://www.spiegel.de/panorama/cornflakes-kellogg-s-scheitert-mit-klage-gegen-neue-vorschriften-fuer-ungesunde-lebensmittel-in-grossbritannien-a-79343418-55de-4680-a68d-1111588e0523 (abgerufen am 30. Oktober 2024)

16. In: Beyrow, Kiedaisch, Klett, „Corporate Identity & Corporate Design 4.0 – Das Kompendium", AV Edition GmbH, 2018

17. Emilio Galli Zugaro und Clementina Galli Zugaro, „The Listening Leader – How to drive performance by using communicative leadership", FT Publishing International, 2017

18. https://www.draeger.com/Content/Documents/Content/quartalsbericht-erstes-quartal-2015.pdf (abgerufen am 30. Oktober 2024)

Kapitel 05

19. Caren Miosga, ARD, Sendung vom 21. April 2024

20. https://widersense.org/wissen/studien/the-corporate-social-mind-report-november-2022/ (abgerufen am 30. Oktober 2024)

21. https://www.edelman.de/de/research/2023-edelman-trust-barometer (abgerufen am 30. Oktober 2024)

22. https://www.textilwirtschaft.de/business/news/taschenmarke-raeumt-fehler-in-der-kommunikation-ein-greenwashing-vorwurf-gegen-got-bag-236085 (abgerufen am 30. Oktober 2024)

23. https://www.textilwirtschaft.de/business/news/got-bag-chef-benjamin-mandos-im-interview-ueber-den-umgang-mit-den-greenwashing-vorwuerfen-es-ist-ein-krasses-gefuehl-so-angegriffen-zu-werden-236754 (abgerufen am 30. Oktober 2024)

24. Paul Polman, Andrew Winston, „Net Positive – How Courageous Companies Thrive by Giving More Than They Take", Harvard Business Review Press, 2021

25. https://www.horizont.net/marketing/nachrichten/exklusiv-interview-weshalb-telekom-markenchef-ulrich-klenke-nicht-an-die-macht-der-claims-glaubt-202283 (abgerufen am 30. Oktober 2024)

26. https://www.horizont.net/marketing/nachrichten/kampagne-gegen-hass-im-netz-es-werde-licht-wie-die-telekom-erneut-gegen-hass-vorgeht-217578 (abgerufen am 30. Oktober 2024)

Kapitel 06

27. https://www.ing.de/wissen/go-woke-go-broke/ (abgerufen am 31. Oktober 2024)

28. https://www.nzz.ch/feuilleton/wokeness-gesteigerte-form-der-political-correctness-ld.1534531 (abgerufen am 31. Oktober 2024)

29. https://www.spiegel.de/wirtschaft/unternehmen/bud-light-transgender-influencerin-dylan-mulaney-beklagt-fehlende-unterstuetzung-durch-anheuser-busch-a-5a0422b0-6478-4852-9794-548db33bab8a (abgerufen am 31. Oktober 2024)

30. https://www.derstandard.de/story/3000000176307/wokeness-im-job-generationenclash-oder-gute-neue-wachsamkeit (abgerufen am 31. Oktober 2024)

31. Susan Neiman, „Links ist nicht woke", Hanser, 2023

32. https://www.spiegel.de/kultur/warum-ist-woke-sein-nicht-links-susan-neiman-podcast-moreno-1-a-dc500678-09ef-4a94-b24a-8a51b73848c1 (abgerufen am 31. Oktober 2024)

33. https://www.deutschlandfunkkultur.de/radikaler-universalismus-omri-boehm-identitaetspolitik-aufklaerung-100.html (abgerufen am 31. Oktober 2024)

34. https://www.fr.de/kultur/literatur/links-ist-nicht-woke-von-susan-neiman-mit-kant-und-diderot-gegen-die-woke-party-92474927.html (abgerufen am 31. Oktober 2024)

35. https://www.deutschlandfunk.de/krieg-und-frieden-denken-politikwissenschaftler-herfried-muenkler-im-gespraech-dlf-b9386112-100.html (abgerufen am 31. Oktober 2024)

Kapitel 07

36. Paul Polman, Andrew Winston, „Net Positive – How Courageous Companies Thrive by Giving More Than They Take", Harvard Business Review Press, 2021

37. https://www.pwc.de/de/audit-assurance/csrd-berichterstattung-und-pruefung.html (abgerufen am 31. Oktober 2024)

38. https://www.nzz.ch/schweiz/wie-woke-sollen-unternehmen-sein-ld.1777784 (abgerufen am 4. November 2024)

39. Ebd.

40. https://www.dandodiary.com/2022/11/articles/corporate-governance/senators-warn-law-firms-concerning-esg-related-advice/ (abgerufen am 4. November 2024)

41. https://www.zeit.de/wirtschaft/geldanlage/2024-01/esg-nachhaltigkeit-investoren-finanzbranche (abgerufen am 31. Oktober 2024)

42. https://www.pionline.com/esg/little-impact-investing-anti-esg-backlash-cerulli#:~:text=Cerulli's%20survey%20of%20asset%20managers,their%20marketing%20and%20investment%20documents (abgerufen am 31. Oktober 2024)

43. Christof Ehrhart, „Erfolgsfaktor PR", Frankfurter Allgemeine Buch, 2019

44. Claudia Beutmann, „Unternehmenswerte und Kommunikation. Ein interdisziplinärer Ansatz der wertorientierten Unternehmenskommunikation", Dr. Kovac Verlag, 2017

45. https://www.faz.net/aktuell/wirtschaft/unternehmen/bmw-miteigentuemerin-susanne-klatten-ueber-innovation-und-unternehmertum-18878381.html (abgerufen am 31. Oktober 2024)

Kapitel 08

46. Emilio Galli Zugaro und Clementina Galli Zugaro, „The Listening Leader – How to drive performance by using communicative leadership", FT Publishing International, 2017

Kapitel 09

47. https://www.faz.net/aktuell/wirtschaft/unternehmen/bmw-miteigentuemerin-susanne-klatten-ueber-innovation-und-unternehmertum-18878381.html (abgerufen am 31. Oktober 2024)

48. https://humanfy.de/new-work-charta/ (abgerufen am 4. November 2024)

49. Gerald Hüther, „Was wir sind und was wir sein könnten: Ein neurobiologischer Mutmacher", S. Fischer, 2011

50. https://www.liebenzell.org/liebe-kann-ohne-freiheit-nicht-existieren/ (abgerufen am 4. November 2024)

Kapitel 10

51. https://www.linkedin.com/posts/tillwiechmann_innovation-nachhaltigkeit-resilienz-activity-7041327231830228992--7KP?trk=public_profile_like_view (abgerufen am 4. November 2024)

52. https://klardenker.kpmg.de/immer-mehr-gegenwind-bei-esg-transformation-in-unternehmen/ (abgerufen am 4. November 2024)

53. https://www.focus.de/finanzen/news/unternehmen/gea-ceo-stefan-klebert-im-interview-wer-sich-nicht-fuer-klimaschutz-engagiert-wird-marktanteile-verlieren_id_63095509.html (abgerufen am 2. Oktober 2024)

54. https://newsroom.porsche.com/pdf/43f1f4e6-4c96-4894-abeb-88aa0ceb8089?print#:~:text=Vision%202030%20Die%20Vision%20des,inneren%20Antrieb%2C%20Ziele%20zu%20erreichen (abgerufen am 4. November 2024)

55. https://ndion.de/de/porsche-oliver-blume-nachhaltigkeit-ist-unsere-grundeinstellung/ (abgerufen am 4. November 2024)

56. https://newsroom.porsche.com/de/unternehmen/porsche-geschaefts-und-nachhaltigkeitsbericht-2021/porsche-strategie-2030.html (abgerufen am 4. November 2024)

57. https://www.faz.net/aktuell/wirtschaft/unternehmen-sollten-die-esg-regeln-als-chance-begreifen-18424863.html (abgerufen am 4. November 2024)

58. https://www.capital.de/wirtschaft-politik/ruegenwalder-muehle--die-erstaunliche-wandlung-eines-wurstherstellers-33093732.html (abgerufen am 4. November 2024)

59. https://www.spiegel.de/wirtschaft/soziales/markus-gabriel-ueber-ethischen-kapitalismus-wir-brauchen-philosophen-in-den-chefetagen-a-a9dae10f-4781-439c-891b-969f34530352 (abgerufen am 4. November 2024)

Kapitel 11

60. https://www.braun-audio.com/de-DE/10principles (abgerufen am 4. November 2024)

61. https://www.turi2.de/aktuell/wir-wollen-polarisieren-anja-stolz-zeigt-den-neuen-marken-auftritt-der-rv-versicherung/ (abgerufen am 5. November 2024)

62. https://www.ruv.de/newsroom/pressemitteilungen/20200206-neuer-markenauftritt (abgerufen am 7. November 2024)

63. https://www.horizont.net/marketing/nachrichten/rv-marketingchefin-anja-stolz-es-kann-keine-haltungskampagne-geben-200501 (abgerufen am 5. November 2024)

Kapitel 12

64. In: Claudia Beutmann, „Unternehmenswerte und Kommunikation. Ein interdisziplinärer Ansatz der wertorientierten Unternehmenskommunikation", Dr. Kovac Verlag, 2017

65. https://www.wertekommission.de/wp-content/uploads/2023/11/Fuehrungskraeftebefragung-2023.pdf (abgerufen am 4. November 2024)

Dank

66. https://www.boehringer-ingelheim.com/de/ueber-uns/unternehmensprofil/life-forward (abgerufen am 4. November 2024)
67. Claudia Beutmann, „Unternehmenswerte und Kommunikation. Ein interdisziplinärer Ansatz der wertorientierten Unternehmenskommunikation", Dr. Kovac Verlag, 2017

Kapitel 13

68. Valentin Heisters, Olaf Leu (Hg.), „Geschäftsberichte richtig gestalten", Frankfurter Allgemeine Buch, 2004
69. Christof Ehrhart, „Erfolgsfaktor PR", Frankfurter Allgemeine Buch, 2019
70. Robert Brembeck, Newsletter 02.2024, https://mailchi.mp/a4376fod5fcf/robert-brembeck-fotografie-newsletter-13745059?e=ee012ab11c (abgerufen am 16. Dezember 2024)
71. Philipp Wüschner, „Eine aristotelische Theorie der Haltung: Hexis und Euexia in der Antike", Meiner, 2016

Disclaimer

Zu den zahlreichen Kunden von Heisters & Partner zählen auch die im Buch erwähnten Unternehmen ALTANA, Drägerwerk, Dyckerhoff, Der Grüne Punkt, J.P. Morgan SE und die R+V.

Ich danke allen, die am Entstehen dieses Buches beteiligt waren. Besonders hervorheben möchte ich den Dank an meinen Herausgeber, Professor Olaf Leu, der mir als Ratgeber, Mentor, Anstoßgeber und Freund zur Seite stand und die Idee zu diesem Buch hatte. Ich danke posthum Bodo Rieger, ohne dessen Arbeiten dieses Buch nicht entstanden wäre. Ich danke dem Designer und Gestalter Peter Vetter, der mich seit 20 Jahren inspiriert und mir auch bei diesem Buch mit seinem profunden Wissen und seiner Erfahrung zur Seite stand. Vielen Dank allen Dialog- und Gesprächspartnern, insbesondere Wolfgang Bauer, Dr. Michael Berkei, Dr. Claudia Beutmann, Robert Brembeck, Prof. Dr. Christof Ehrhart, Dr. Hans Jürgen Escherle, Dr. Thomas Gauly, Florian Heisters, Tim Höttges, Prof. Dr. Klaus Klemp, Dr. Christoph Loos, Sascha Lötscher, Horst Moser, Andrea Neumann, Prof. Dr. Dr. h. c. mult. Horst Wildemann, Dr. Philipp Wüschner und Gabriele Quadt. Ich danke allen Mitarbeitern von Heisters & Partner und dem Team von Frankfurter Allgemeine Buch, besonders Dr. Jens Seeling und Christin Bergmann. Ganz besonders möchte ich mich bei meinem Lektor Bernolf Reis für seine unverzichtbare und unermüdliche Mitarbeit, seine Ratschläge und Anregungen, seine Lösungen und Ermutigung bedanken. Vor allem aber danke ich meiner Familie, insbesondere meiner Frau Amöne, für ihre großartige Unterstützung, ohne die dieses Buch nicht so geworden wäre.

ÜBER DEN AUTOR:

Valentin Heisters, geb. 1971, zählt zu den führenden Kommunikationsberatern und Designern. Er ist gefragter Dialogpartner und Berater von Unternehmen im Bereich kommunikativer Leitbilder und strategischer Markenführung. Der Gründer und geschäftsführende Gesellschafter von Heisters & Partner, Corporate & Brand Communication nimmt mit seinem Team wirksame inhaltliche Bestimmungen und Positionierungen vor, um strategische Kommunikationskonzepte und Erscheinungsbilder zu definieren. Der Schwerpunkt der Arbeit von Valentin Heisters liegt in der Entwicklung und Realisation aller Medien der Corporate und Brand Communication mit den Fokusfeldern Sustainability, Reporting, Employer Branding und strategische Markenführung. Als Partner und Creative Director führt er zusammen mit Amöne Schmidt seit 2002 die Agentur Heisters & Partner. Er berät u. a. führende deutsche Familien- und inhabergeführte Unternehmen und ist Autor zahlreicher Vorträge und Fachbeiträge. Er ist Initiator und Gründer des „Forums Unternehmenskommunikation", welches den Dialog zwischen Industrie, Wissenschaft und Design fördert. Mit Heisters & Partner wurde er bis heute mit über 60 internationale Design- und Kommunikations-Awards geehrt.

ÜBER DEN HERAUSGEBER:

Olaf Leu, geb. 1936, international bekannter Typograf und Gestalter, zählt zu den anerkanntesten deutschen Designern. Sein Werk wurde mit mehr als 300 nationalen und internationalen Auszeichnungen gewürdigt. Er ist lifetime member des Art Directors Club und des Type Directors Club New York, Ehrenmitglied der TGM und Mitbegründer des DDC sowie Autor vieler Fachbücher zum Thema CD/CI. Als Professor für Corporate Design hat er mit den Schwerpunkten Corporate Identity und Design weltweit Ansehen erworben und als Berater viele Unternehmensauftritte geprägt. Er repräsentierte für das Goethe-Institut deutsches Design auf allen Erdteilen. In den USA arbeitete er mit Designgrößen wie Lou Dorfsman und Herb Lubalin zusammen. Dorfsman von CBS sagte über ihn: „Das Höchste, was ich über Olaf Leu sagen kann, ist, dass er überall bedeutend wäre, sogar hier in New York, wo die Konkurrenz am schärfsten ist." Als Vordenker prägt er bis heute den Diskurs über die Entwicklung von Corporate Identity und Corporate Design. Als leitendes Jurymitglied des manager-magazin-Jahreswettbewerbs „Die besten Geschäftsberichte" entwickelte er mit seinem Team anerkannte Standards zur visuellen Aufbereitung und Bewertung von Unternehmenskommunikation und Geschäftsberichten, die bis heute die Arbeit des renommierten „Corporate Communication Institute" prägen.